suhrkamp taschenbuch 4965

Jack Price ist Drogengroßhändler, aber nicht irgendeiner, sondern der beste: cleverer, smarter und intelligenter als alle seine Konkurrenten zusammen. Mr. Cool himself. Und er hat sich bislang noch vor jeder unliebsamen Überraschung geschützt. Als man jedoch eine Nachbarin, die unter seinem Penthouse wohnt, ermordet auffindet, wird er nervös. Sie war zwar eine garstige alte Frau, mit der er nichts zu tun hatte. Was aber, wenn dieser anscheinend sinnlose Mord eine Botschaft seiner Gegenspieler an ihn war?

Er zieht Erkundungen ein und erfährt, dass die »Seven Demons« auf ihn angesetzt sind – eine exklusive, hocheffiziente »Bruderschaft«, die bösartigsten, gnadenlosesten Hitmen überhaupt. Sieben absolut tödliche Spezialisten, die nie aufgeben und noch nie einen Auftrag vermasselt haben. Aber Price nimmt den Kampf an und setzt damit eine Kette unfassbarer Ereignisse in Gang …

AIDAN TRUHEN ist ein Pseudonym. Truhen über Truhen: »Ich bin ein schrecklicher Mensch.«

»Man hatte schon fast vergessen, dass Kriminalromane so sein können, dass Literatur so sein kann. So rotzig wie der Punk der Siebziger, so zynisch wie *American Psycho*, so rasant wie der Don Winslow der Nullerjahre. Und so zeitgemäß, dass einem schwindlig wird.« *Marcus Müntefering, Spiegel Online*

www.suhrkamp.de/krimi

Aidan Truhen

FUCK YOU VERY MUCH

Thriller

Aus dem Englischen von
Sven Koch und Andrea Stumpf

Herausgegeben von
Thomas Wörtche

Suhrkamp

Die Originalausgabe erschien 2018 unter dem Titel
The Price You Pay
bei Serpent's Tail, London.

Erste Auflage 2019
suhrkamp taschenbuch 4965
© der deutschen Ausgabe Suhrkamp Verlag Berlin 2018
Copyright © Aidan Truhen 2017
Suhrkamp Taschenbuch Verlag
Druck und Bindung: CPI – Ebner & Spiegel, Ulm
Umschlagabbildung: Martin Holste / EyeEm / Getty Images
Umschlaggestaltung: zero-media.net
Printed in Germany
ISBN 978-3-518-46965-1

FUCK
YOU
VERY
MUCH

Das Buch ist meinen Brüdern gewidmet:
Gut, solche Männer hinter sich zu wissen.
Und allen anderen, denen zu spät auffiel, was für
ein Arschloch ich bin. Warum hat das bloß so lange
gedauert?

TEIL 1

Das hier bin ich, bevor alles losgeht.

Ich bin es, der aus meiner Wohnung tritt und durch den Gang zum Lift geht und leise ein Liedchen vor sich hin singt. Nein, ich hab keine Ahnung, welches, falls wer fragt.

Und das hier bin ich im Aufzug, nur singe ich jetzt nicht mehr, weil: Fahrstuhlmusik reicht. Ich bin's, der den Knopf drückt, in der Hand meine High-End-Schnabeltasse-to-go mit handgepflücktem biodynamischem Honig-Meersalz-Roibuschtee drin. Alles trallala, alles wie immer, mein normaler Tagesbeginn.

Auch der Aufzug macht ganz normal sein Ding mit dem Blink, sollen wir die Tür zumachen oder tun wir so, als stünde da noch dieser Fettberg in der Türöffnung, dem wir nicht den Arsch abzwicken wollen. Okay, dann respektieren wir heute mal seine persönliche Steißsphäre und drücken nicht auf den Türe-schließen-Knopf, sondern trödeln unnütz rum. Trödeldidelda trödeldideldum, aber gut. Alles ist gut. Sogar diese Fahrstuhlmusik ist nicht nur schrecklich. Jetzt macht die Tür auch klonk klonk, der Gespensterklops ist endlich weg, und wir rauschen nach unten. Achtzehn Stockwerke, und weil vormittags niemand das Gebäude verlässt, bin ich um diese Zeit meist allein und fahre nur mit mir und diesem südkalifornischen Nasenflöteninstrumentalcalypso bis ganz hinunter.

Ich bin's also, der diesen handgepflückten biodynamischen Honig-Meersalz-Roibuschtee schlürft und des-

sen nussige Fülle und den dezenten Delphinspermage-
schmack genießt, als dieser Aufzug mit seinem Gepinge
schon im nächsten Stockwerk hält. Und jetzt bin ich es,
der dem Unerwarteten freudig entgegensieht und sich auf
ein unverhofftes Glück einstellt.

Ping.

Sämtliche Cops dieses Scheißuniversums stehen auf
der siebzehnten Etage herum, und dazu zwei Typen in
Raumanzügen von der Spurensicherung. Und da ist Leo,
mein Lieblingsbulle, was nur bedeuten kann, dass jemand gestorben ist. In meinem Haus. In meinem Haus,
genau unter meiner Wohnung. In meinem Haus, genau
unter meiner Wohnung und auf eine Art und Weise, wegen der sämtliche Cops dieses Scheißuniversums zuzüglich Leo angerückt sind, und das heißt, dass in meinem
Haus genau unter meiner Wohnung der Tod gewaltsam
und vorsätzlich herbeigeführt wurde. Das kann man natürlich nicht einfach ignorieren.

Die Bullen schauen mich an. Ich schaue zurück. Allerdings bin ich nicht im Geringsten schaulustig. Ich warte
nur auf das Bye-Bye-Ping.

Einen Moment, bitte, Sir!

Okay, klar, Officer. Hi. Hallo, Leo.

Oh, Sir, Sie kennen diesen Mann, Sir?

Hi, Jack. Ja, Officer, ich kenne ihn.

Leo, was ist denn los?

Wohnt unter dir eine alte Lady namens Desdemona?

Scheiße. Welche Desdemona?

Na, die so heißt.

Desdemona?

Genau die.

Didi?

Didi?

Die heißt Didi.

Sie ist tot.

Ja, das hab ich schon kapiert. Und zugegeben, ich fand sie schrecklich, aber nicht so schrecklich, dass man sie gleich umbringen müsste.

Hast du letzte Nacht irgendwas gehört, Jack?

Nö.

Hm.

Waren die echt hinter Didi her?

Wer weiß das schon, Mann, aber sie haben sie definitiv erledigt.

Ich gucke Leo an. Leo guckt mich an. Ich: Ich komm nachher vorbei, Leo, zum Unterschreiben meiner Aussage. Leo sagt, er saugt sich schon was aus den Fingern. Jetzt guckt der Frischling neben ihm verdutzt, aber anscheinend machen wir nur Witzchen, tiefrabenschwarze Witzchen. Natürlich würde Leo so was nicht im Traum einfallen, und ich als rechtschaffener Bürger würde meinen Kumpel auch nie um so was bitten.

Bye-Bye-Ping.

Didi ist tot.

Die restliche Fahrt starre ich meine High-End-Schnabeltasse-to-go an. Unten lass ich sie in einer Aufzugecke stehen. Dieses Scheißdelphinsperma bringt mich jetzt nicht weiter.

Jetzt bin ich also hier und bestell mir einen Latte macchiato. Didi ist tot. Das ist traurig. Aber noch schlimmer ist: Es nervt. Sie war alt, und rein statistisch hatte sie nicht mehr lange, aber wie's aussieht, wollte jemand nicht darauf warten. Warum? Wie ich schon zu Leo gesagt habe, war Didi eine ekelhafte Person, und sie hatte Spaß dran, ekelhaft zu sein. In der Stadt laufen jedoch Millionen solcher Leute rum, und eine erstaunlich große Zahl von denen kommt damit durch den Tag, ohne dass ihnen jemand die Rübe wegballert.

Die ganze Sache ist einfach ungut: Sie ist schlecht fürs Geschäft und schlecht für die Immobilienpreise, schlecht fürs Vertrauen in Polizei und Justiz, und all das führt zu blöden Fragen und Nachfragen. Dabei will ich doch einfach mein Leben leben und Geld verdienen, ganz normal halt – und Scheiße, wer braucht so einen Mist überhaupt? Deswegen will ich zu meiner Überraschung jetzt Kaffee. Den ersten Kaffee seit langer, langer Zeit.

Der Typ hinter der Bar heißt Mike. Er ist kein Barista, er arbeitet nur hinter der Bar, und nicht weil er's authentisch findet oder weil er Kaffee liebt, sondern weil er '78 jemand ins Knie geschossen hat und Stellenangebote für ihn danach eher rar wurden. Aber meinen Macchiato macht er, wie sich's gehört, mit verschiedenen Schichten: Milch, Espresso, Schaum. Hell, dunkel, weiß.

Am Kaffee erkennt man den Menschen. Alles, was man über andere wissen muss, erfährt man durch den Kaffee, den sie trinken. Ich zum Beispiel trinke Macchiato. Warum? Weil er der schlichten Freude entspricht, nackt über ein Feld zu laufen. Weiß jemand, wer statistisch gesehen überdurchschnittlich oft bitteren Kaffee trinkt? Psychopathen. Es ist wissenschaftlich erwiesen, dass sie bittere Nahrungsmittel bevorzugen. Ich dagegen finde, Bitterkeit hat überhaupt keinen tieferen Sinn.

Nein, nein, kein Schokoladenpulver. Danke, Mike, aber es gibt auch Grenzen.

Ja, ich hab gesagt, er hat auf jemand geschossen. Ins Knie. Es war nicht in Reno, und wenn man bedenkt, wohin er gezielt hat, wollte er auch niemand sterben sehen. Er hat's gemacht, um seinem Ärger über den Typen Luft zu machen, der ihm die Angel klauen wollte. Eine teure Angel, weil Mike damals der Lokalfernsehstar im Fliegenfischen war und sich von seinem ersten Gehalt eine erstklassige, superreduzierte Ausrüstung gekauft hatte. Danach hätte er einen Sponsorenvertrag kriegen sollen, aber dann kommt dieser Affenarsch und fuchtelt ihm mit einem Messer vor der Nase rum – na ja, nicht direkt vor der Nase, aber doch nah genug, dass Mike es nicht missverstehen konnte. Tja, und dann ging's los.

Mike Sunby – das ist sein vollständiger Name – nahm dem anderen das Messer ab und warf es weg. Aber leider hat er's nicht gut sein lassen, und weil er zufälligerweise eine 38er zur Hand hatte, hat er dem Typen die Kniescheiben amputiert. Der Richter meinte, dass scheißwütend sein nicht mehr unter Notwehr fällt.

Der Richter hat wirklich SCHEISSwütend gesagt, weil das ja in den 70ern war.

Danach landete Mike hinter der Bar und war kein richtiger Fernsehstar mehr, weil Fliegenfischen letztlich doch eher was für Kleinbürger ist und gar nicht mal so entspannt, jedenfalls was den Schusswaffengebrauch angeht.

Ich schlürfe an meinem Macchiato.

Sunby sagt: Das hat seit '00 kein Mensch mehr bestellt.

Na ja, Didi ist tot, sie wurde regelgerecht hingerichtet, da kann man schon mal eine Gedenkminute einlegen, und ich muss sowieso nachdenken. Aber das sag ich nicht zu Mike.

Stattdessen sage ich: Ich hab ja seit '00 auch keinen Kaffee getrunken. Was aber gelogen ist. Ich hab seit '01 keinen mehr getrunken. Zwischen '94 und '01 war ich Kaffeejunkie und hatte auch beruflich mit Kaffee zu tun. Ich habe international mit Kaffee gehandelt und ihn in allen Lebenslagen getrunken und nur mit Frauen geschlafen, die danach geschmeckt haben. Mein Parfüm roch nach Vetiver und schwarzem Kaffee, ich trug nur Kleidung in Kaffeetönen. Ich war der Herrscher über den Kaffee. Mich hat nur niemand Kaffeekönig genannt, weil damals jeder im Business einer war. Es gab so viele Kaffeekönige, dass es für ein Footballteam gereicht hätte. Für zwei Teams aus teigigen Büroärschen mit ersten Herzproblemen und unschönem Sexleben. Ich war der Kardinal. Nicht der Kaffeekardinal, das verstand sich von selbst. Man sagte nur, man hat einen Termin mit dem Kardinal oder der Kardinal hält das Zeug für den heißesten Scheiß – oder nur für Scheiß oder sonst was –, und die Leute wussten, wer gemeint war. Wenn sie irgendwas im Kaffeebusiness waren, dann wussten sie's. Alle sogenannten Kaffeekönige haben mir den Kardinalsring geküsst.

Eines Herbsts war ich dann in London, und ein Freund rief von seinem Büro aus an und sagte: Kann es sein, dass gerade ein Flieger in mein Gebäude gerauscht ist?

Scheiße, was ist das denn für eine bescheuerte Frage?

Der Kerl antwortet: Wir wissen nicht, was los ist. Es heißt, wir sollen keine Aufzüge benutzen, aber wir sind ziemlich weit oben.

Nimm den verdammten Aufzug.

Aber das sollen wir doch nicht.

Nimm ihn. (Ich weiß nicht, warum ich Nimm ihn gesagt hab, aber ich hab's. Entweder wusste ich schon, was kommt, oder ich war einfach zu dämlich zu wissen, dass man keine Aufzüge nehmen soll. Keine Ahnung. Aber ich hab gesagt: Nimm ihn.)

Was ist, wenn –

Nimm. Ihn.

… Okay. Okay, ich nehm ihn.

Der Idiot hat den Scheißaufzug natürlich nicht genommen. Ach, genug davon. Was danach los war? Abgesehen davon, dass ich eine ganze Woche geflennt habe und dann bis ´04 bei einem Analytiker auf der Couch lag, der mich irgendwann am liebsten mit Elektroschocks behandelt hätte? Das dumme Arschloch von Freund hat mir auf dem Weg die Treppe runter auch noch SMS geschrieben und als Letztes live getippt: Ich brenne. Was zum Teufel soll man mit dieser Info anfangen? Und warum simst man so was überhaupt? Fuck, Mann, was soll ich darauf antworten?

Hab dich lieb, mein Engel? Wird schon alles gut gehen? (Das wird es aber so was von nicht.) Du bist mein bester Freund? Das war er nicht. Er war nur ein Bekannter.

Ich sitz also in einem Café am Green Park ganz in der Nähe des Buckingham Palace und trink was – schon klar, was ich getrunken hab, oder? – und krieg seine SMS, und plötzlich ist mein Macchiato Asche. Und damit mein ich nicht, hach, was bin ich toll poetisch. Ich hatte echt den Geschmack von New Yorker Luft und Asche im Mund. Ich trinke diese ekelhafte Asche, die überall in Manhattan vom Himmel rieselt.

Ich schau in meine Tasse, und darin war alles blass und grau. Es lag sogar ein Stück Frauenhandtasche drin, ein letztes verkohltes goldenes Kettenglied. Die Untertasse klebte am Tassenboden, dann fiel sie runter. Sie fiel und fiel und fiel, und auf dem Weg nach unten schrie sie, sie schrie die ganze Zeit, bis sie auf dem Boden aufschlug, wo sie aber nicht zerbrach, weil sie unzerbrechlich war. Dieses scheißdämliche Cateringgeschirr.

Das war dann schon ein einschneidendes Erlebnis. Hat meinem Leben echt ne andere Richtung gegeben.

Didi ist tot. Sie war eine alte Zicke, und eigentlich hab ich sie nicht gemocht, aber irgendwer hat ihr zwei Mal in die Brust und ein Mal in den Kopf geschossen, als ob sie ein Drogenkurier gewesen wäre, in irgendeinem Drecksnest wo auch immer, wo diese Idioten heute ihre Drogen ins Land bringen.

Ich heiße Jack Price, und das ist meine Story.

Als Nächstes gehe ich auf einen Sprung bei Big Billy vorbei. Billy weiß, was abgeht. Big Billy heißt er, weil – scheiß die Wand an, der Kerl ist einfach irre groß. Aber egal. Worum's eigentlich geht: Billy hat sein Ohr immer ziemlich nah am Puls der Zeit. Er ist nämlich in der Baubranche, und deswegen hat er automatisch freien Eintritt in die lokale Unterwelt und kennt die Typen sogar persönlich, die's mit den Gesetzen nicht so genau nehmen. Und weil Billy Billy ist, kann er einfach nicht die Klappe halten über deren Scheißquatsche von Zeug, über das sie einfach nicht die Klappe halten können, weil sie unterweltmäßig ach-wie-cool-gesetzlos sind.

Billys Fachgebiet ist der Gerüstbau. Das heißt, er schleppt Gerüstrohre rauf und runter. Billy legt ziemlich viel Wert auf das Wort: Gerüstrohre. Gerüste bestehen nicht aus Stangen oder Pfosten oder sonst was. Und vor allem gibt es in Gerüsten keinerlei Röhren, weil darin nichts fließt oder geleitet wird. Billy hasst es, wenn ihm einer ganz baumäßig kommt und dann Gerüströhren sagt. Speziell Hausbesitzer machen das gerne. Billy hasst das. Er ist kein schlechter Kerl, nur manchmal ein bisschen heftig, weil er wie die meisten in seinem Job ziemlich viel kokst. Deswegen regt er sich schnell mal auf.

Das Wichtigste bei der Arbeit mit Gerüstrohren, während man auf dem Blassen Peruanischen Hengst reitet – das ist die Sorte Koks, die Billy und seine Leute sich reinziehen, jedenfalls steht das auf den kleinen Zellophantütchen, in denen das Zeug geliefert wird –, ist, dass es einen verdammt schmalen Grat gibt. Nicht in dem Sinn natürlich, dass es kein großartiges Koks wäre – im Gegenteil, es ist absolut supererstklassiges oscarverdächtiges Fünf-Sterne-Megakoks, das sich von Miley Cyrus' Bauch schnupfen lässt, aber es ist eben verdammt schwer, eine schöne rote No-go-Linie zu ziehen zwischen dem, was noch okay ist, und dem, was nicht. Einen Möchtegernhandwerker anbrüllen ist okay. Wenn einem das passiert, hat man den Vertrag schon in der Tasche. Nicht okay ist, mit einem zentnerschweren Walzstahlrohr zu jonglieren und es fallen zu lassen, so dass es zwei Stockwerke nach unten saust und einen Bichon Frisé pfählt. Einen Termin platzen lassen, mit dem LKW ein Mobilklo umschubsen, irgendwas abfackeln? Kann alles passieren. Aber wer so einen Plüschpudel auch nur anknurrt, kriegt mehr Ärger, als er sich vorstellen kann.

Wenn man was auf einen Menschen fallen lässt, kommen die Bullen. Vielleicht muss man auch in den Knast. Aber bei einem Hund kommt das Fernsehen. Dann gehörst du der Todesschwadron tobender Omas, und die reißen dir den Arsch auf bis zu den Ohren. Die haben ja auch nichts Sinnvolleres zu tun.

Vor zwei Monaten unterlief einem von Billys Leuten leider ein kleiner Lapsus, der zu einer Knapp-getroffen-ist-auch-getroffen-Situation führte. Das heißt, ein vierbeiniger Mitbürger und eine mittellange Behelfsstrebe im freien Fall trafen unglücklich aufeinander. Und das wiederum heißt, ein gut zwei Meter langer Speer ist von einem Podest gerollt und hat einem Import-Corgi das linke Hinterbein amputiert. Und zwar chirurgisch. Schnips.

Aus reinem Zufall hatten alle Beteiligten richtig Glück, weil ich da war und Billy dazu gebracht hab, dem Hund einen Druckverband anzulegen – ob Sie's glauben oder nicht, Billy war '03 Armeesanitäter –, und wir haben das Ding geschaukelt, so dass Billys Firma jetzt ein dreibeiniges Maskottchen hat und den Ruf, schnell und clever zu handeln, statt ein Trupp von Tiermördern zu sein. Tja, und jetzt kommen tatsächlich Leute und engagieren sie wegen der guten Berichterstattung: Veteran und Veterinär rettet gepfählten Pudel und so.

Aber für die Rohrleute war die Zeit die Hölle, weil sie sich in dieser kritischen Phase der Selbsthinterfragung und unter der fürsorglichen Beobachtung durch das Auge des Gesetzes natürlich nicht dabei erwischen lassen durften, wie sie sich die Birne zudröhnten. Dieses Auge blinzelte sowieso schon nervös, weil einige von Billys Angestellten nicht halbwegs oder auch nur entfernt weiß waren. In diesem unserem aufgeklärten Zeitalter überrascht das vielleicht den einen oder anderen, aber wir konnten den Rassismus in dieser Welt noch nicht komplett abschaffen, und so nutzen viele weiße Cops immer noch liebend gern jede Gelegenheit, gegenüber Menschen aller Kaffeeschattierungen außer Milchschaum das Arschloch rauszukehren.

Billys Leute wandelten also auf einem schmalen Grat. Das geht mit Koks allerdings leichter als mit Gras – nicht dass man ausgerechnet Kiffer als Gerüstbauer anstellen würde, das wäre schon grenzdebil –, weil Koks in wenigen Tagen ziemlich gut abgebaut ist, und wenn man keine Haare hat, lässt es sich auch kaum nachweisen. Jetzt sind Billys Leute nicht ganz blöd. Seit sie bei ihm angestellt sind, rasieren sich alle eine Glatze. Manche von denen lassen sich sogar sämtliche Körperhaare entfernen. Hey, ist heute eben so. Warum soll ich mich zum Richter aufspielen?

Der Einzige, der die schneefreie Phase locker wegstecken konnte, ist Jonah Jones alias der Wal. Der Wal ist die übliche religiöse Spaßbremse. Jonah erzählt allen und jedem, dass früher, als das Koks noch teuer war, im Gerüstbau alles viel besser war. Wahrscheinlich hat er sogar recht. Damals bekamen die Leute guten Lohn, und sie haben ihr Geld zur Seite gelegt. Sozialer Aufstieg mit Gerüst. Jetzt geben sie die ganze Kohle für Koks und Striplokale aus. High, geil und haarlos landen sie am Ende mit den Stripperinnen im Bett, die genauso drauf sind wie sie, und schwupps, schon ist die nächste Generation hoffnungsloser Kokser am Start, um die Gerüst- und Stangenturner zu ersetzen, die alt werden und sterben. Stillstand, Blockade, aus der Traum.

Der verdammte freie Markt ist ein brutaler Drecksack. Liegt in der Natur der Dinge.

Das größte anzunehmende Arschloch in dieser Situation ist natürlich der Dealer, der Mistkerl, der rausgefunden hat, wie er eine ganze Branche an der Nase rumführen kann, die Preise senken und den Umsatz steigern. Der Blasse Peruanische Hengst kommt nicht mal aus Peru. Er wird im Inland erzeugt und verarbeitet. Sogar regional. Eine Lieferkette gibt's praktisch nicht, also gibt's auch weniger undichte Stellen, die den Cops was stecken können. Der Dealer hat all die kaputten Leben auf dem Gewissen, jedenfalls solange man die Schuld nicht bei den Banken, Maklern und Spekulanten und dem ganzen Apparat sucht, der das Leben in verbriefte Schuldpapiere verpackt, mit denen sich Kommastellen verschieben, Profite vorgaukeln und Wachstum vortäuschen lässt. Dieser Kerl ist an allem schuld, was den und mit den Gerüstbauern passiert, inklusive des abgetrennten Corgi-Beins und Billys hundeblutüberströmtem Gesicht beim Abbinden des Stumpfs. Alle Hochachtung: Seine posttraumatische Belastungsstörung reicht ihm eine blutige Pfote, und er bleibt cool wie 'ne Hundeschnauze. Einmal hat Billy nämlich mit ansehen müssen, wie sich der Oberkörper eines Mannes vom Unterleib trennte und auf seiner eigenen Blutrakete durch die Luft sauste. Da sollte er eigentlich nie mehr im Leben was mit Blut zu tun haben müssen. Deswegen hat er auch das Angebot der Armee für eine weitere medizinische Ausbildung abgelehnt. Sie hatten ihm psychologischen Beistand und was weiß ich alles angeboten, wollten ihn reich und nützlich machen. Hinterher stellte sich dann raus, dass das Programm zusammengestrichen worden war, so dass er nur auf sechs Monate bürokratisches Schlammrobben verzichtet hatte, aber das konnte er damals nicht wissen, also ist das nach wie vor cool. Jedenfalls, der Punkt ist, Billy hätte so was nicht mehr durchmachen dürfen, und der Dealer hat ihn an diesen Kriegsschauplatz zurückgeschickt. Der Kerl ist ein Arschloch.

Dieser Kerl … ich hasse diesen Kerl.

Ja, das bin ich.

Logischerweise – und das ist schon allen klar, oder? –, logischerweise latsch ich nicht einfach in Billys Büro und leg ihm einen geheimdienstmäßigen Alukoffer mit Koks im Wert von hunderttausend auf den Tisch. Ich hab nämlich keine Lust, den Rest meines Lebens im Knast zu verbringen. Ich hab auch keinen Lieferservice. Der ist outgesourct. Früher hatte man kleine Jungs dafür, und ein paar altmodische Dealer machen das immer noch so, denn kleine Jungs wandern meist nicht ins Kittchen. Aber wenn man immer dieselben Knaben laufen lässt, kriegen sie nach und nach raus, wer man ist und wie man arbeitet, und wenn sie dann geschnappt werden, rücken sie damit meistens auch raus. Kids sind echt loyal, aber doof sind sie nicht. Sie wissen genau, wann sie einen verraten müssen. Außerdem glauben sie nicht, dass sie wirklich sterben könnten, deswegen haben sie nicht so viel Angst vor einem. Kinderarbeit ist eine tickende Zeitbombe, und moralisch ist es auch nicht okay. Kids sollten zur Schule gehen, damit keine Gerüstbauer und Stripper aus ihnen werden. Was an und für sich völlig vernünftige Berufe sind, nur dank der verzerrten Wahrnehmung in unserer spätneoliberalen Oligarchie kommt dabei am Ende nicht so viel von dem Erstrebenswerten raus, das man mit Ausbildung und deren Anwendung und einem kleinen, aber sehr notwendigen Quäntchen Glück erreicht.

Außerdem leben wir im digitalen Zeitalter. Ich liefere per Crowd-Paketlieferdienst: alles Einzelaufträge für Freiberufler mit Null-Stunden-Vertrag. Die Mikrojobber in der Gig Economy. Ein Fünfzehn-Kilo-Paket soll von East Harbour zum Point? Dafür gibt's längst eine App. Mehrere sogar, dazu noch Websites, Listen und Peer-to-peer-Services. Das können die bekannten stinknormalen Allerweltsdienste wie The City Fetch sein, die Botengänge für vielbeschäftigte Wirtschaftsprüfer übernehmen, oder so was wie 1brokeIT, die Ersatz besorgen, wenn man aus Versehen irgendwas kaputtgemacht hat und niemand was davon mitkriegen soll. Oder geschlossene Netzwerke für Topmanagement-Paare auf der Suche nach bumsfidelen Gleichgesinnten, Prügelpartys oder Drogenberatung. Um die Technik braucht man sich dabei gar nicht zu kümmern, da geht's nur um Folgendes: Warum sollte man eine Arbeitnehmerschaft unterhalten, wenn es so viele Leute gibt, die sogar auf freiestberuflicher Basis arbeiten und nicht mal wissen wollen, für wen sie was tun oder wer die Endkunden sind. Dazu sind sie bereit, wenn man vor allem drei Dinge sicherstellt:

a) Sie machen bei keinem Terrorakt mit. (Ein echtes K.o.-Kriterium. Das muss man ihnen wirklich glaubhaft verklickern.)
b) Wenn sie erwischt werden, müssen sie's mit gutem Gewissen abstreiten können. (Natürlich denken sie nie im Leben, dass man was Illegales tun könnte. Aber für den Fall.)
c) Sie bekommen gutes Geld für etwas, das sie im Grunde sowieso täten (zum Beispiel pendeln, in einem schicken neuen Schuppen Kaffee trinken und neue Leute kennenlernen).

Man führt keine armen Unschuldigen in die Schattenwelt des internationalen Schmuggelwesens, man gibt nur verhinderten Leistungsträgern die Möglichkeit, sich in ihrer persönlichen Wirtschaftsflaute eine Einkommensquelle zu erschließen. Die Zukunft ist rosig, und ich bin Amazon. Ich bin das Uber der illegalen Drogen. Für mich bringen sie alle Koks unter die Leute, die Manager in dicken Schlitten genauso wie komische alte Käuze mit Rollatoren. Und eigentlich wissen alle, dass sie es tun. Aber es ist okay für sie, solange ich das nicht offen ausspreche. Und sie kriegen Kohle und vielleicht einen Thrill. Ich zwing sie zu nichts, was sie nicht gerne tun. Ich liefere in keine Gegenden, in die sie nicht gerne fahren. Warum auch? Scheiße, ich selbst will da ja auch nicht hin. Außerdem hat in solchen Gegenden keiner genug Kohle. An Billy und seinen Trupp liefere ich auch nur noch, weil sie in guten Gegenden arbeiten, was übrigens der Grund ist, warum seine Fallrohre keine Obdachlosen treffen, sondern so einen Bichon Frisé. Man könnte mich mit den Norwegian Airlines vergleichen: Ich fliege nirgendwohin, wo's deutlich beschissener ist als an meinem Abflugort.

Allerdings bin ich nicht Norwegian Airlines, weil die sicher ein prima Verhältnis zu ihrem Bordpersonal haben und ich meins gar nicht kenne.

Ich bin heute auch nicht da, um über Koks zu reden. Ich werde zwar darüber reden müssen, weil Billy ziemlich viel davon nimmt, und Leute, die viel nehmen, reden auch immer viel darüber. Allerdings hab ich heute noch weniger Lust als sonst, über Koks oder über Billys Erektion zu reden, oder über seine früheren Erektionen oder die abartigen Orte, an denen er seine Erektionen unterbringt, oder darüber, was zwischen diesen Erektionen sonst so passiert ist. Ich will über Didi reden.

Didi war ungefähr tausend Jahre alt und sah noch älter aus, und sie hatte immer eine Scheißlaune. Sie war wirklich seltsam und müffelte auch, und sie schminkte sich immer so ein grusliges Puppengesicht hin wie alle alten Frauen. Einmal hab ich sie spätnachts beim Heimkommen getroffen, und ich hab ehrlich gedacht, ich bin in einem Horrorfilm. Ich dachte, ihr Kopf würde sich losreißen und mir die Augen raussaugen, oder sie würde platzen und Millionen Kakerlaken aus ihr rauskommen, die überall auf mir rumkrabbeln. Ich hab Didi gehasst. Ich hab's gehasst, dass sie lebte und ihren komischen Gestank im Haus verbreitete, und ich hab's gehasst, dass sie meine Mädels anzischte – sie hat so kakerlakenmäßig gezischt –, wenn ich welche mit nach oben brachte, damit sie den tollen Ausblick sehen und Whisky trinken und ich sie auf dem Balkon nageln konnte, und sie nannte sie Flittchen und mich alles Mögliche. Lief allerdings immer darauf hinaus, dass ich ein schlechter Mensch bin. Aber das werfe ich ihr gar nicht vor. Mit dem meisten hatte sie ja recht. Mir gefiel's, dass sie da unten war und hörte, wie ich dänische Models auf dem Vollholzparkett nagelte, und mich hasste. Mir gefiel's, dass ich sie hasste, und ich war mir ziemlich sicher, dass es umgekehrt genauso war.

Aber Scheiße, langweilig war's nie mit Didi. Wenn man mal ein richtiges Urzeitmonster gebraucht hätte, so was wie eine Tiefseemuschel aus alten Filmen, die einem gerade dann die Hand einklemmt, wenn der Hai ums Wrack geschwommen kommt, dann wär sie die Idealbesetzung gewesen. Sie war immer zickig, mies drauf und grundfürchterlich. Trotzdem konnte sie denen, die sie erledigt haben, vorher nicht mal ein bisschen die Hölle heiß machen. Worauf man eigentlich gewettet hätte. Denen war's echt ernst. Sie haben ihr sonst kein Härchen gekrümmt. Nichts mitgehen lassen. Nur zack peng erschossen. Völlig geräuschlos. Während ich einfach geschlafen habe.

Und genau deswegen geht mir der Arsch auf Grundeis. Hätten sie das auch mit mir machen können? Geht's vielleicht darum? War das ein Hinweis? Wenn, dann sollte doch irgendwas in meine Richtung deuten, weil: So bin ich wirklich ratlos. Vielleicht ist das alles bloß Zufall. Ein verdammter Irrer, der sich für einen Auftragskiller hält. Der glaubt, er ist der Schakal, und sie ist die heimliche Präsidentin von Atlantis und muss sterben, damit die Leute aus dem Meer nicht ganz Manhattan leerfressen. Ich hab keine Ahnung.

Vielleicht war sie aber doch das Ziel. Oder ich.

Ich find's nicht gut, dass Didi tot ist.

Allerdings geht's dabei nicht um meine Gefühle oder meine menschliche Anteilnahme, es geht ums Geschäft.

Und genau deswegen red ich mit Billy. Er zählt zwar nicht mehr zu meinen wichtigsten Kunden, weil er mit der kriminellen Kelleretage dieser Stadt abhängt, und eigentlich sollte ich mich in nächster Zeit sogar ganz von ihm und seinen Jungs verabschieden. Sie waren zwar meine ersten Kunden, aber vielleicht entwickeln sich unser soziales Umfeld und unsere Interessen nun zu sehr auseinander. Obwohl – vielleicht geht Billy auch meinen Weg, klettert weiter hinauf auf der sozialen Leiter? Ich hab mich darum bemüht. Sollte er seine Energie in andere Bahnen lenken, dann wäre logischerweise Schluss mit dem Koksgeschäft mit ihm, ohne dass es bei einem von uns böses Blut gäbe.

Billy glaubt, es ist okay, wenn er mir den kriminellen Kram erzählt, weil ich seiner Meinung nach dauernd jemand umbringe, damit ich meine wirtschaftlichen Ziele erreichen kann. Daran sind nur Fernsehen und Kino schuld. Ehrlich, solange man nicht zu viele Leute umbringt und aufpasst und smart ist und keine Jugendlichen auf die schiefe Bahn bringt und ihnen Drogen verkauft, sondern den Stoff nur an Politiker und Börsenmakler vertickt, kümmert das keinen. Selbst wenn du den Bullen auffällst, haben die Besseres zu tun. Und falls sie dich wirklich mal erwischen, machst du einen Deal. Damit haben sie kein Problem, weil du – falls sie dir überhaupt was nachweisen können – ja nur die Nachfrage befriedigt hast.

Ich bin Infrastruktur. Ich bin elementar. Ich mach keine Welle und bin höflich. Bei dem, was ich mache, gibt's keine Kollateralschäden. Nicht einen. Wenn sie alles legalisieren – und das wird kommen –, ändert sich für mich gar nichts, nur dass ich Forbes eine Pressemitteilung schicke. Wahrscheinlich ist die Hälfte der Leute auf der Forbes-Liste sowieso schon in meiner Kundenkartei, aber das schau ich nicht nach. Kundendaten werden separat geführt und doppelt gesichert, weil man den Schutz der Privatsphäre nicht an eine Dienstleistung knüpft. Den baut man von Anfang an ein. Bei mir geht's um die reibungslose Abwicklung, die vollkommene Nutzerfreundlichkeit. Aufregung kann ich nicht brauchen.

Es gibt aber auch Vorschriften. Regeln. Und damit meine ich keine bestimmten Verhaltensregeln, sondern nur, was einem der gesunde Menschenverstand sagt. Manchmal ist das ein bisschen anstrengend, aber so sind sie nun mal, die Regeln. Herrgott, damit muss man leben und arbeiten. Das ist einfach die scheiß Geschäftsordnung, und wenn's die nicht gäbe, gäb's nur Chaos, und das will auch keiner. Deswegen frag ich Billy nach Didi.

Ich sage: Ist derzeit irgendwas los?

Wie? Was soll los sein? So was wie Bauarbeiten?

So was wie Krieg. Trommelt jemand Truppen zusammen?

Schüttelt den Kopf: Nicht, dass ich wüsste. Alles prima, alle glücklich. Lage stabil. Jeder hat ein Ding am Laufen, jeder macht Geld. Das heißt, alle außer denen, die arbeiten. Wer in diesem Land normal arbeitet, ist gearscht. Ist doch so. Aber die hohen Tiere, die machen richtig dick Knete.

Da versteh ich ihn gut.

Und wie gut ich ihn verstehe. Auch unter Kriminellen gibt es das eine Prozent. Und ein ziemlich durchgeknalltes mittleres Management, was ein weiterer Grund für Outsourcing ist. Wer hat schon die Zeit, aus Gründen der Personalführung ständig Finger abzuhacken? Ich meine, was zum Teufel bringt das? Scheiße, was soll ich denn mit den ganzen Fingern? Sie mir zu einer Halskette auffädeln?

Ich regle die Dinge immer mit Geld. Genau wie Billy jetzt die Dinge regelt, weil ich ihm das gesagt habe. Früher hatte er sein Büro – das ist der einzige Ort, an dem ich ihn treffe, weil ich ihm dahin kein Koks liefere, das geht direkt auf die Baustellen – in einem eher beschissenen Stadtteil. Jetzt ist die Gegend auf dem aufsteigenden Ast, und das Büro ist hip und chic und mit weißgekalkten Ziegelwänden fast authentisch. Er wollte es verscheuern, zu Kohle machen, aber ich hab gesagt, Herrgott, nein, behalt es, vermiet die Räume. Mach einen auf Berater. Also ist er jetzt Designberater. Das heißt, zu ihm ins Büro kommen Leute und lassen sich inspirieren, und wenn sie gegangen sind, bauen sie alles genau so wie dort und holen sich dafür die Handwerker, die er ihnen empfiehlt. Also kriegt er Kohle fürs Nichtstun. Und schon haben wir wieder eine Einkommensquelle. Er hat sogar ein Waxingstudio, in dem seine Leute ihre Ganzkörper-Haarentfernung machen lassen. Und das rentiert sich doppelt, weil er so auch sichergehen kann, dass ihre kokainstrotzenden Haare ordentlich entsorgt werden, statt in so einem blöden Beweismittelbeutel zu landen, nur weil ein Drogenfahnder auch mal Pluspunkte sammeln möchte. Ich hab sogar überlegt, den Laden zu kaufen, aber es ist besser, wenn keine Verbindung zu mir besteht. Ich will Billys Leute nicht bei mir haben, wenn sie die Songs vom Vorabend trällern, immer noch nach Stripperin stinken und die Kokaintütchen in den Müll werfen, die ich ihnen durch eine Reihe echt clever ausgesägter Löcher im Boden eines Geschäfts verkaufe, das damit nichts zu tun haben braucht. Ich mag mich nicht um Kram wie die Entsorgung von rasierten Arschhaaren kümmern. Das bringt nichts. Besser, man hält die Dinge getrennt. Also hab ich Billy gesagt, er soll den Laden machen, und wenn alles klappt, soll er mich einfach auf dem Laufenden halten, und das tut er. Mit mir ist er völlig offen, weil sich unsere Geschäftsfelder nicht überschneiden, wir knabbern nicht am selben Kuchen, und das ist, wie wir beide wissen, ein echter Vorteil.

Irgendwann wird er mich vermutlich schon bescheißen, und dann wird es wohl zu Turbulenzen kommen. Aber jeder weiß, dass ich keine Gewalt mag, also braucht sich deswegen keiner Sorgen zu machen. Ich regle so was lieber geschäftlich. So in der Art. Lebt sich einfach besser reibungslos.

Das hab ich auch einmal zu Billy gesagt, und jetzt steht es auf den Glasfenstern des Salons: #reibungslos.

Manchmal fühle ich mich müde und alt.

Mit Hashtag.

Billy sagt: Also, nichts tut sich, keine Probleme, alles cool, niemand macht Stress. Warum fragst du?

Weil man in meinem Haus einer alten Irren, die nichts weiter war als alt und verrückt, in den Kopf geschossen hat.

Vielleicht gibt's was zu erben?

Vielleicht.

Ist so, Jack. Die Leute drehen schon mal durch, wenn sie drauf warten, dass ihre Alten abnibbeln. Wenn man jung ist, denkt man noch nicht so weit: Opa wird bestimmt nicht viel älter als siebzig, und selbst wenn, ich hab ja alle Zeit der Welt. Doch dann wird Opa siebzig, man ist selbst schon dreißig, und trotzdem stirbt er nicht. Dann ist er plötzlich neunzig und man selbst schon bekackte fünfzig! Und auf einmal heißt es: Hey, Opa, wie wär's mit ein bisschen Schnorcheln? Lass uns Drogen ausprobieren, Opa, was soll dir schon groß passieren?

Scheiße.

Genau.

Scheiße, machen die Leute das wirklich?

Was denn?

Ihre Oma und ihren Opa dazu bringen, Drogen zu nehmen, damit sie sterben?

Kleiner Herzinfarkt. Ja, logo.

Auf so einen Scheiß muss man erst mal kommen. Ernsthaft, aus dem Grund ist meine Bekanntschaft mit Billy ein echtes Plus. Er ist ein absoluter Volltrottel. Er hat die komplexesten und simpelsten Volltrottelgedanken zugleich und erklärt sie mir. Also, das muss ich mir merken: Ich brauch eine Altersobergrenze für meine Ware. Oder vielleicht eine Art Gesundheitscheck. Ja, das könnte funktionieren. So wie Billy ein Studio hat, könnte ich mir ein Spa und ein Fitnesscenter zulegen und ein paar Trainer und Physios einstellen. Würde alles ganz legal aussehen lassen. Ein weiterer Schutzwall zwischen mir und dem Bösen. Wer weiß? Könnte sogar so gut ankommen, dass ich die Koks-Chose ganz sausen lasse oder nur auf kleiner Flamme weiterköchle, bis alles legal wird. Obwohl man bei so etwas der Konkurrenz besser eine Nasenlänge voraus ist, in puncto Technik und bei den Kunden. Wahrscheinlich ist es am besten, im Geschäft zu bleiben. Außerdem mag ich Koks. Nicht selbst nehmen, nein, aber das Produkt ist schon elegant. Macht genau, was auf dem Beipackzettel steht. Koks bläst dir das Hirn weg.

Didi. Erben. Reiche Verwandtschaft.

Jemand zahlt Didi die Miete, das steht fest. Hat sie bezahlt. Aber ums Kostensenken kann's hier nicht gehen, nicht bei einem Mord. Bei einem Mord gibt es überall versteckte Kosten. Vielleicht will irgendwer jemand was mitteilen, und ich steh zufälligerweise neben dem Telefon?

Billy meint, ich soll mitkommen und zusehen, wie sein Bruder Rex ein Haus in die Luft jagt. Rex arbeitet im Abbruch, und jetzt ist ein Haus namens Triangle in Downtown dran. Ja, klar, sind drei Gebäude, die genauso klar im Dreieck stehen, weil öffentliche Architektur der vorhersehbarste Mist überhaupt ist. Das größte davon soll jetzt plattgemacht werden, und Rex meint, alle sollen kommen und am besten noch einen Partner mitbringen, weil nach diesem Spektakel garantiert alle Lust auf Begattung haben werden, ich weiß auch nicht, warum, also nicht fragen, bitte!

Rex ist fast eine Kopie von Billy, nur dass er Dinge abreißt, während Billy sie aufbaut. Er ist sozusagen das Yin zu Billys Yang. Allerdings braucht jetzt bitte niemand auf die Idee zu kommen, Billy nach seinem Yang zu fragen. Rex und seine Leute sind fast noch wilder auf den Peruanischen Hengst als Billy und sein Trupp, wenn das überhaupt möglich ist, und das sollte jedem in der freien Welt eine Scheißangst einjagen. Ernsthaft.

Ich sage: Danke, Billy, notier ich mir im Kalender.

Billy sagt, cool, und dann verabschiede ich mich, um in die Crosstown zu steigen und mir darüber Gedanken zu machen, was ich erfahren habe.

Ein bisschen Schnorcheln. Verdammte Scheiße, echt. Scheiße!

Die Crosstown: Die Bahn kommt daher, als wär sie die älteste Sache der Stadt, dabei ist sie nicht mal alt. Mittlerweile gilt man ja schon als Einheimischer, wenn man vermisst, wie es früher irgendwo ausgesehen hat. Und das tun heut beinahe alle. Dasselbe gilt auch für New York, und da kann man sehen, wohin das führt. Ich hab mal gelesen, dass man über eine Seilbahn nachdenkt, wie in den Bergen. Die säh man dann von unten über sich schweben. Und von drinnen könnte man auf die Welt runterschauen. Wahnsinn, oder?

Zeitleiden. Zukunftsschock. Informationsflut. Die ganzen Ausdrücke dafür, dass alles schneller wird. Wird es aber gar nicht. Wir werden bloß älter. Haben zu viel erlebt, wollen uns nur hinsetzen und Kaffee trinken.

Die Crosstown: ein Käfig voller stummer grauer Pa-

pageien. Aktentaschen, Schirme, Mäntel. Alle Arten von Menschen, weil das hier, das ist so eine Stadt. Weiß, schwarz, braun. Deutsche, Angolaner, Brasilianer, Native Americans, Holländer, Mandschuren und Okinawer. Ein Spiegel der Welt, komplett in Schiefergrau. Und dazu ein Wetter, bei dem jeder sofort grau anläuft, wenn er in die Kälte hinaustritt. Die Haut wartet auf Sommer. Alle warten darauf, dass sie nach Hause dürfen.

Zum Kaffeetrinken.

Da, wo ich herkomme – da, wo Stadt ein Schimpfwort ist oder was für Kinder zum Gruseln –, hatten wir eine Landwirtschaft. Wahrscheinlich bin ich deswegen ins Kaffeegeschäft eingestiegen. Und später ins Koksgeschäft. Ich kenn mich mit Nutzpflanzen aus. Immer schon. Hab den Hof meiner Eltern behalten, sogar etwas Vieh. Schweine beim Suhlen. Das ist eigentlich genau mein Ding: Biogemüse und Selbstgemachtes. Biologisch fermentierte Limonade und Kräutertee. Räucherspeck. Worauf ich gerade Lust hab.

Und, verstehen Sie, wie das läuft? Ich kann alle mögliche Chemie kaufen und haben. Ich kann reisen und Sachen verkaufen. Ich kann irgendwelche Pulverproben dabeihaben. Ob ich je Koks in einem Senfglas transportiert hab? GEHT'S NOCH? Okay, schön langsam kapieren Sie's. Ich mach alles, was man als Koksdealer machen muss, aber genau so deale ich nicht mit Kokain. Das mache ich komplett davon getrennt, vollkommen sauber. Ich hab Briefe von Zollbehörden und Ministern, die den Behörden vor Ort bestätigen, dass ich ein gesetzestreuer Händler von 1-a-Lebensmitteln bin und es mein unentrinnbares und halbwegs unterhaltsames Schicksal ist,

Dinge über die Grenze zu bringen, die aussehen, als könnten darin Drogen versteckt sein. Jeder weiß, dass ich wie ein Drogenimporteur aussehe, weil ich keiner bin, und gleichzeitig bin ich einer. Wenn ich jemals geschnappt werde, wird es heißen: Natürlich! Scheiße, das hätte ich auch früher merken können. Wie in einem guten Kriminalfilm. Hätte man sehen können. Und auf einmal begreifen sie, dass ihre Karriere am Ende ist, weil: Fehlentscheidung. Sie haben sich für mich eingesetzt, mich empfohlen, gefördert. Das war's dann für sie. Erledigt. Aus, Äpfel, Amen. Wegen einer einzigen Fehlentscheidung.

Natürlich könnten sie auch dafür sorgen, dass mein kleines Problem verschwindet. Unter gewissen Voraussetzungen könnte das sogar sehr lukrativ sein. Oder auch nicht.

Ich bin in der Crosstown. Ich mag das: Ist wie der Tod ohne Trara. Nur Ruhe, Frieden, graue Anzüge.

Draußen regnet's, drinnen sitzen graue Crosstown-Menschen still und stumm in diesem Ruckeldiratter und lesen die Frauenzeitschrift von der Bank gegenüber, auch ich bin ganz entspannt, hier an meinem Wohlfühlort, doch dann – es ist kaum zu fassen, aber es gibt solche Tage:

WWWWWWWUUUUUURAGH.

Wie b–

ICH MACH DICH SO WAS VON PLATT.

Ach, verdammte Scheiße –

ICH MACH DICH PLATT, MANN.

Was für ein beschissener Scheißtag.

Der Typ da, mit einer – was ist das denn? Ist die Knarre überhaupt echt? Oh, fuck. Da läuft was komplett falsch. Nur, was genau geht hier eigentlich ab? Nein, nicht speziell hier in diesem Waggon. Was da abgeht, weiß ich, danke schön. Ich frag mich, was gerade in meinem Leben passiert? Direkt unter mir wird Didi exekutiert, dann versucht jemand, Hund am Spieß zu machen, während ich danebenstehe, und jetzt kommt dieses Arschloch mit einer goldüberzogenen Megaplastikknarre und seinem ISCH MACH DISCH PLATT.

Wer sagt denn so was? Wer hat eine Knarre, die so riesig ist wie – also, wenn er mit dem Ding auf jemand schießt – fuck, wenn diese Gerüststange auf ein Pferdebaby fällt, dann würde das, vielleicht –

Ja, ja, schon recht, es heißt Rohr. Auch hier unten. Aber verfickt noch mal, musste das ausgerechnet jetzt kommen?

MACH EUCH ALLE PLATT, BLAS EUCH DIE RÜBEN WEG.

Wer redet denn so? Hat der sich mal selbst reden gehört?

Vergoldete libysche Diktatorenknarre. Stripclubbesitzerknarre. James-Bond-Superschurken-Knarre. Mit allem Chichi. Eine. Scheiß. Riesen. Knarre. Würde ich sagen.

In der Crosstown. In meinem gammligen Crosstown-Waggon. Es gibt Tausende andere, die genau gleich aussehen, aber das ist meiner. Was will der überhaupt? Geld?

Ich sag: He, geht's hier um Kohle? Willst du Geld?

Meine Mitreisenden sehen gar nicht glücklich aus. Penner. Glauben die, dass der sich einfach in Luft auflöst?

Schau einfach nicht hin, Liebling, das ist bloß ein ungewaschener Irrer mit Monsterkanone. Mach dir keine Gedanken.

Echt jetzt? Was glauben die denn? Wenn man so was überleben will, gibt es Verfahren, Mann, klare Prozesse. Es gibt Mittel und Wege.

Als Erstes muss man Kontakt herstellen. Er muss einen als Mensch wahrnehmen, nicht als Gesicht in der Menge. Mein Name ist Jack. Wie heißt du?

Nichts. Nur tellergroße Glubschaugen. Der Typ ist nicht in der Crosstown-Bahn, er ist in der Geisterbahn. Er sieht Gespenster. Vielleicht sogar außerirdische Riesenechsen. Könnte in die Hose gehen.

Gib ihm einen kleinen Tipp. Biet ihm was an. Versuch's mal so: Jetzt sagst du, hey, Jack, ich will deine ganze Kohle. Alles klar? Und ich fass in meine Tasche und hol mein Geld raus und geb's dir. Und der Typ da macht das Gleiche, und immer weiter. Willst du das?

BRING DICH UM?

Vermutlich nicht mich. Wir fahren nur zufällig in derselben Bahn, stimmt's?

KANN SEIN.

Ist hier wer, den du wirklich umbringen willst? Also ernsthaft?

SCHEISSLUCILLE.

Chancen fifty-fifty: Hier ist eine Lucille und sie wird vielleicht draufgehen, oder er ist nicht bloß ein schwerbewaffneter Psychopath, sondern auch noch voll auf dem Kenny-Rogers-Trip. Sorry, Schande über mich, aber die erste Option wär mir bedeutend lieber.

Verdammt, wo sind eigentlich alle hin? Jetzt hat er die

Waffe auf den Boden gerichtet. Greift denn keiner ein und nimmt ihm das Ding weg? Verdammte Scheiße, ich bin Verbrecher. In puncto Medienaufmerksamkeit sind Leuten wie mir ziemlich enge Grenzen gesetzt.

SCHEISSLUCILLE.

Jetzt fuchtelt er wieder mit der Knarre rum. Meine Mitreisenden sind echt eine Enttäuschung. Und weil ich was gesagt habe, richtet er die Waffe auch noch auf mich. Was hab ich ihm denn getan? Auf mich. Von mir weg. Auf mich. Weg. Auf mich. Weg. Wie dieses verdammte Ticktackteil auf dem Scheißklavier meiner Scheißklavierlehrerin, tick, tack, tick, tack. Ich hab Klavier gehasst, aber sie war scharf, und ich war alt genug, um zu wissen, dass Möpse was Hochinteressantes sind. Mein Gott, Jack, und was zum Kuckuck weißt du jetzt? Tick, tack, fuck.

LUUUUUUCILLLLLLE.

Gequirlte Scheiße.

Ich singe: You picked a fine time to leave me, Lucille, with four hungry children and crops in the field …

Bei der Zeile hör ich immer four hundred. Vierhundert Kinder. Als ob er sie im Garten anpflanzt und sie aus dem Boden sprießen und er sie erntet und vom Schubkarren aus verkauft.

Vielleicht hör ich das auch gar nicht, weil Kenny Rogers ja nicht Pink Floyd und der Song nicht auf ihrem unbekannten Country-Gothic-Album ist. Aber als ich fünfzehn war, hatte ich deswegen ein Jahr lang jede Woche einen Alptraum. Der Waffennarr glotzt mich an, als hätten wir eine telepathische Verbindung mit Gott.

Und dann weiß ich nicht mehr, wie die nächste Zeile lautet.

LUCILLE!

AchscheißdraufBUFF.

LUCILLE!

Buff.

Peng.

Buff buffbuff Arschloch buffbuffbuff verdammtes blödes Arschbuffloch. Wie hoch ist die Wahrscheinlichkeit? Eins zu Zillionen. Weil es wirklich wahrscheinlicher ist, vom Blitz getroffen zu werden, als gleich zwei Mal in der Woche mit so einem Scheiß zu tun zu haben. Es sei denn, die Stadt gleitet wirklich ab in die Anarchie, und das passiert nicht, selbst wenn's täglich in der Zeitung steht. Die Verbrechensrate sinkt, und das gefällt einem seriösen Verbrecher natürlich sehr. Niedrig, stabil, unter Kontrolle, profitabel. Kein Grund zur Aufregung. Ist so.

LUCIIIIILLE!

Wieso bist du überhaupt noch bei Bewusstsein? Verdammter Penner!

Schwarze Lederhandschuhe. Im Winter trag ich immer schwarze Lederhandschuhe. Deswegen kann ich so fest zuschlagen, wie ich will, und muss mir keine Gedanken machen wegen Hepatitis oder so. Ein Loser mit Knarre. Ballert ein Loch in meinen Crosstown-Waggon, und ich komm zu spät, weil die Bullen – ach, egal, die Bullen eben. So eine Scheiße. Klar, ich hab nichts zu verbergen, ich bin ein völlig unbescholtener Bürger, Stütze der Dingsbums, aber man hat echt keine Lust, zum Zeitvertreib auf der Dienststelle rumzuhängen. Da kann man sich auch selbst die Kugel geben.

BuffbuffBUFFbuffbuffundeinenobendraufarschloch.

Das Knirschen stammt von Stiefeln, und sie zerren

mich von ihm weg, meine lieben Mitreisenden in meinem Crosstown-Waggon. Der Mann liegt am Boden! Aufhören. Ja, logo, jetzt, wo alles vorbei ist, sind alle Helden. Der Fettsack da ist heute in den Abendnachrichten, weil er den Irren angegriffen hat und mir damit den Weg freigemacht hat. Lächerlich.

Das Ganze ist lächerlich. Statistisch gesehen praktisch unmöglich. Absurd.

Ist das Ganze etwa mein Problem? Gehört das zur selben Kacke wie die Didi-Sache? Will mir da wer auf den Sack gehen? Wenn ich jemand auf den Sack gehen wollte, würde ich das nicht so machen, aber vielleicht geht's genau darum?

Wieder der Aschegeschmack, aber diesmal ist es meine eigene Asche. Gehört zu mir, aber nicht, dass ich brenne. Hier bin ich das Feuer, Grillstufe. Wer zum Teufel weiß schon, wie die Synapsen in einem schalten?

Genau das sag ich der Ersthelferin. Die sagt, ja, jetzt ist alles gut, und setzt mich auf die Rückbank ihres Autos, damit ich mich beruhigen kann. Ein bisschen später nimmt ein Polizist meine Aussage auf und sagt, ich kann gehen. Meint, ich hätte meine Sache gut gemacht. Hätte vielleicht nicht ganz so in die Vollen gehen brauchen, aber ich bin ja Zivilist, nicht auf solche Situationen trainiert. Und nur so unter uns, lieber einmal zu viel als einmal zu wenig, weil: Wer halbe Sachen macht, wird am Ende ganz erschossen.

Stimmt genau. Nur ein Zivilist.

Früher, als ich noch der Kardinal war (des Kaffees, wie gesagt, was aber nicht ausgesprochen werden musste, weil's alle wussten), gab es einen Haufen Typen, die auf alles gewettet haben. Das war richtig krankhaft, als ob ihnen das Handeln mit einer Ware, die per se schon psychopathologisch auffällig ist, nicht genug Nervenkitzel geboten hätte. Ständig mussten sie fünfzig Euro oder Dollar oder neunundfünfzig Komma sieben Schweizer Franken darauf wetten, welche dämliche Fruchtfliege als Erste von der Obstschale auffliegt. Die Arschlöcher haben auf irgendwas gewettet, und dann hat einer angefangen, mit Derivaten und Spreads zu handeln, und kurz darauf schuldete einer den anderen Zehntausend, und die bestanden darauf oder verlangten, dass er die Stripperinnen bezahlte. Auch die Frauen waren so, falls jemand behaupten sollte, Frauen erleiden in so einer Umgebung keinen geistigen Dammbruch – totaler Quatsch. Die Heterofrauen bringen nur ihre männlichen Arschlochkollegen dazu, in einen Stripperclub zu gehen, damit es hinterher Fotos vom Kaffeekönig Don (Delaware) gibt, in denen er auf einem blauen Samtsessel hockt und ihm dreißig Zentimeter unfassbare Fleischpeitsche vor der Nase baumeln. Und natürlich muss auch gewettet werden, welcher Stripper den lustigsten Lümmel hat. Natürlich geht's nur um die Schwanzgröße, aber darauf wettet keiner, weil: Wenn das ein für alle Mal geklärt ist – was dann?

Die Arschlöcher haben auf alles gewettet. Will jemand raten, worauf sie noch gewettet haben? Wer als Erstes pissen musste. Wer am längsten in einem geraden Strahl pissen konnte. Wer sich die meisten Zahlen aus den täglichen Tickermeldungen merken konnte. Wer die Telefonnummer am Handypiepsen erraten konnte. Irgendeinen Quatsch. Sie haben auf alles gewettet, weil man früher oder später in einem Hubschrauber saß, der einen Landeplatz irgendwo im Dschungel anflog, und dieser Landeplatz hatte die Form eines Scheißhakenkreuzes, weil man mit genau solchen Leuten reden musste. Mit beknackten Dschungelkaffeenazis. Weil Kaffee. Weil Menschen. Beschissene Menschen.

Weil die so Zeug gemacht haben, hab ich's auch gemacht. Und weil ich der Kardinal war, hab ich immer gewonnen, und deswegen musste ich erst gar nicht wetten. Ich kann immer noch die ersten zehn Tickermeldungen des Jahres 1998 runterbeten. Bis heute. Ich krieg den Scheiß einfach nicht aus dem Kopf, geht nicht.

Beschissene Menschen, die beschissenes Scheißzeug taten.

Zum Beispiel ohne vernünftigen Grund meine schreckliche Nachbarin töten. Soll ich mich einfach damit abfinden? Schwamm drüber sagen und weiter im Text?

Ich kann das nicht einfach abhaken. Ich will wissen, warum. Nicht so wie, hier stehe ich und kann nicht anders. Nur so wie, ich will's wissen, weil sonst muss ich immer dran denken, und das ist wirklich keine Option. Konzentration auf das Wesentliche, darauf kommt's an. Didi drosselt meine verdammte Leistung. Sie ist wie Hautausschlag, nur als Mord.

Klar, das ist natürlich verlockend. Immerhin bin ich ein Krimineller, also könnte ich das Ganze auch auf die knallharte Tour angehen.

Ich könnte zum Beispiel komplett durchdrehen. Mal

richtig berserkern. Dieser Scheißstadt zeigen, wo der Hammer hängt. Immer halte ich den Ball flach. Bin höflich und zurückhaltend. Wie wär's denn, wenn ich die Fassade fallenlasse? Übers Ziel hinausschieße. Den Laden komplett auseinandernehme. Crazy Jack Price. Fuck yeah. Eine Flammenspur der Zerstörung, alles ganz oldschool. Und dafür spricht einiges, falls ich hier verarscht werden soll, denn so eine Reaktion hätte man von mir sicher nicht erwartet und wär auch nicht drauf vorbereitet.

Aber nein, das wär nicht gut fürs Geschäft. Und nur darum geht's.

Crazy Jack Price.

Da gibt es einen Song, den ich immer ziemlich lustig fand. Auf einer Theke stehen, einen abgebrochenen Flaschenhals in der Hand wie in den guten alten Scheißzeiten:

MEIN NAME IST JACK. JACK PRICE. TUT, WAS ICH SAGE, ODER IHR ZAHLT DEN PREIS.

Und wenn ich schon dabei bin, könnte ich mir eine von Lucilles Goldknarren besorgen. Ich nenn die Matschbirne Lucille. Warum nicht. Offenbar hat er ja keinen anderen Namen.

Ich bin auf der Dienststelle und gucke in eine Cop-Fresse: nichts als Kinn plus Officer Krupke. Leo ist nicht da. Der hier hält mich für einen Amateur, der einfach scheißviel Glück gehabt hat. Wir reden über Didi, aber nicht so, wie wenn man miteinander redet, sondern so wie man redet, wenn der andere keine Ahnung hat. Was gut ist. Weil ich ja keine Ahnung hab. Von einem kriminellen Milieu weiß ich überhaupt nichts, so als rechtschaffener Bürger.

Der Cop sagt: Ich kann Ihnen nur sagen, Sir, was es nicht war. Sie war kein Zufallsopfer. Soweit wir wissen, läuft da draußen keiner rum, der wahllos Leute abknallt. Das wüssten wir, weil unser Täter kein Anfänger ist. Da hat einer keine Sekunde gezögert und keine Fehler gemacht. Von daher haben Sie nichts zu befürchten, Sir. Der Betreffende kommt nicht wieder, der hat kein Interesse an Ihnen, es sei denn, zwischen Ihnen und Miss Fraser besteht eine Verbindung. Aber das trifft ja nicht zu, soweit ich informiert bin.

(Didi Fraser. Desdemona Fraser. Vermutlich kannte ich ihren richtigen Namen schon. Er steht an ihrem Briefkasten unten neben der Haustür. Stand. Sie haben ihn abgeschraubt. Jetzt ist da ein Loch im Messing.)

Der Wohnungseigentümer-Jack: Ja, Herr Officer, ich denke, da gibt's wirklich keine Verbindung zwischen uns außer der räumlichen Nachbarschaft. Sie glauben also nicht, dass jemand unser Haus als eine Art Stützpunkt benutzen wollte? Dass ich wegen irgendeiner aktuellen Lage – was auch immer, ich hab ja keine Ahnung – in Gefahr bin?

Der Kinn-Cop schenkt mir sein überlegenstes Profi-Hackfressengrinsen, als wär ich gerade mal sechs. Sagt: Ein Attentat zum Beispiel? Tja, Mr Price, auch wir sehen fern, deswegen haben wir selbst schon an so was gedacht, aber eigentlich deutet nichts darauf hin. In der Nähe sind keine Regierungsgebäude oder was in der Art, nichts, worauf einer seinen Hass richten könnte. Banken gibt es auch keine, ergo kein Bankraub. Was Politisches fällt ebenfalls aus, durch Ihre Straße kommt demnächst keine Autokolonne oder so. Und wenn Sie meinen, dass einer wahllos in die Menge ballern will, dann hätte er von Ihrem Haus aus keinen guten Winkel, außerdem ist das Gebäude nach dem Mord sowieso verbrannt, weil wir es jetzt auf dem Schirm haben. Und das wär doch entscheidend, dass wir's nicht auf dem Schirm haben, bis Es stattfindet.

(Das E in Es laut und deutlich.)

Ein echtes Rätsel also, Sir, aber was auch immer dahintersteckt: Ihr Problem ist das nicht.

Der Cop-Kiefer mahlt kooperativ. Was er mir sagen darf, sagt er. Ich mag seit neuestem ein Held sein wegen dieser Sache in der Crosstown, für die er mich insgeheim aber für einen ziemlich bekloppten Duselbruder hält, der von Glück reden kann, dass er mit heiler Haut davongekommen ist. Aber deswegen bin ich noch lange kein Cop und brauche nicht alles zu wissen, was er weiß. Doch alles in allem sagt er die Wahrheit. Ich kann mich ja später noch mal bei Leo erkundigen, aber ich bin mir sicher, dass das alles so stimmt.

Vielen Dank, Officer, das beruhigt mich ungemein.

Mir fällt noch ein, nach Lucille zu fragen. Ganz betroffen, so als besorgter Bürger: Oh du jemine, der arme Mann, kümmert man sich denn auch um ihn? Ich war so durcheinander, dass ich ihn leider zu Mus geprügelt habe.

Lucille liegt in einem Gefängniskrankenhaus. Der Typ scheint am Ende der geistigen Fahnenstange zu leben und hätte wie eine Bombe losgehen können, deswegen gelte ich nun als die Fleisch gewordene Zivilcourage, mindestens. Diese Rolle hätte ich allerdings gern einem anderen überlassen. Zum Beispiel diesem College-Footballer-Fleischberg zwei Sitze weiter. Ich war sicher, dass er einen Tackle probieren würde, aber nein, er saß nur da.

Der Cop begleitet mich raus. Umarmt mich fast zum Abschied, als er mich entlässt. Sagt, ich bräuchte mir keine Sorgen zu machen. Was so viel heißt wie: Alle Hochachtung, Mann, aber komm bloß nicht wieder, mehr gibt's nicht, wir sind an der Sache dran.

Na gut.

Mein Penthouse. Mein Zuhause, direkt über der Wohnung, in der Didi Fraser zwei Mal in die Brust und ein Mal in den Kopf geschossen wurde. Man braucht einen Schlüssel, um auf die oberste Etage zu gelangen. Ich hab einen. Sonst niemand.

Sie erwischen mich gleich beim Verlassen des Aufzugs. Fäuste und ein Schlagstock wie ein guter alter Gummiknüppel. Ich krieg ihn umstandslos auf die Rübe. Kein grelles weißes Licht, sondern ein gelbes, ein Geräusch wie PLOCK von meinem Hinterkopf und Wärme, die in den Kragen meines teuren Hemdes fließt. Noch im Fallen seh ich Masken: diese hässlichen fleischfarbenen Teile, die nichts und niemand darstellen. Wofür zum Teufel sollen die Scheißdinger gut sein, außer zur Wahrung der Anonymität während der Ausübung eines Verbrechens?

Musste natürlich auch kommen: Jemand tritt mir in die Eier. Für einen Moment bin ich komplett ausgeschaltet, dann kotz ich ein bisschen. Der Stiefel, der mir am nächsten steht, tänzelt zur Seite. Jemand flucht. Also ehrlich, Leute, ihr schlagt jemand zusammen, ekelt euch aber vor Kotze? Weicheier. Beugt euch doch mal runter, riecht meinen Kaffeeatem.

Den nächsten krieg ich auf die Schnauze. Zähne verabschieden sich. Das gelbe Licht kriegt einen Braunstich, so als würde mein Kopf in einen Tunnel voller Kakerlaken gesteckt. Ein grünbraunes Krabbeln um mich herum, und irgendein Arschloch macht ein Geräusch wie ein Esel oder eine Geige, so was wie HIIEE-ARR-HIIEE-ARRR. Gottverdammte Fickpisse, diese Typen machen mich kaputt, und ich spür, wie's passiert! Fuck you very much für dieses Gefühl, ihr Arschlöcher, weil jetzt kenn ich es und werd's nie mehr vergessen. So sieht ein demolierter Körper aus. Das ist Zerbrechlichkeit. Die Fragilität des Lebens. Eine Grenzerfahrung, und ihr könnt mich mal so was von.

Wer macht so was in einer scheißnichtssagenden Maske. Ein bisschen mehr Respekt, bitte. Tragt ein Clownsgesicht oder eine Godzillakappe, irgendwas, völlig egal. Hauptsache, ihr seid Monster, keine Auslassungszeichen.

Fuck. Es hört gar nicht mehr auf. Gebrochene Rippen, gebrochenes alles, überall Schmerz und unter dem Schmerz das Wissen. Ihr wolltet mir was verklickern, so viel versteh ich schon, bin ja nicht ganz von gestern, aber was zum Teufel ist an einem Telefon so verkehrt?

Fuck.

Dann eine direkt in mein Ohr platzierte echte Botschaft. Eine Wortbotschaft. Lass es. Vergiss Didi. Sonst schlagen wir sie dir aus dem Kopf.

Sie sehen mir zu, wie ich über den Boden krabble. Stehen einfach da, eiskalt, mit Augen wie Skalpelle. Sie sehen mir zu, wie ich das Telefon vom Tisch zerre. Sehen zu, wie ich mich beim Wählen vertippe, die Scheißzahlen durcheinanderbringe und noch mal von vorne anfangen muss. Sie sehen mir zu, wie ich die Cops anrufe.

Derselbe Typ wie vorhin geht ran, dieser Enthusiast. Schickt eine Scheißstreife, schickt sie. Ich verblute auf meinem eigenen Boden. Drei Männer. Masken.

Ich sag es, aber es kommt anders raus. Mafkn. Hrei Mäna ing Sheimafken. Falute au meim eienen Oden.

Jetzt zieht einer der Maskenmänner demonstrativ sein Handy aus der Tasche. Wählt. Redet ganz ultralässig wie in einem Film, sagt zu jemand, dass alles erledigt ist. Was für eine coole Wurst. Beinahe hätte ich es ihm sogar abgenommen, hätte beinahe geglaubt, er hätte was drauf. Fuck. Diese verfickten Kackmasken und jetzt das. Das ist einfach nur unhöflich. Total überflüssiger Dünnschiss.

Üaüfifa Hünnfif.

Der Handy-Typ zuckt die Achseln, dann ziehen sie ab.

Has hür hein Hag. Hohal üaüfifa Hünnfif.

Ich hör mich selbst: ganz seltsames Gefühl in meiner Brust. Ist das eine Rippe in meiner Lunge? In meinem Herz? Ist das der Tod da in meinem Thorax?

Nö. Fühlt sich anders an. Aber was ist es?

Mann, was ist das? Im Moment spürt es sich perfekt an, zenmäßig. Wie Asche in Rückverwandlung, hochfallende Asche, die wieder zu Stein und Metall wird. Wie: Ich bin Asche und lebe. Wie: Ich bin Kaffee und die ganze Welt ist Kaffee. Mir ist ein bisschen schwummrig, und dann gehen sie wieder auf mich los, als ob sie nur mal eben Pause gemacht und ein Bierchen gezischt hätten und jetzt –

Klarheit.

Klarheit wie die Stummtaste, wie kaltes Wasser in trockener Hitze. Ich bin wieder da, Baby. Kein hippiesker Offenbarungsscheiß mehr. Ja, tretet zu, na los, bringt's hinter euch. Ich hab noch was vor, ich hab keine Zeit für diese Kinderkacke.

Die Jungs haben keine Ahnung, wie sehr sie's vermasselt haben. Sie haben's so gründlich vermasselt, dass der Ofen aus ist. Da hilft auch kein Nachlegen mehr.

Maskenmänner! Wisst ihr, wer ich bin?

Nein. Ihr habt keinen blassen Schimmer.

Aber vermasselt habt ihr's, meine Freunde. Und wenn ihr's vermasselt, wisst ihr, was ich dann bin? Ich bin –

Hm, das klang cooler, als ich nicht sauer war. Jetzt fehlt was. Ich liege auf dem Boden. Der scheißteure Teppich versaut mit meinem Blut. Und klar hab ich mich eingepisst. Nicht weitersagen. Meinetwegen das mit den gebrochenen Fingern, aber auch nicht das mit dem scheißwehen Schwellsack. Hoffentlich ist da kein Blut drin.

Es.

Fehlt.

Was.

Komm erst mal auf die Beine. Dann schauen wir weiter. Ob der Satz nicht doch lustig ist.

Oh, Scheiße. Ich hoffe, das bin nicht ich, der da stirbt. Ich spür's kommen: riesige rote und schwarze Schatten, aber nicht richtig schwarz. Eher braun. Mir wird nicht schwarz vor Augen. Mir wird braun vor Augen. Als ich mir den Blinddarm rausnehmen lassen musste, haben sie mir ein Anästhetikum gegeben, und das war anders. Das hat mich in eine eiskalte Tiefe gezogen, und dann war ich wieder da und hab in einem ziemlich hirnbefreiten Laber-flash mit den Schwestern geschäkert.

Das hier ist anders. Warmes Braun, das langsam über die Ränder einsickert, angenehm, gemütlich. Was, wenn es das Ende ist? Der Teppich mit dem Seventies-Muster. Wie in einer dieser Frank-Lloyd-Wright-Burgen. Ich hab den Teppich echt mal gemocht, aber jetzt bin ich nicht mehr so sicher. Vielleicht ist er ein bisschen zu postiro-nisch, vielleicht nur kitschig? Aber jetzt ist er sowieso hi-nüber, oder? So viel von mir krieg ich da garantiert nicht raus. Schöne Scheiße.

Mich von Didi fernhalten? Sie vergessen? Didi? Macht ihr Witze? In meinem eigenen Haus? Das ist doch ein Scherz, erst so was tun und dann erwarten, dass man sich raushält? Das nenn ich am Empfänger vorbeireden.

Ihr habt mich meine eigene Sterblichkeit sehen las-sen, ihr Scheißkerle. Ich hab Angst. Angst, auf meinem eigenen Fußboden zu sterben, auf einem Funky-Vintage-Teppich.

Aber ich werde nicht sterben. Hier geht's nicht nur um Persönliches. Es betrifft auch das Geschäft, und das Geschäft stirbt nie. Man hat schließlich ein Territorium und eine Reputation zu verteidigen.

Geld schläft nicht. Und ich heiße nicht umsonst Price.

Starre schon eine Weile an diese Decke. Ich weiß, dass meine Laune mit hochdosierten medizinischen Opiaten aufgepeppt ist. Das ist fast eine lokale Tradition hier: Ins Krankenhaus gehen und sich mit einem abgefahrenen Schmerzkiller außer Gefecht setzen lassen, von dem man nie mehr ganz die Finger lassen kann. Wie eine schlechte Beziehung, an der man hängt, weil der Sex so gut ist. Auch wenn du aufwachst und sie sturzbetrunken und mit einem Schnitzmesser in der Hand auf dich runterschaut und dir Tiernamen gibt, die du noch nie gehört hast. Danke, hatt ich schon, brauch ich nicht mehr.

Starre immer noch an die Decke. Kann praktisch den Umriss ihres Gesichts sehen, still wie ein Bergsee. Gesicht, Kinn, Brust, Messer, dieser umwerfende Umriss einer Göttin, wie eine Tempelstatue, deren Hand und Auge und Nippel und Klinge etwas Ewiges ausdrücken. Eine Zeitlang hatte ich Schlafparalyse, und das war so ein Moment. Sie dachte, ich würde mit offenen Augen schlafen. Lucia. So hieß sie. Diese blonde Mailänder Schnitte aus Connecticut. Ich hab's am selben Tag beendet. Liegt nicht an dir, sondern an mir, danke für die tolle Zeit, und dann ganz schnell die Schlösser ausgetauscht. Das war, bevor ich Kardinal wurde, noch als Teenie. Zwei Jahre später hat sie einem Mann mit einem Rasiermesser die Kehle aufgeschlitzt und sich dann selbst tranchiert. Beide sind gestorben, und zwei Rettungssanitäterinnen haben auf der Stelle gekündigt. Mit der einen hab ich später mal gesprochen. Nie mehr, sagte sie. Nie mehr tu ich mir so was an. Ich dachte erst, er hätte sie abgemurkst und dann sich, aber sie haben gesagt, dass es andersrum war.

Wollen die mich verarschen? Nie mehr, kein einziges Mal.

Diese Drogen sind allerdings so gut, dass ich mich auch an die Zeit vorher erinnere, und ich spüre ihre Umarmung, und das ist hübsch.

Den Tag morgen werd ich hassen. Dann drehen sie den Hahn zu. Sie werden sagen, dass es zu meinem Besten ist, dass sie mich nicht abhängig machen wollen, dass sie mir Ibuprofen geben werden. Lächerlich, Ibuprofen. Sie haben natürlich recht. Hassen werde ich sie trotzdem. Aber morgen werde ich sowieso alles hassen.

Frau kommt rein, Französischafrika, mütterliches Gesicht. Wie sie das Laken zurechtzieht, sagt mir, dass sie mich nicht mag: okay. Ich kenne diesen Blick. Sie spart sich ihr Mitgefühl für den Moment auf, in dem du stirbst. Ich lächle sie an.

Sparen Sie sich das, sagt sie. Mich wickeln Sie damit nicht ein. Ich kenn meine Pappenheimer.

Wen? Nur kann ich das leider nicht sagen, weil in meinem Mund keine Spucke ist. Hahenheiha?

Wer so zusammengedroschen wurde, sagt sie, wird's schon verdient haben, oder?

Nein. Aber ich werd's mir verdienen. (Fonn bld.)

Trinken Sie einen Schluck Wasser, Cowboy.

Ich trinke.

Wenigstens summen Sie jetzt nicht mehr.

Ich hab gesummt?

Die ganze Zeit über.

Ach stimmt, jetzt erinnere ich mich.

So ist's recht, immer den harten Kerl mimen.

Mm mm mm hmm hmm hmm hmm.

Ganz großartig.

Ich summe mein kleines Summen.

Tage später. Kann wieder sprechen. Nehm das Telefon. Klingelklingel, klopfklopf.

Bist du wach, Charlie?

Ja, Chef, ich bin im Büro.

Charlene arbeitet Gleitzeit. Sie ist keine Frühaufsteherin. Statisch gesehen sind intelligente Menschen mehrheitlich chaotisch und bleiben gerne lang auf. Mir ist egal, wann sie arbeitet, deshalb arbeitet sie ja für mich. Deshalb und wegen dem Koks. Charlene ist Designerin und semiprofessionelle Cyberkriminelle, und sie mag Koks. Mit Koks hat sie eine lose Beziehung, eine Art Freundschaft plus. Sie ist tatsächlich der einzige Mensch, den ich kenne, der von jetzt auf gleich mit dem Koksen aufhören könnte, wenn sie wollte. Bei der Arbeit nimmt sie nichts, nur wenn sie nicht genug Arbeit hat. Dann wird ihr das Koks irgendwann langweilig, und sie zieht los und sucht sich neue Arbeit.

Wenn sie nicht gerade manipulierte Kartenlesegeräte bastelt und im glorreichen neuen Mutterland des Verbrechens, genannt Internet, anonymisiert Bankkonten leerräumt, designt Charlene Verpackungen und anderes Werbematerial für den Blassen Peruanischen Hengst. Der Name stammt von ihr. Sie meinte, das sei so wunderbar Eighties, eine Escobar-mäßige Schamlosigkeit gekoppelt mit Selbstironie und einer Spur Porno, und dass coole

Leute sich so was gerne die Nase hochziehen würden. Wie recht sie hatte.

Ich brauch eine Runderneuerung, Charlie. Ich brauch einen komplett neuen Look.

So mit allem?

Ja, warum nicht?

Das macht dein Mädchen doch gern für dich.

Und, Charlie, meine Nase ist gebrochen, und ein paar Zähne sind weg.

Scheiße, Chef, ehrlich?

Ich schwör.

Bitte nicht, du klingst wie meine kleine Schwester.

Trotzdem.

Okay, dann vielleicht was Piratenmäßiges als Beißerchen. Moment, lässt du dir die Nase richten, operieren oder so?

Fürs Erste nicht. Fürs Erste bleibt sie, wie sie ist.

Okay, dann definitiv die Piratennummer. Was hältst du von Goldzähnen?

Negativ, Charlie. Ich will nachts nicht blinken wie ein Leuchtkäfer. Niemand muss mich an meinen tollen blitzenden Zähnen erkennen.

Alles cool, ganz normale Zähne. Dauert halt vielleicht ein, zwei Tage, bis alles passt.

Und danach nimmst du die Woche frei, Charlie. Fahr aufs Land. Bleib weg, bis ich mich wieder melde. Hier wird die Scheiße hochkochen.

Unangenehm?

Ich muss was erledigen. Keine Ahnung, wie hoch der Ausschlag auf der Scheißeskala sein wird, aber mir fällt kein Grund ein, warum du dabei sein solltest, Charlie.

Verstanden, Chef, Roger und out. Bin schon weg.

Bye, Charlie.

Ich war der Kardinal. Jetzt bin ich Jack Price. Ich summe mein kleines komisches Summen.

Einer von der Krankenhausverwaltung begleitet mich zum Ausgang. Wie im Gefängnis, nur teurer. Spaß beiseite. Ich hab keine Ahnung, wie es ist, aus dem Gefängnis entlassen zu werden, weil ich nie in einem war und nie sein werde.

Schade, dass Sie uns schon verlassen, Mr Price – haha, kleiner Privatwitz, wir sind natürlich froh, wenn die Leute auf ihren eigenen zwei Beinen hier rausgehen. Da und da bitte noch unterschreiben, dass Sie sich auf eigene Verantwortung und gegen ärztlichen Rat vorzeitig selbst entlassen. Beachten Sie bitte den Hinweis auf dem Merkblatt, dass wir Ihnen kein Rezept für die Medikamente, die Sie hier erhalten haben, ausstellen.

Mehr von dem Zaubertrunk möchte ich sowieso nicht in meiner Blutbahn, Pops. Ich hasse Downer. Wer will schon was, was Schlafdroge heißt. Genug Leute verpennen ihr Leben. Schlafen sich durch die Schule, weil's da langweilig ist. Schlafen sich durchs College und die ersten Jobs, weil keiner sie mag, schlafen sich durch Ehe, Scheidung. Am Schluss verpennen sie noch ihren eigenen Tod. Scheißdowner. Und Scheißmeth und Scheißkoks, wo wir schon dabei sind, weil: Die machen einen so hyperaktiv, dass man nicht mal mitkriegt, dass man wach ist. Auch Scheiß-LSD, wenn man's nicht gerade aus streng geheimen medizinischen Gründen nimmt, weil's eine hippiesk-demokratische Counterculture-Droge ist. Es sollte sowieso allgemein bekannt sein, dass Drogen nur für das eine Prozent sind, nicht für die verdammte Occupy-Bewegung. Naturgesetz. Scheiß auf den ganzen Kram. Gebt mir Alk, Kaffee, Adrenalin und Sex, und ihr kriegt eine reale Person aus Haut und Knochen, einen Dalai-Lama-Ghandhi-Einstein-Hybriden des prallen Lebens. Einen echten Menschen.

Pops gibt mir meine Entlassungspapiere und glotzt mir hinterher, weil ich loshumple wie ein Mann mit Baseballschläger, der nach Al Capones Rasselbande Ausschau hält. Na, genau das bin ich auch. Ich bin der Mann, der die Botschaft verstanden hat, und hab eine Antwort darauf. Ich muss Antworten geben und meine Gefühle ausdrücken, etwas tief in mir muss heraus, eine Stimme bekommen, es ist fast wie Gedichte schreiben. Woran man auf dem Nachhauseweg eben so denkt. Wie gesagt, fast wie dichten. Voll unergründlich.

Ich soll keine Fragen stellen. Mich um meinen Kram kümmern. Und das in einem unverschämten Befehlston: mit Fäusten und Füßen in mich reingeprügelt. Wenn ich nett drum gebeten worden wäre, hätte es das Ganze nicht gebraucht, diesen ganzen Scheißdreck.

Mich in Ruhe lassen oder umbringen, das sind die einzigen Optionen. Da hat jemand ernsthaft keine Ahnung, mit wem er's zu tun hat. Vielleicht hätt ich die Lust verloren, nach Didi zu fragen, und mich von allein verpisst. Wenn ich ehrlich sein soll: vielleicht auch nicht. Aber ich hab genug um die Ohren mit meinen unternehmerischen

Tätigkeiten rund um den Vertrieb von Markenkoks in der digitalen Stadt. Das hätte es einfach nicht gebraucht. Punkt. Die gebrochenen Rippen und meine unvollkommene Nase mit Linksdrall, auf die ich mein ganzes Scheißleben lang aufgepasst hab, damit ich nicht so ausseh wie mein Säufervater oder diese konstitutionelle Pissnelke von Opa, der als moralinsaure Otto Normalflasche und verklemmter Sachbearbeiterschlappschwanz nur auf den Schweißflecken vor einer Stripclubbühne abmelken konnte: Die hatten sich nämlich beide bei einer Diskussion über Zahlungsrückstände mal einer brachialkosmetischen Nasenkorrektur unterzogen.

Hätt's.

Einfach.

Nicht.

Gebraucht.

Außerdem gibt es da dieses Wahrnehmungsproblem, dieses schon erwähnte Geschäftsproblem. Wer hier wen fickt, ist eine Frage des Blickwinkels. Klar, ich bin kein Megaimperium. Ich bin das kriminelle Unternehmen des nächsten Jahrhunderts. Ich hab keine Struktur. Keine Führungsebenen. Keinen Apparat in dem Sinn. Aber trotzdem muss klar sein, dass ich aus dem Klein-Klein-Geficke raus bin. Ich bin der, der den Porno dreht. Ich geb das Go. Im Moment haben wir allerdings das erwähnte Wahrnehmungsproblem, bei dem jemand – während meiner, sagen wir, Privatzeit – versehentlich, wenngleich subjektiv sicher gut und vernünftig begründet, den natürlichen Lauf des Lebens verkehrt hat. Es ist ein mythisches Problem, und damit meine ich, es ist ein Klassiker und nichts, was es überhaupt nicht gibt. Ein Joseph-

Campbell-Problem sozusagen. Dafür braucht man schon einen Helden, einen richtigen Heros, der wuchtig zur Tat schreitet. Denn die ganze Ordnung der Dinge wurde mit Stumpf und Stiel ausgerissen, und wenn diese Ordnung nicht wiederhergestellt wird, folgt ein Strudel der Zerstörung: mit Prozessfluten, Spitzelschwemmen und einer Bullenplage in biblischem Ausmaß.

Das ist also eine Gralssuche, nichts anderes: die göttliche Wiederherstellung des nährenden Stroms im wüsten Land.

Aber erst mal natürlich die Zähne.

Hier ist es viel, viel zu weiß. Superweiße Wände in Hochglanz, praktisch wie Spiegel. Alles weiß. Das Weiß lässt die Zähne ziemlich gelb aussehen, was logischerweise Absicht ist. Es lässt die Haut bleich und krank aussehen, was auch Absicht ist. Nach der optischen Vorhölle öffnet sich das Tor ins kosmetische Paradies – für einen gewissen Preis natürlich.

Nein, nicht Price.

Hi, Mr Mowbray, was können wir für Sie tun?

Ich bräuchte fünf Minuten mit Doktor Greene in einer, wenn ich so sagen darf, dringenden finanziellen Angelegenheit. Ich weiß, das ist absolut unüblich, Miss … Oh, okay, ich weiß, das ist absolut unüblich, Sonja, aber es ist wichtig, und ich lass diesen Umschlag hier – das sind zehntausend Dollar. Wenn Sie nach meinem Gespräch mit Doktor Greene in irgendeiner Weise das Gefühl haben, dass ich es an der nötigen Achtung hab fehlen lassen, oder Sie fürchten, dass Ihr Standing bei ihm gelitten hat, gehört das Geld Ihnen, okay? Das überlass ich ganz Ihrem Ermessen.

Ich, also – wow, Wahnsinn, das ist –

Man nennt das Bürgschaft, Sonja. Eine Wette gegen mich selbst, aber keine Sorge, er wird nichts dagegen haben. Es ist gerade kein Patient bei ihm, nehm ich an, dann geh ich gleich mal rein, okay?

Ich, krass, ich, warten Sie –

Danke, Sonja.

Doktor Greene, hi. Würden Sie gerne in zehn Minuten eine halbe Million machen?

Entschuldigung –

So sieht eine halbe Million aus. Alles legal und sauber, es wird keine Flecken auf Ihrem weißen Kittel hinterlassen. Allerdings wiegt das ganz schön viel, damit sollten Sie sich besser ein Taxi nehmen. Dafür will ich nur, dass diese Zähne in meinen Mund eingepasst werden mit einem – irgendwo hab ich den Namen von dem Zeug notiert –, na, egal, mit einer permanenten Klebebefestigung, was man mit so einer lasergesteuerten Adhäsivtechnik macht, oder?

Ja, einen solchen Apparat haben wir.

Okay, gut. Die Zähne da, das sind Kronen, eigens für einen kürzlich entstandenen Gebissschaden und diese Art der Befestigung angefertigt. Aus naheliegenden Gründen kann ich das nicht selbst machen, daher schlage ich vor, ich setz mich auf diesen Stuhl, und Sie machen sich sofort an die Arbeit, dann geh ich und lass das Geld da. Was Sie damit anstellen, ist Ihre Sache. Ach ja, noch was, Sonja kann ihre zehntausend auch behalten, sie ist echt nett.

Sonja, holen Sie doch bitte Miss Miles. Sie soll hier weitermachen, solange wir der Bitte dieses Gentlemans nachkommen. Mr Crofts wird leider warten müssen. Entschuldigen Sie mich bei ihm, sobald er eintrifft, es wird zehn Minuten dauern. Gut, Sir, machen Sie es sich bitte bequem. Ah. Sehr schöne Kronen. Nicht ganz so elegant wie die aus unserem Topsegment, aber sie sind gewiss – ja, sie werden gut aussehen und sind natürlich extrem haltbar. Aha, da ist ein spezieller Träger zur Kraftverteilung, hervorragend gemacht. Sie wissen nicht zufällig, aus welchem Labor? Es ist ein neuartiges Verfahren, aber –

Den Kontakt könnte ich herstellen, sehr clevere Frau, die wird Ihnen gefallen. Aber wenn's Ihnen nichts ausmacht, ich hab wenig Zeit –

Ja, selbstverständlich. Dann wollen wir mal … Sir?

Könnten Sie vielleicht kurz mal mit dem Summen aufhören?

Oh, 'tschuldigung! Mach ich, klar.

Und los geht's.

Neue Beißer, neue Klamotten, neue Frisur. Die Friseurin schneidet mir die Haare, als wär ich aus Reispapier.

Wegen der vielen Wunden. Verdammter Frankenstein, sag bloß nicht, dass das der Professor war, den ich kenne. Das Monster hat nie einen Namen bekommen.

Ich habe einen Namen. Ich habe einen Namen und ein schmales hartes Gesicht mit lila Stiefelabdrücken darauf. Meine Lippen sind an drei Stellen aufgeplatzt, und wenn ich lächle, sieht man Zähne, die an ein Mosaik erinnern. Oder an irgendwas Geologisches. Ich habe einen braunen Schlafzimmerblick, weil meine Augen halb zugeschwollen sind, und meine Nase – meine verdammte Nase ist die Wiederholung einer Farce als Farce. Als hätte ich mir in Saigon die Haare wachsen lassen und meinen Job in der zweiundzwanzigsten Etage verloren und mein ganzes Erspartes auf ein Pferd namens Scheideweg gesetzt. Scheiß auf die erbliche Vorbelastung, Scheiß auf Geschichte, und vor allem Scheiß auf euch. Ich hab meinen eigenen Kopf. Ich hab eine Haltung. Und jetzt setz ich mich in den Märchenonkel-Sessel und erzähl euch mal was.

Ich geb der Friseurin ein Extratrinkgeld, weil ihr von den Nähten an meinem Schädel kotzübel geworden ist. Im Moment seh ich aus wie ein Geisterbahnflüchtling.

Mm mm mm hmm hmm hmm hmm …

Hört ihr das? Das ist mein kleines Summen. Das summe ich immer, wenn ich zufrieden bin. Was das sonst noch ist? Es ist der Klingelton bei einer bestimmten Telefonnummer. Weil ich der Kardinal war. Und niemand Kaffeekardinal sagen brauchte. Ich bin Jack Price. Für jeden Tag des Jahres 1998 kann ich mich an die ersten zehn Tickermeldungen erinnern. Und daran erinnere ich mich jetzt auch.

Ich bin Jack Price.

Ich wähle. Eine höfliche Frau in einem Büro, es klingt nach Midtown, erstklassige Lage, seriöses Unternehmen. Das Büro hat sogar richtige Wände, nicht bloß Rigipsattrappen, das hört man am Klang. Diese Leute besitzen ihre Immobilien noch selbst.

Das ist gut. Sehr gut.

Dann nehm ich meinen Aktenkoffer und mach mich auf den Weg zu meinem Hausbesuch.

Hi, Süßer.

Der Mann am Empfang ist nicht begeistert.

Der Mann am Empfang sieht aus wie aus Texas, Land. Mordsschädel, Mordsgesicht, Mordsarme, klassischer Muckibudenstyle. Keine nennenswerten Haare. Trägt sein Stretchsakko eine Nummer zu klein, damit alle sehen, dass es sich dehnt, wenn er sich bewegt, ja, okay (Süßer), du bist ein ganz ein Starker. Schätze mal, er heißt Ted oder Butch oder Chuck.

Hi, sagt Ted oder Butch oder Chuck. Sir. Eine winzig kleine Pause dazwischen, genug, um zu sagen, dass Typen, die mit gebrochener Nase und demolierter Fresse hier einlaufen, ohne Meeting oder Tässchen Kaffee wieder abziehen.

Ich heiße Jack Price. Ich bin mit Mr Linden verabredet.

In Wahrheit hab ich gerade mit Mr Lindens befristeter Sekretärin telefoniert und ihr gesagt, dass ich vorbeikomme. Sie sagte nein, aber ich sagte, dass ich nur fünf Minuten mit Linden will und dass es um Didi Fraser geht. Sie soll ihm ausrichten, dass ich komme, für alles Weitere ist sie nicht verantwortlich, und sie sagte okay. Befristete verstehen die Welt viel besser als Festangestellte.

Ich schenke Ted oder Butch oder Chuck einen gelangweilten Blick. Er erwidert ihn.

Herrentoilette?

Durch diese Tür dort, Sir. Dorothy? Ja, ich bleib dran.

Ich geh pinkeln. Dann geh ich zurück und warte.

Ich habe Ihren Namen nicht mitgekriegt, sage ich zu Ted oder Butch oder Chuck.

Ich heiße Oliver, Sir.

Ich glaub, mein Ohr fällt ab. Okay, Oliver, bei dem Namen sind Sie bestimmt auch ein Fan von Fellini und Truffaut und postmoderner Architektur?

Nein, Sir.

Nein?

Nein. Truffaut ist überbewertet, Ergebnis einer zugegeben erfolgreichen, von ihm selbst initiierten Werbekampagne für Alfred Hitchcock, den alten Soziopathen. Fellinis Ruhm gründet auf einer einzigen Aufnahme in *8 ½*, die sämtliche Filmhochschulen ihren Studenten vorsetzen. Und die Postmoderne steckt in den Fesseln einer Moderne, die sich nie ganz zum freien Ausdruck gebracht hat, da die Materialwissenschaft noch nicht so weit gediehen war, dass sie eine Umsetzung in ihrer höchsten Form erlaubt hätte. Sie machen nieder, was noch gar nicht zur Blüte gekommen ist. Sir.

Wollen Sie mich auf den Arm nehmen, Oliver?

Aber nein, Sir.

Machen Sie hier Security oder studieren Sie Jura?

Beides, Mr Price. Einen Moment. (Fasst an seinen Ohrhörer.) Ja, Dorothy. Ja. Ich verstehe. Mr Price, bedauerlicherweise kann Mr Linden Sie nicht empfangen. Tut mir leid. Sie sollten jetzt gehen, Sir.

Klappe den Aktenkoffer auf. Da ist ein Flachmann drin. Halt ihn in die Höhe. Bühnentrick.

Oliver, wenn Sie bitte Ihren Riesenarsch vom Stuhl bewegen und hinter dem Tisch vorkommen würden.

Warum sollte ich das, Sir?

Weil ich bis drei zählen werde, Oliver, und dann einen Riesenkrawall veranstalte. Sie werden lieber vor dem Tisch gefunden werden, damit es so aussieht, als hätten Sie sich wenigstens bemüht. Sonst werden Sie gefeuert. Keine Sorge –

Ich wollte gerade sagen, dass es nicht wehtut, aber, na ja, es wird betrüblicherweise wehtun.

Oliver steht auf. Dauert seine Zeit. Wie sich zeigt, ist er nicht ganz so groß wie Big Billy, aber das macht er durch böse Absicht wett. Und er ist wirklich breit, Minivan-Format. Der Mann braucht sicher zwei, drei Sitze im Programmkino bei ihm um die Ecke, wenn er Frank-Capra-Filme anschaut und mein Körpergewicht in Popcorn mampft. Ich mache einen großen Schritt zurück, er hinterher, ich wieder einen. Jetzt bin ich mit dem Rücken fast an der Tür.

Haben Sie eine Waffe, Oliver, oder sind Sie nur Fleisch?

Oliver hat einen dieser Teleskopschlagstöcke, die man gar nicht haben darf, aber gut. Ich drücke auf die Türentriegelung und rüttle an der Tür, so als ob ich hinausmöchte. Nichts passiert. Wie auch, nachdem ich die Entriegelung nicht ganz runtergedrückt hab. Schwenke den Flachmann. Nehme ein Schlückchen, spuck's zurück in die Flasche. Nichts Besonderes: hochdosiertes Mundwasser und niedrigdosiertes Desinfektionsmittel. Nicht schlucken.

Oliver lässt sich nicht täuschen.

Sir. Ich an Ihrer Stelle würde es mir noch einmal überlegen.

Ja, nun.

Offenbar ist Ihnen die letzte physische Auseinandersetzung nicht gut bekommen, Sir.

Die waren zu dritt, Oliver, an meinem freien Abend, in meiner eigenen Wohnung, zu der nur ich den Schlüssel habe.

Nun gut, Sir. Immer schön mit der Ruhe.

Hä? Immer schön mit der Ruhe? Was soll das sein? Ich nehm einen Schluck aus der Pulle, behalt ihn im Mund.

Es ist klar, dass der gute Oliver und ich eine Beziehung aufgebaut haben. Wir stehen jetzt auf freundschaftlichem Fuß, und den meisten Leuten fällt es wahrhaft nicht leicht, diese Haltung aufzugeben und eine einzunehmen, in der sie dem anderen das Ohr abreißen. Und tatsächlich gehört Oliver zu den meisten. Er erwartet, dass ich nach ihm aushole, vielleicht denkt er auch, dass ich versuche, ihm die Beine wegzutreten. Das wäre eine hervorragende Strategie, wenn das hier irgendeine Art Sportevent wäre. Keine Frage, wenn man einem Mann sein Fundament weghaut, dann fällt er um. Ein paar gezielte Haken vom wieselflinken Jack, während der tapsige Riesenoliver seine Schwinger platziert, würde sich im Fernsehen prima machen. Okay, warum sollte Oliver langsam sein. Ja, er ist breit wie ein Minivan, aber heißt das, dass er nicht von o auf 100 kommt? Er hat mir in aller Seelenruhe gezeigt, wie verdammt langsam er ist, was bedeutet, dass er sich für ziemlich schnell hält. Nun ja. Ich bin nicht gekommen, um irgendeine schlesische Kampftechnik unter Beweis zu stellen. Ich bin gekommen, weil ich Linden sprechen will, und der direkte Weg dorthin ist, dass ich die Nordwand von Berg Oliver hochkraxle und mit meinen neuen Beißern Fetzen seiner Haut runterreiße.

Außerdem gibt's da dieses Wahrnehmungsproblem, das ich ansprechen muss. Hat jemand gesehen, was Jack Price mit diesem Security-Typen angestellt hat? Und er hat ihn sogar gemocht!

Nun ja, Geschäft ist Geschäft, und ich bin das Geschäft.

Ich spring in seine Arme. Ich löse das Problem ganz mariamäßig: Großes Kuscheln! Ich klettere an ihm rauf wie eine Katze an einem Vorhang. Oliver kapiert überhaupt nicht, was los ist. Mit einer Wuchtbrumme wie ihm legt sich eigentlich niemand freiwillig an. Er kriegt vor Kraft fast Gewissensbisse. Hat keinen Schimmer, wie böse es ausgehen kann, wenn er die Umarmung nicht schnell genug in einen Haltegriff verwandeln kann. Ich weiter den Vorhang rauf. Hast du gesehen, was Jack Price getan hat? Es gab ein Wahrnehmungsproblem? Dann bitte alle mal hersehen.

Ich krieg ihn gut zu fassen und beiß herzhaft zu. Eins. Zwei. Drei. Drehen, kauen, spucken. Und noch mal. Die neuen Zähne tun weh. Sie sitzen zwar fest, aber verheilt ist noch nichts. Das nennt man ausgleichende Gerechtigkeit. Also zwischen mir und meinen Zähnen. Oliver hat einen Scheißtag. Ein Tag voll Scheiße. Er ist in jeder Hinsicht unzufrieden, wie das hier läuft. Seine Optik hat sich in anderthalb Sekunden von der Ausstrahlung eines Breitwand-Tom-Cruise zu den, wenn er Glück hat, coolen Narben von Tony Amendola verändert. Außerdem: Mundwasser brennt in einer offenen Wunde wie die Hölle.

Deshalb natürlich Riesengeschrei und -gebrüll. Ausgewachsenes Wasserbüffelröhren: MUUU MAAAAH MUUU! ARGGGH MUUU! Alles okay, Mann, ist eine schwierige Phase für dich, gehört aber zur Selbstfindung, und die Leute haben dafür Verständnis. Und jetzt umarme ich ihn wirklich, weil, na ja, das ist nichts Persönliches, hier geht's ums Geschäft. Da muss man aus seinem Herzen doch keine Mördergrube machen. Gut, Mann, lass es raus, lass es raus.

MUUU MAAAH AHHHH MNUUUMUU.

Ja, du machst das gut, echt gut.

(Auch wenn es für ihn hier gerade gehörig schiefläuft. Das Leben, Mann, das ist ein Arschloch.)

Das ganze Hemd blutbesudelt. Schnell einen tiefen Zug Mundwasser aus meinem Flachmann, auf den Teppich ausspucken. Bei einem Zahnkampf sind gute Hygienestandards absolut entscheidend, man will sich ja nichts holen. Alle seriösen Kneipenschläger putzen regelmäßig die Zähne, um Erkrankungen der Mundschleimhaut etc. zu vermeiden. Das bisschen Umweg zur Vermeidung von Hepatitis & Co. geh ich gern, auch wenn man dergleichen von einem Typen wie Oliver nicht erwartet, aber weiß man's? Hepatitis C ist der Tod auf leisen Sohlen.

Ich verstau den Flachmann wieder in meinem Aktenkoffer und lass ganz businessmäßig die Riegel zuschnappen. Schau mich im Spiegel an. Rot-weißes Hemd. Ausgezeichnet. Rücke meine Krawatte zurecht. Gesehen?

Nein, natürlich nicht. Weil das Auge sich leicht ablenken lässt. Es ist so beschäftigt damit, das Blut anzustarren, dass es die Details nicht mehr wahrnimmt. Dabei geht's im Geschäft nur um Details.

Die befristete Sekretärin kommt. Hi, Dorothy. Mr Price für Mr Linden, der mich in diesem Moment erwartet.

Ja, Sir, das glaub ich auch.

Das muss man Linden lassen, er reagiert ziemlich cool. Natürlich weiß er, dass Dorothy draußen mit den Cops telefoniert. Glaubt, dass er ein bisschen Zeit schinden muss. Also, Mr Price, was kann ich für Sie tun? Reicht mir ein Taschentuch für Olivers Blut. Oh, danke schön.

Gut, okay, es geht darum. Es kam kürzlich zu einem heftigen Missverständnis.

Was da gerade passiert ist, würde ich nicht –

Nein, nicht das. Das geht allein auf meine Kappe. Schicken Sie mir doch die Arztrechnung für Olivers Behandlung, bitte? Er machte einen sympathischen Eindruck.

Breites Lächeln: meine sauberen Zähne, die ganz Schotterebene.

Nein, Mr Linden, ich meine das von vor ein paar Nächten. Als einige Gentlemen im Auftrag von jemandem, mit dem Sie professionelle Beziehungen pflegen, versehentlich in meine Wohnung eingedrungen und mir buchstäblich zu nahe getreten sind, also mich auf meinem Teppich zusammengeschlagen haben. Sie verstehen sicher, dass ich dafür kein Verständnis habe. Nehmen Sie bitte meine Missbilligung zur Kenntnis.

Linden nickt.

Ich kann das nicht akzeptieren. Mr Linden.

Nicken.

Aber wissen Sie was, ich versteh das, war ein typischer Fall von Fehlkommunikation. Okay? Ich versteh das, ich bin ja ein vernünftiger Mensch. Ihr Kontakt – nein, Mr Linden, ich bitte Sie, einer der Herren, die sehr zu meinem Leidwesen an der Entformung meiner Nase mitgewirkt haben, die ich mir wegen einer bestimmten Familie, ganz egal welcher, exakt so habe richten lassen –, nun, wie erwähnt hat einer der Herren, die meinem Erscheinungsbild einen neuen Dreh gegeben haben, die möglicherweise suboptimale Entscheidung getroffen, direkt bei Ihnen im Büro anzurufen, um mitzuteilen, dass die Aufgabe erledigt sei, und das habe ich zufälligerweise mitbekommen. Ja, Sir, es ist sozusagen ein Hobby von mir, die Zahlen eines Handys am Tastenton zu erkennen, und das, Sir, ist eine Information, die ich der Polizei nicht mitgeteilt habe. Nein, in der Tat nicht, aber lassen Sie mich das noch zu Ende bringen – also, ich sage nicht – nein, lassen Sie mich doch kurz ausreden –, ich sage nicht, dass es Ihr Mandant war, der das veranlasst hat, denn dann müssten Sie sofort sagen, dass er nicht Ihr Mandant ist, oder? Ihr Kontakt also: Ihr Kontakt hat sich zu unser aller Leidwesen Ihre unbescholtene Kanzlei für seine kriminellen Machenschaften neulich Abend ausgesucht, da können Sie gar nichts dafür. Diese Person – jener Kontakt eben – hat gedacht, ich wäre jemand, dem man einen Warnschuss verpassen muss. Aber, Mr Linden, so jemand bin ich nicht. Ich habe nach Didi Fraser gefragt, weil sie in meinem Haus gewohnt hat. Nicht, dass ich sie gemocht hätte, aber sie gehörte praktisch zum Inventar, ja? Sozusagen eine Landmarke in meinem Privatleben. Deswegen wollte ich wissen, was mit ihr passiert ist. Nun, das hat Ihren Kontakt – okay, es ist nicht zwingend Ihr Mandant, das will ich mal so beibehalten – etwas verstimmt, worauf er Maßnahmen ergriffen hat, die er mittlerweile sicherlich als überstürzt betrachtet, um nicht zu sagen als grob. Es müsste inzwischen ja deutlich geworden sein, dass ich niemand bin, den man in einer solchen Weise angehen sollte. Ich bin sogar ziemlich sicher, dass das nun klar ist. Ausgezeichnet. Dennoch ist das Ganze nicht mein Style, Sir, mein Karma, meine bevorzugte Daseinsform in dieser Welt, mein Urgeist – oder wie Sie's auch nennen wollen. Ganz und gar nicht. Ich ziehe einen Deal entschieden der geballten Faust vor, Mr Linden. Das dürfte deutlich geworden sein. Und doch sind wir jetzt alle an einem Punkt angelangt, an dem das Ganze merklich nach Scheiße zu stinken anfängt. Aber ich bin ein vernünftiger Mann und zuversichtlich, dass wir zu einer einvernehmlichen Lösung kommen, die man als Wiedergutmachung zur Konflikttransformation bezeichnen könnte. Okay. Ich mach sogar den Anfang und werde, wie gesagt, für Olivers Arztrechnungen aufkommen. Ich habe einen hervorragenden Mann für Sanierungsarbeiten an der Hand. Sie und ich werden mit dem Resultat sehr zufrieden sein. Ja? Ich gestehe also zu, dass so was passieren kann und jeder mal einen Fehler macht. Geh ich recht in der Annahme, dass Ihre Kanzlei darauf spezialisiert ist, sich der bodenständigen Seite des Eigentums unserer reichen Mitbürger anzunehmen? Ich meine, nicht im hausmeisterlichen Sinne, ich meine: Ach, ist mir langweilig, komm, lass uns Bodenschätze kaufen gehen.

Das scheint mir eine zutreffende Einschätzung.

Wusst ich's doch. Nun, zufälligerweise verfüge ich über eine Art Liste mit Namen von Leuten, die mithilfe von Kanzleien wie der Ihren Geschäfte machen. Kann es sein, dass Sie einen Mandanten namens Driskol haben, der hauptberuflich Erbe einer Menge Diamantenminen aus Apartheidzeiten ist? Ein echt altes Arschloch? Oder ein anderer, ein Einbeiniger namens Barnes, der sein Geld in der Phase des letzten Jahrhunderts gemacht hat, als die sehr Reichen die sehr Armen auch noch fürs Geficktwerden bezahlen ließen. Das war, glaub ich, neunzehnzweiundachtzig.

Das darf ich nicht sagen, Mr Price.

Tolles Pokerface, ehrlich!

Das darf ich nicht sagen, Mr Price.

Ja, aber nicht so toll, wie Ihre Freunde immer behaupten. Deswegen stehen sie am Ende des Jahres auch immer ein bisschen besser da als Sie, das liegt nicht an den Karten. Okay, Mr Linden, das kapier ich und respektiere es, und ich glaube, ich weiß auch, wie man auf diesem Gebiet Geschäfte macht. Kommen wir zurück zu meiner Situation, die kurz gesagt so aussieht: Ich wurde geschlagen. Wiederholt geschlagen, wobei sogar meine Nase zu Bruch ging, was meine bisherige Gesichtskontur in einer Weise zerstört, über die ich aus persönlichen Gründen sehr unfroh bin. Wenn ich etwas Zeit übrig habe, werde ich den erwähnten Sanierungsspezialisten konsultieren. Überhaupt ist mein Körper, grob gerechnet, an fünfzig Stellen beschädigt worden. Meines Erachtens wäre es angemessen, wenn wir einen En-gros-Preis dafür ansetzen.

Das hört sich durchaus vernünftig an.

Verstehen Sie: Ich möchte immer noch über Didi Fraser Bescheid wissen, aber ich werde aus reiner Höflichkeit darauf verzichten. Höflichkeit scheint mir das Gebot der Stunde, Mr Linden. Verstehen Sie? Wie zwischen zwei Raubtieren im Wald, die einander umschleichen, weil keines genau weiß, wozu das andere imstande ist. Vielleicht ist einer von uns ein Bär und der andere ein Elch, vielleicht sind wir aber auch beide Wölfe, oder einer ist ein Krokodil. Oder einer von uns ist ein Tier, für das die Wissenschaft noch keinen Namen hat. Zu diesem Zeitpunkt kann das keiner von uns beiden wissen. Weil sich unsere Interessen bislang nicht gekreuzt haben, kann man mit einiger Sicherheit davon ausgehen, dass wir auf verschiedenen Ebenen operieren oder in unterschiedlichen Geschäftsfeldern und unser jetziger Konflikt eine Anomalie darstellt. Solange wir uns höflich verhalten, gibt es keinen Grund, warum er bestehen bleiben sollte.

Da stimme ich Ihnen zu.

Ich würde also vorschlagen, dass Sie mir eine Million für jede Verletzung geben, insgesamt schöne runde fünfzig Millionen, und wir gehen in unserem Wald getrennter Wege, verlassen sozusagen den Kriegspfad, und als Teil des Deals vergesse ich, dass Didi Fraser jemals existiert hat. Außerdem werde ich für Olivers Ohr bezahlen. Wir sollten relativ schnell zu einem Abschluss kommen, weil die Polizei gleich eintreffen wird, und ich glaube nicht, dass wir die Diskussion in deren Anwesenheit weiterführen wollen.

Wegen der Polizei kann ich nicht viel tun, Mr Price.

Das können Sie gerne mir überlassen, Mr Linden, solange Sie sich in der Darstellung der Ereignisse zurückhalten. Vielleicht könnten Sie sogar dafür sorgen, dass das Material der Sicherheitskamera verloren geht.

Dann müssen wir uns also nur noch über den Betrag unterhalten, Mr Price, den ich für recht hoch halte.

Ach ja, Mr Linden?

Ja, Mr Price.

Wollen Sie im Sinne konstruktiver Verhandlungen vielleicht einen Gegenvorschlag unterbreiten?

Zwanzig sind meiner Meinung nach absolut ausreichend.

Finden Sie vierhunderttausend pro Verletzung nicht etwas schäbig, Mr Linden? Vielleicht könnten wir zwanzig für das viele Blut vereinbaren und weitere dreißig ausschließlich für meine Nase und das daraus resultierende emotionale Trauma.

Ich fürchte, Sie haben mich missverstanden, Mr Price. Zwanzig. Nicht zwanzig Millionen.

Tja, Mr Linden. Das war dann wohl tatsächlich ein Missverständnis. Nun gut. Ich halte mein Angebot bis Mitternacht aufrecht.

Unsere Antwort wird sich nicht ändern.

Warten wir ab, was Mitternacht passiert, Mr Linden. Letztlich ist die Welt in stetem Wandel. Auf Wiedersehen, Mr Linden.

Ich bin gespannt, Mr Price, wie Sie das Gebäude verlassen wollen, ohne der Polizei zu begegnen.

Ach, Mr Linden. Warum sollte ich der Polizei nicht begegnen wollen?

Sie sind verhaftet!

Ja, danke.

Sie haben das Recht – und so weiter.

Dann wollen wir mal unsere Bekanntschaft auffrischen.

Auf der Dienststelle schaut sich Leo eine schlechte Aufnahme an, die Jacks Theorie der Wahrnehmungsproblematik in der Praxis anschaulich macht.

Du heilige Scheiße, Price! Gott, ist das ein Ohr?

Das ist fast nur Ohrläppchen, Mann, kein Problem.

Das ist die kränkste Kannibalenscheiße, die ich je gesehen hab.

Hey, nein, das ist nicht – ach okay, Leo, gut, du hast absolut recht, da hab ich Kacke gebaut. Jeppo. Das heißt ja, aber von der Muschel hab ich echt nicht genascht, die hab ich –

Halt die Schnauze, halt einfach die –

Der Witz an Anwaltskanzleien ist, dass sie Videos aufzeichnen, aber aus offensichtlichen Gründen ohne Ton. Man sieht also auf dem Video, wie ich mit Oliver spreche, und dann steht er auf und geht auf mich zu. Ich mach einen Schritt zurück, kann den Raum aber nicht verlassen, dann zieht er eine illegale Waffe, und ich gurgle irgendein Mundwasser und kau ihm das Ohr ab. Ein bisschen irre komm ich rüber, aber nicht unbedingt wie ein Krimineller, das werden sie sich in dem Büro von Linden Carver jedenfalls gerade sagen und Oliver feuern (tut mir leid, Mann, aber so ist das Leben, und ich bezahl wirklich für das Ohr). Die Cops werden sich das Material anschauen, und sie werden sagen –

Price! Fuck, was soll das, Mann?

Sorry, Leo.

Leo ist also der Cop. Der korrupte Cop, den ich kenne. Genau genommen ist er der Cop, den ich bezahle. Also mein Cop. Und damit ist er eigentlich gar kein Cop, sondern ein Krimineller, der So-tun-als-sei-er-Cop zu seiner kriminellen Haupteinnahmequelle gemacht hat. Er selbst sieht das aber nicht so, und weil es nichts bringt, ihm etwas anderes zu erzählen, tu ich's nicht. Momentan zerbricht sich der gute Leo den Kopf, wie er den Scheiß in seinem Bericht erklären soll, ohne mich sofort einzubuchten, am besten in einer Zwangsjacke. Leo würde mir am liebsten gleich mehrere verpassen. Aber er tut es nicht, weil er glaubt, dass er Cop ist, und als Cop kann er mir nicht einfach eine reinhauen, solange ich höflich und nett zu ihm bin.

Tja, so ist Leos Leben. Leidtun muss er einem deswegen aber nicht. Sein Leben macht ihn ziemlich reich. Außerdem ist er ein Held, weil er die weltbesten Informationen zu den Bossen der Drogenindustrie – also meiner Konkurrenz – kriegt. Leo ist ein Spitzenermittler, jedenfalls insofern er von mir gesagt bekommt, was gerade wo läuft, und Leo dann ausrückt und seine Pflicht erfüllt oder sie aufschiebt, wofür ich ihn bezahle.

Ich sage Leo, dass es mir leidtut, dass ich dem Mann das Ohr abgekaut habe, aber das war eben höhere Gewalt. Der gute Leo versucht, das jetzt nicht lustig zu finden.

Ich mag Leo. Er schafft es nicht, es nicht lustig zu finden, weil es genau das ist, jedenfalls ein bisschen.

Was für eine Fuckscheiße, Price.

Sorry, Leo.

Das hast du ohne Deckung gemacht, das weißt du, ja?

Das weiß ich, Leo. Ich werd's wiedergutmachen.

Und wie du das wirst. Einem Mann in einer Anwaltskanzlei das Ohr abbeißen, fuck. Was soll das denn?

Was Persönliches. Ich kümmer mich um den Lauschlappen.

Was ist mit deiner Scheißnase passiert, Mann?

Was Persönliches.

Hat das miteinander zu tun?

Denk schon, ja.

Fuck.

Ich weiß, ich weiß, was soll ich sagen? Die haben mich völlig grundlos zusammengeschlagen, und ich wollte das ausdiskutieren, auf ganz zivilisierte Weise, aber niemand hat mir Gehör geschenkt. Wiedergutmachung, Leo, mehr wollte ich nicht. Ich war bereit, wieder lieb und nett zu sein, auch wenn die Sache mit meiner Nase wirklich – du weißt, wie empfindlich ich mit meiner Nase bin, Leo, wir haben schon darüber geredet.

Ja, Price, ich weiß, und ich erinnere mich an das Gespräch. Trotzdem, hast du gesehen – na, du warst ja dabei, natürlich hast du gesehen, was dieser Oliver – fuck, Price. Das ist Megascheiße.

Hunderttausend.

Zweihundert.

Hundertfünfzig.

Plus Spesen.

Hundertsechzig brutto und ich geb einen aus.

Okay.

Okay?

Okay.

Und wie?

Woher soll ich das jetzt schon wissen?

Du könntest einfach meine Rechte verletzen.

Dann flieg ich raus, Mann.

Du hast genug Leute, die du nicht brauchst.

Klar, es gibt einen Haufen Neue, die vermehren sich wie die Karnickel. Aber die Gewerkschaft –

Oh, du brichst mir das Herz. Okay, hundertfünfundsiebzig, und ich such dem Opferlamm was Einträgliches. Bau, Herrenwaxing, irgendwas.

Herrenwaxing? Was redest du da, Price? Erst Cop, dann Sackrasierer? Was soll das überhaupt sein? Fuck.

Was Einträgliches.

Wie viel?

Als ich es ihm sage, sagt Leo noch mal fuck und noch mal, fuck, fuck, fuck, wie ein Metronom, bis meine Anwältin kommt.

Hey, Sarah.

Hey, Jack.

Sarah ist Anwältin. Sie ist anders als Leo. Sie ist ein guter Mensch und glaubt an so was wie Ehrlichkeit und gute Taten und juristischen Beistand für schlechte Menschen. Sie glaubt an so was wie Moral, weswegen sie nur eine poplige Kanzlei in einem schäbigen Bürogebäude hat. Sarah mag mich nicht, aber ich brauche sie, und deswegen fühlt sie sich verpflichtet. Ich mag Sarah, und das weiß sie und ist deswegen unglücklich. Ich bezahle Sarah mehr als alle ihre anderen Mandanten zusammen, und dadurch kann sie sich diejenigen leisten, die sich Sarah nicht leisten können, weswegen sie mich einerseits hasst, andererseits auch nicht.

Alles ziemlich kompliziert also. Ich sage:

Schön, dich zu sehen, Sarah.

Du hast jemand angefressen.

Ich hab ihm nur ein klitzekleines Stück abgebissen, nicht mehr – außerdem war's fast nur das Ohrläppchen.

Leos Worte.

Danke, dass du mich rausgeholt hast.

Du hast dich selbst rausgeholt. Ich hab nur ungefähr zweiundachtzig Mal gesagt, dass du das Recht hast zu schweigen. War's teuer?

Dann danke dafür, dass du dir ungefähr zweiundachtzig Mal diese Mühe gemacht hast.

Gern geschehen.

Magst du mit mir ausgehen und feiern, dass du ungefähr zweiundachtzig Mal gesagt hast, dass ich das Recht habe zu schweigen?

Nein, Jack.

Und einfach so mit mir ausgehen?

Nein.

Ich bin ein bisschen in dich verknallt, Sarah.

Ich leider ziemlich nicht in dich, Jack, aber ich weiß es zu schätzen.

Ehrlich?

Nein, eigentlich nicht, aber ich weiß, dass du dir Mühe gibst.

Danke schön, Sarah.

Gute Nacht, Jack.

Sarahs Wangen sollte man echt verbieten. Ihre schwedisch-haitianisch-libanesische Schnuckelmischung löst vollkommen unkontrollierbare Regungen in mir aus. Ich hab mal gelesen, dass sich das Immunsystem andere Immunsysteme aussucht, die seine Fähigkeiten ergänzen. Keine Ahnung. Meins jedenfalls will Sarah. Aber Sarahs Immunsystem will meins nicht. Ergo: Scheiße.

Wieder sarahlos bei mir zu Hause. Jetzt und bis auf weiteres sarahlos, weil sie genau weiß, was ich bin, und das widert sie an. Aber sie ist eine gute Anwältin, die aus persönlichen Gründen keine guten Mandate bekommt, weswegen sie wider Willen schlechte von mir annimmt. Sie hasst mich, weil ich den Kompromiss verkörpere, den sie eingegangen ist. Ich sollte sie in Ruhe lassen, aber immer wenn ich es versuche, lächelt sie mich an, und ich weiß ehrlich nicht, ob sie das tut, weil ich ihr die anderen Mandanten bezahle oder weil es zwischen uns irgendwas gibt, aus dem mehr werden könnte.

Nein, Sarah. Mach dir Gedanken. Ich hab Arbeit für dich. Arbeit gibt es immer genug.

Es ist zweiundzwanzig Uhr einunddreißig. Linden hat noch eine Stunde neunundzwanzig Minuten, um sich bei mir zu melden. Ich bin hoch eingestiegen, er niedrig, ganz normal bei einem Geschäft. Wobei er eigentlich nicht mehr oben auf meiner Agenda steht. Oberste Priorität hat jetzt sein Mandant, danach sehen wir weiter. Ich an Lindens Stelle würde aber erst mal Luft holen, Bestandsaufnahme machen und überlegen, wo sich Geschäfte machen lassen. Ich werde meine fünfzig Millionen in den Handel stecken. Favorisierte Länder, Markteintritt, Gefälligkeiten. Ich brauche gar keine fünfzig Millionen. Ich lebe nicht auf großem Fuß und bin allein. Ich weiß nicht mal, wie viel ich habe. Eine Menge. Dürfte schon reichen. Wie gesagt, alles eine Frage der Wahrnehmung. Das Entscheidende ist, dass ich am Ende reicher dastehe. Darauf kommt's an. Was auch passiert, Jack hat die Nase vorn, und deswegen arbeitet man auch besser mit mir zusammen, nicht gegen mich.

Ich telefoniere. VoIP-Anruf. Verschlüsselt, Standort verschleiert, sauberes Mobilteil. Das Einmaleins der Kommunikationshygiene heute.

Kto tam?

Hey, Schwester.

Jack Price.

Karenina ist Geheimdienstlerin. Sie stammt aus einem dieser ehemaligen Sowjetsatelliten und hat den irrsten Mist gemacht, den die Dienste dieser Kükenstaaten anfangs machen mussten, um nicht von KGB, FSB oder der Speznas wieder husch, husch ins Moskauer Körbchen zurückgescheucht zu werden. Flügge werden mag Mütterchen Russland gar nicht. Sie behält ihre Kleinen lieber bei sich.

Karenina ist fünfundfünfzig, sieht aber aus wie vierzig, bis auf die grauen Haare und die Fleischklopferfäuste. Sie hat alles Mögliche drauf, Computer genauso wie so ein estnisches Straßenkampf-Judo.

Agentenfilmmäßig sag ich mit tiefer heiserer Stimme: Da.

Verächtliches Schnauben über mein Rudimentärrussisch: Du klingst, als hättest du Nebenhöhlenkrankheit. Lass sein, Jack, klingt schrecklich für meine Ohren. Was liegt an?

Karenina, ich würde dich gern eine Zeitlang engagieren. Üble Sache. Freie Wahl der Waffen. Mitternacht geht's los.

Sorry, Jack, geht leider nicht. Seit zwei Tagen ich bin in Testphase mit neuer Geschäftsverbindung. Noch alles wacklig.

Du hast neue Geschäftspartner, Karenina? Das verletzt mich jetzt aber.

Ist niemand von hier, Jack. Die Arbeit ist langfristig und im Ausland, meistens. Und es ist gut für meinen Ruf, deswegen dachte ich, was soll's, ich probiere es aus. Vielleicht passt es ja? Wenn nicht, dann nicht.

Kannst du verraten, wer das ist, oder wär das uncool?

Nein, ist alles cool, wir machen sogar Werbung. Vielleicht du willst uns ja buchen, wir sind verfügbar.

Im Moment brauch ich kein ganzes Team.

Weiß man nie in dem Business, Jack.

Also, wer ist es?

Die Seven Demons. Schon echt cool.

Verarsch mich nicht.

Ist die Wahrheit, echt.

Die Seven Demons, ehrlich? Die mit dem Bankding in Budapest?

Gibt's keinen Beweis für.

Okay, aber der Anschlag in Krong Angkor?

Ja, waren wir. Sie. Und jetzt wir. Du weißt noch die Sache letztes Jahr in London? Das in der Underground?

Quatsch, das waren baskische Separatisten.

Auftragsarbeit. Wir haben fünfzig Prozent bekommen.

Das wusste ich nicht.

Ich auch nicht. Aber sie haben mir Videos gezeigt. Absolut sauber durchgeführt, selbst als die Aktion aus dem Ruder lief. Klasse improvisiert.

Supercool.

Vor eine Woche mich rief jemand an, will vertrauliches Gespräch, angeblich für Beratung. Sind Basken, sagen sie. Fragen, wo sie besser werden können. Ich sag ihnen, mit der richtigen Vorbereitung läuft gar nichts aus dem Ruder. Zuerst haben sie leise gekichert. Als sie mir dann alles auf Video zeigen, ich kommentiere gleich live. Sage, die Ausführung war brillant, aber die Logistik bescheiden. Die beste Lösung wäre, in den Sicherheitssystemen weißes Rauschen erzeugen, etwas Kriegsnebel machen. Außerdem benötigt man ein grundlegendes Verständnis – na ja, alles eben, was ich habe früher gelernt. Darauf sie sagen, dass sie mich genau aus diesem Grund an Bord wollen.

Das ist wirklich supercool.

Wenn es funktioniert, ja. Aber wir sind erst in Testphase. Ich habe Angst, sie sind zu viel Show und Bruce Lee und machen zu wenig Projektmanagement. Sie werden mich für zu alt halten, wenn ich bei allem nicht bin zehn Mal schneller als sie. Aber jetzt es geht erst mal darum, ob ich loungen kann.

Loungen? Hä?

Na, so Smalltalk. Sie wollen, dass ich auch kann neue Kunden finden, Kuchengabel benutzen und guten Wein erkennen.

So Weinproben? Ernsthaft?

Nur Scherz. Aber so in die Richtung.

Diesen Mist könnt ihr Scheißeuropäer natürlich.

Njet. Ich muss noch mal Schulbank drücken.

Wozu das denn?

Ist Bedingung. Ich verstehe auch Logik dahinter. Also gehe ich jeden Tag in Unterricht bei Marco von Surf Sharks. Außer mir noch vier Kinder unter acht. Ich bin die Schlechteste. Möchtest du, dass ich erkundige wegen deinem Job?

Ja, mach mal. Das wär zwar der absolute Overkill, aber vielleicht fällt bei dir auch mal eine Stunde aus, und wir kriegen das so geregelt.

Ich frag mal. Und melde mich dann.

Klick.

Die Seven Demons. Das ist unglaublich. Eigentlich ideal, aber total übertrieben. Als ob man eine Maus in der Küche entdeckt und deswegen das ganze Haus mit Napalm überzieht und hinterher tausend hungrige Pythons in die Asche schickt. Vermutlich ist das zu teuer, um sich wirklich zu lohnen, andererseits würde sich so die Wahrnehmungsproblematik ganz direkt adressieren lassen. Außerdem sind neue Freunde immer gut. Ein simpler Job und leicht verdientes Geld, danach sagen wir alle fröhlich auf Wiedersehen, und wenn's beim nächsten Mal kniffliger wird, kennen wir uns immerhin. Können beide schon was auf der Habenseite verbuchen.

Klingeling. Klingeling. Ich ändere Klingeltöne nie. Für mich sind die Werkseinstellungen prima. Aus ihnen kann niemand auf den Telefonbesitzer schließen.

Karenina?

Hi Jack. Unser nächster Auftrag bist du.

Tja, dann besprechen wir mal die Konditionen.

Njet. Ich meine nicht Auftraggeber. Du bist Vertragsgegenstand. Auftrag der Seven Demons. Voller Stundensatz, Jack, zuzüglich Spesen.

Oha.

Ja.

Ich bin also eure Zielperson, wie?

Sorry, Jack. Wusste ich auch nicht.

Dann brechen wir das lieber mal ab, Karenina. Aber danke für die Info. Ich will nicht, dass du wegen mir Ärger mit deiner neuen Crew kriegst.

Als Antwort auf Verfügbarkeitsanfrage ist das völlig okay. Unser Vertrag läuft ab Mitternacht. So lange wir sind Freunde. Danach wir müssen die Sache professionell abwickeln.

Versteh ich.

Vielleicht ist es am besten, wir lösen das Problem vorher, oder du verlässt die Stadt.

Na ja. Ich hab denen auch ein Angebot gemacht.

Jack, wenn wir engagiert sind, man kann davon ausgehen, dass dein Angebot abgelehnt wurde.

Regel Nummer eins ist, dass man geht. Und damit meine ich gehen im Sinn von weg. Den Mantel nehmen und zur Tür raus. Einen ganz speziellen Mantel: denjenigen, den man sich genau für diesen Moment gekauft hat. Nicht zu lang, damit man gut laufen kann, unauffällig, damit man nirgends erkannt wird. Keine Tasche, weil die einen nur behindert. Man schnappt sich nur den Mantel, weil alles darin ist, was man braucht. Pässe und Karten. Ein originalverpacktes Telefon, das man sich wo gekauft hat, wo man noch nie eines gekauft hat. Man schlüpft rein und geht raus.

Und dann ist man weg.

Man geht durch den Hinterausgang raus und klettert über die Mauer in die Gasse hinter dem alten Lagerhaus, in dem jetzt teure Ateliers für Künstler sind, die schon einen Galeristen haben. Das geht alles ganz problemlos: Hat man schließlich jeden Monat trainiert. Man nimmt die Crosstown und taucht kurz am Busbahnhof auf. Verzieht sich wieder und bleibt unterm Radar, bis man am Flughafen wieder vor eine Überwachungskamera latscht. Dort kauft man per Kreditkarte einen Flug nach Martinhal. Den Anschlussflug von Martinhal nach Frankfurt zahlt man dann cash, danach kommen Zugtickets nach Paris, und anschließend – egal, weil von Paris aus kann man überallhin. Man geht mit den anderen durch die Security in den Abflugbereich, wo man sofort wieder umkehrt und durch die Ankunft zurückgeht. Wirft seinen Pass weg, nimmt den nächsten und taucht in der Menge unter. In die Richtung werden sie ihre Äuglein nicht werfen, weil sie annehmen, dass man möglichst weit weg verschwinden will, klar, liegt ja auf der Hand, und sie wollen nicht, dass ich entwische, weil das in ihrem Vertrag steht.

Ein schickes Hotel in Uptown, das Glasnost Park. Willkommen Mr Cazarel. Ist schon eine Weile her, dass wir Sie begrüßen durften, umso mehr freuen wir uns, dass Sie uns wieder beehren.

Paolo Cazarel hat in seinem Leben nur zwei Dinge getan. Er hat in Belize mehrere Bankkonten eröffnet und vierzehn Tage im Glasnost Park gewohnt. Er ist etwas menschenscheu, und das Hotel erfüllt ihm nur zu gern den Wunsch, seine Kundenkartei ohne Foto zu führen. Damit ist er auch nicht der einzige Gast. Bekannt ist, dass Paolo Hot-Stone-Fußmassagen, Sam-Adams-Bier und Bio-Cheesesteak mag. Heute will er nur Nummer zwei und drei von der Liste. Zum Ende der Woche hin hat er jedoch einen Termin im Spa gebucht und gebeten, dass Sonja aus Oslo den Bimsstein vorher warmmacht und für einen Extraspritzer Vetiver sorgt.

Bier und ein Cheesesteak auf dem Balkon? Ja, warum nicht! Jack Price ist unterwegs nach Martinhal. Der Vertrag läuft erst ab Mitternacht, und da ist er noch in der Luft.

Fuck, die Seven Demons. Geht's noch? Ich selbst bin doch nur auf die Idee gekommen, weil sie mir auf dem Silbertablett serviert wurden und ich gemeint habe, ich krieg sie zum Schnäppchenpreis. Aber diese Typen sind von sich aus an die Seven Demons herangetreten und haben sogar den vollen Preis bezahlt. Das ist echt eine unfassbare Eskalation. Ungefähr so wie: Hallo, du, hast du Lust auf ein bisschen Tischtennis? NEIN, DU ARSCH-

LOCH, UND JETZT HACK ICH DEINE SCHEISSWELT IN STÜCKE!

Oh, okay, Mann, alles klar. Eigentlich wollte ich ja nur Tischtennis spielen.

Für so eine Aktion gibt's wirklich keinen Grund. Absolut. Gar. Keinen.

Die wollen mich aus dem Weg haben, und zwar jetzt sofort und auf denkbar unangenehmste Weise. Vollkommen überflüssig das Ganze, das ist so was von klar. Aber ich muss auch sagen, für mein kriminelles Sozialprestige ist es schon ein ziemlicher Boost, dass die Seven Demons hinter mir her sind. Das macht man nur bei den ganz Großen. Der Nachteil … na, muss man nicht weiter drüber reden. Ich soll vom Antlitz der Erde getilgt werden, und zwar höchstpersönlich. Das ganze Konzept Jack Price soll als Asche und Staub ins ewige Endlager wandern.

Bier und ein Cheesesteak. Ein bisschen im Pool auf dem Dach plantschen. Im weißen Bademantel über die Dächer der Stadt schauen.

Null Uhr fünf. Mein Wohnblock geht in Flammen auf.

Null Uhr dreißig. Linden müsste jetzt beseitigt sein. Hoffentlich arbeitet Oliver nicht auch nachts.

Charlie, bitte sag mir, dass du aus der Stadt bist. Mädchen, schaff deinen Arsch aus der Schusslinie.

Null Uhr einundfünfzig. Die oberste sichtbare Schicht meines virtuellen Lebens ist verbrannt: Karenina hat meine Accounts für die Online-Koksbestellungen und die Webseiten für mein Lebensmittelbusiness nach Anzeichen von mir durchforstet und alles kontaminiert. Das wird für ein paar meiner outgesourcten Computerkids eine Alptraumnacht. Ich glaube, bis morgen früh haben manche von ihnen – sagen wir – eine Überdosis genommen, oder sie hatten verdammtes Pech und waren bei einem Drive-by-Shooting zur falschen Zeit am falschen Ort. Andere werden mich wohl verpfeifen, aber nur irgendeinen Quatsch erzählen, weil sie keine Ahnung haben. Aber das dürfte den Dämonen auch klar sein. Ich vermute sogar, dass die Sieben dem Kids-Quatsch trotzdem nachgehen und ihn als Entschuldigung nehmen, sie am Leben zu lassen. Ihren Baum haben sie ja markiert, man muss es auch nicht übertreiben. Außerdem: Wenn man in einer Stadt alle Einwohner umbringt, wer übernimmt dann noch die Arbeiten, die man erledigt haben will? Alles wieder selbst machen, nur mit eigenen Leuten? Scheiße, absolut falsche Strategie. Jedenfalls wenn sich Karenina um das Set-up kümmert, weil: Wer hat mir wohl gezeigt, wie man Abläufe strukturiert? Karenina ist hochgradig allergisch gegen Festangestellte auf Handlangerniveau.

Die Sonne geht auf, ich existiere nicht mehr. Drei Tote in einem Hotel in Martinhal. Da muss jemand im Flieger mir halbwegs ähnlich gesehen haben. Allerdings müssten sie jetzt schon wissen, dass derjenige nicht ich war. Also hängen sie in der Luft, denn von Frankfurt hatten sie keine Ahnung, bevor der Anschlussflug gestartet ist. Verschnaufpause. In Kürze werden sie allerdings auch das mit Paris rausbekommen haben. Aber es dürfte ihnen klar sein, dass das nichts heißen muss. Für Züge gibt's keinen Check-in. An vielen Orten gibt's keine Überwachungskameras. Vielleicht, vielleicht erinnert sich ein Schaffner an einen. Oder auch nicht. Vielleicht, vielleicht ist diese Erinnerung sogar richtig. Oder auch nicht. Vielleicht saß man im Speisewagen. Vielleicht ist man nach der Grenze ausgestiegen und hat noch den Anschlusszug nach Dijon erwischt. Oder den nach London, nach Triest. Alles analog. Das schöne analoge Leben. Sie müssen sich damit abfinden, dass ich ihnen entwischt bin, und sich auf ein längeres Versteckspiel einstellen. Ja, wenn ich abgehauen wäre, wär das so gelaufen.

Ihr Pech nur, dass ich Kareninas Masterplan kenne. Ich hab sie dafür bezahlt und ihn bekommen. Danach hab ich meinen Kumpel Tucker drübergehen lassen, und anschließend hab ich selbst alles noch mal umgekrempelt. Nach einem Jahrzehnt Kaffeehandel weiß man schließlich, wie man Systeme zu seinem Vorteil manipuliert. Man weiß, wie eine ganze Lagerhalle vom Erdboden verschwindet, wie man doppelte Böden in Container einzieht, wie ein leeres Grundstück in einer Straße plötzlich vom Erdboden verschluckt scheint, obwohl die ganze Stadt daraufglotzt. So was schnappt man einfach auf, wenn man nicht auf den Kopf gefallen ist, und das bin ich nicht. Nein, das bin ich wirklich nicht. Beweise? Na, von mir gibt's praktisch kein Bild im Internet. Warum auch? Bei meinem total persönlichen Lebensmittel-sind-unser-Leben-Familienbetrieb sind auf den Porträts nur Fotomodels zu sehen. Vielleicht gibt's noch ein körniges Teamfoto aus den Neunzigern, aber wahrscheinlich wurde das Mistding noch auf richtigem Film gemacht. Seitdem bin ich mehr oder weniger unsichtbar. Vielleicht haben noch irgendwelche Grenzer Fotos von mir mit meiner alten Nase und den alten Zähnen, aber jetzt sind meine biometrischen Daten sowieso im Eimer. Also hat jeder, der mich nicht persönlich kennt, nicht die blasseste Ahnung, wie ich aussehe. Karenina hat mich natürlich getroffen – aber jetzt führen Sie sich mal das Gesicht von jemand vor Augen, den Sie kennen und lieben. Versuchen Sie, es in einem einzigen Bild festzuhalten und nicht entwischen zu lassen. Geht nicht. Dabei kennen Sie es. Doch wenn Sie nicht ein bestimmter Typ Mensch sind, wissen Sie nicht wirklich, wie andere aussehen.

Sie wissen nicht, wie ich aussehe.

Zwei weitere Tote am Frankfurter Hauptbahnhof. Diese Dämonen stecken da richtig Herzblut rein. Sie sind wirklich bei der Sache, mit Engagement und Hingabe, und sie kennen tatsächlich keine Grenzen.

Die Seven Demons sind hinter mir her und werden sicher nicht aufgeben. Sie haben einen Vertrag abgeschlossen und werden ihn einhalten. Sie werden unter keinen Umständen von mir ablassen. Ich bin ein Gejagter, ein lebender Toter. Kann keine Freunde haben, kein Geschäft führen, und am Ende werden sie trotzdem was finden und danach mich. Irgendwann, in einer beschissenen Bar in Lima oder sonst wo: Peng. Vorhang. Das war's, Jack.

Ich bin tot.

Wissen Sie, wie sich das anfühlt? Mann, Mann, Mann. Ich muss mich hinsetzen. Wissen Sie, wie sich das anfühlt? Das ist.

Der Beste.

Tag.

In meinem Leben.

Fuck. Genau das ist es.

Wie lange sitz ich denn schon rum und warte darauf, dass ich weiß, wer ich wirklich bin und was ich zu tun habe? Jetzt ist der Tag endlich gekommen, und das haut mich fast aus den Latschen. In diesem Augenblick fühle ich mich vollkommen. Perfekt. Dieser Augenblick ist wie für mich gemacht.

Wissen Sie, was ich nicht aushalte? Grautöne, feine Unterscheidungen, Unklarheit, so berechtigt sie auch sein mag. Ich hasse die Zurückhaltung, die wir uns auferlegen, nur weil wir höflich und vernünftig und vor allem maßvoll sein wollen. Das alles kann ich auch, aber dabei versteinert einem das Herz. Ich habe eine Studie darüber gelesen, dass wir jedes Mal, wenn wir etwas sagen, was wir gar nicht meinen, unseren Herzmuskel schädigen. Man bemerke, dass die nicht ›lügen‹ schreiben. Man kann lügen und es trotzdem so meinen. Man kann sagen, dass man ein guter Mensch ist und nur glücklich sein möchte, und das so meinen, aber trotzdem kann es gelogen sein, weil man ein professioneller Schläger ist. Man ist kein guter Mensch, aber man meint, was man sagt. Wenn derselbe Mensch vor Gericht steht und sagt, es tue ihm leid, dann bringt er sich live und im Zeugenstand vor dem Richter ein bisschen um, verkürzt mit dieser Lüge sein Leben um Jahre. Er spürt den bitteren Stich des Stresses, merkt aber nicht, wie sehr er sich damit schadet.

Ich werde von den Seven Demons gejagt. Wenn ich Sarah jetzt anrufe, legt sie auf, und beim nächsten Mal komme ich gar nicht erst durch. Sie wird sich deswegen schlecht fühlen, aber sie wird nicht rangehen, weil sie nicht verrückt ist. Wenn ich Billy anrufe, lädt er mich auf einen Drink ein, und wenn ich mich mit ihm treffe, wird er mir eins überbraten und versuchen, Finderlohn zu kassieren. Ich bin ganz allein auf der Welt. Ich bin zum Abschuss freigegeben.

Wie ich schon sagte: der beste Tag in meinem Leben.

Denn jetzt kann ich all das ausprobieren, was ich immer schon tun wollte, und da ist es doch nicht unangemessen, wenn man sich scheißgeil fühlt. Aber als Erstes brauch ich ein bisschen Zeit online in der Business-Suite des Glasnost Park.

Sieben Uhr dreißig am Morgen. Ich ruf Leo an. Leos Job ist es, Scheißtypen wie die Seven Demons einzubuchten, auch wenn das im echten Leben nie passiert. Aber das bedeutet nicht, dass es sich nicht lohnt, ihnen aus dieser Richtung ein paar Knüppel zwischen die Beine zu werfen. Außerdem ist da noch etwas. Und dabei hängt eine Menge von Leos Kooperationsbereitschaft ab.

Leo, ich brauche ein fettes SWAT-Team.

Jack –

Nein, Leo, das ist kein Witz, ich brauche ein –

Jack –

Ich brauche wirklich ein SWAT-Team. Jungs, die high sind von echtem patriotischem Eifer und glauben, sie haben es mit einem ernsthaften Bedrohungsszenario zu tun. Viele Opfer. Und hinterher brauchen wir dafür Beweise, klar, darum kümmere ich mich dann, aber –

Jack, wir haben Klausel vier.

Was zum –

Klausel vier, Jack. Ende Gelände. Das FBI schaltet sich ein, verdammt, es ist Weltuntergang, also komm und bring meine Altersvorsorge mit, dann verrat ich dir die

Einzelheiten und verschwinde. Ich bin raus. Noch wissen sie nichts, aber sie werden es rauskriegen, und dann bin ich geliefert.

Sicher?

Ja, Jack, ich bin sicher.

Leo –

Es ist vorbei, Jack. Ich bin am Arsch.

Okay, Leo, ich hab's kapiert.

Echt?

Echt. Wie versprochen. Ich steh zu meinem Wort.

Super, Jack. Danke. Das hilft mir echt.

Auf mein Wort ist Verlass, Leo. Ein Mann muss zu seinem Wort stehen. Sonst geht die ganze Welt den Bach runter.

Klar.

Also, das ist schon gutes Handwerk, das muss man anerkennen. Sie wissen, dass ich das Land verlassen habe, aber trotzdem setzen sie alle Hebel in Bewegung, um meine Notfallpläne in Rauch aufgehen zu lassen, ehe ich das Feuer auf dem Dach überhaupt bemerke. Wenn ich nicht sofort den Stecker gezogen hätte – wenn ich geglaubt hätte, ich könnte meine Truppen zusammentrommeln und Schlachtpläne schmieden, einen geordneten Rückzug antreten, dann wär ich am Arsch gewesen. Das ist echt gut gemacht. Leo nölt weiter.

Tut mir leid, dass ich nicht mehr machen kann, Jack, aber –

Alles gut, Leo, ich hab's kapiert. Klausel vier. Alles wie abgemacht. Ich kümmere mich um Leena und die Kinder, Schule, Studium, alles, bis du aus der Scheiße raus bist. Das gibt's obendrauf, weil wir Freunde sind, nicht bloß

Geschäftspartner. Alles geht auf ein absolut sicheres abgelegenes Treuhandkonto, also mach dir keine Gedanken, hau einfach ab. Hast du deinen Mantel?

Ja.

Okay, super.

Wo sollen wir uns treffen. Ich hab jetzt Zeit.

Geh einfach um den Block.

Wo?

Egal. Ich finde dich schon.

Und wie zum Henker?

Ich hab dein Handy gehackt.

Wie bitte?

Ich hab dich nicht belauscht, Leo, ich weiß nur gerne, wo du bist.

Ach, fick dich, Jack, du bist wirklich das größte –

Ich bin ein Arschloch, Leo, ich weiß. Das ist mein Job.

(Blödsinn. Ich beobachte ihn gerade von einem leeren Büro aus. An so was denkt heute kein Mensch mehr, immer geht's nur um die NSA, aber in einer großen Stadt ist es viel leichter, sich eine leerstehende Wohnung zu suchen und die Maklerin zu überreden, dich reinzulassen. Hab ihr erzählt, ich müsste ein vertrauliches Treffen mit einem Mandanten arrangieren, wegen Sexvideos mit einem Promi. Aber jetzt schau ich nur Leo an, der sein Telefon ansieht, als hätte es ihm gerade die Zunge ins Ohr stecken wollen.)

Leo, bitte sag mir jetzt klipp und klar, dass du nicht so dämlich bist –

Nein, Jack –

Sag mir, dass du nicht versucht hast, auf beiden Seiten abzukassieren –

Nein, Jack, du bist meine einzige Exit-Option, und diese Typen sind sowieso total durchgeknallt, keine Chance.

Okay.

Okay.

Okay, dann. Das Knöpfchen ist gedrückt, dein Geld ist jetzt unterwegs. Und du solltest zusehen, dass du ihm folgst, weil zu dir nach Hause kommt es nicht. Jetzt gibt's kein Zurück mehr. Also sieh zu, dass du Land gewinnst. Aber kein Risiko, Leo! Nicht den Helden spielen, das ist nicht der richtige Zeitpunkt dafür.

Bis gleich, Jack.

Und er tut es, er tut es. Schlüpft nur noch schnell in den Mantel. Brav, Leo. Braver Junge.

Klausel vier heißt im Klartext: Das war's. Leo ist aufgeflogen, und für den Fall ist abgemacht, dass ich mich um ihn kümmere. Das war meine Vorsichtsmaßnahme, wenn ihm jemand einen Deal anbietet. Wenn's eng wird, komm zu mir, Leo, dann kümmere ich mich um dich, sehe zu, dass du nach Ecuador kommst und dort ein nettes Häuschen kriegst. Wir haben darüber Witze gemacht, aber es ist ein heiliger Pakt zwischen uns. Leo ist mein Eckpfeiler. Knickt er ein, kracht die ganze wacklige Statik meines kriminellen Konstrukts zusammen. Klausel vier hat ihn gestützt, ihn bei der Stange gehalten. Und jetzt ist es so weit, der Himmel stürzt ein. So wie er jetzt da drüben um den Brunnen schleicht, scheint er nur auf seine Verhaftung zu warten: Er schlurft wie jemand, der glaubt, dass jeden Moment eine schwere Hand auf seine Schulter fällt.

Hey, Mann.

Tut mir leid, Jack, aber sie haben mich am Wickel. Verdammt, die schauen sich schon meine Steuerunterlagen an.

Herrgott, du zahlst Steuern?

Ich –

War nur ein Scherz, Leo. Ich hab dir doch Tucker vermittelt, weißt du nicht mehr?

Tucker kümmert sich ums Geld. Mit allem, was dazugehört. Er weiß, wie man ein wahres Finanzfeuerwerk startet oder in welcher stillen Ecke es Geld schön gemütlich hat. Tucker ist Houdini, Svengali und Dom Perignon in einer Person.

Ja, stimmt. Tucker kenn ich durch dich.

Und Tucker kümmert sich schon darum, okay? Deine Probleme sind Vergangenheit, du steigst in einen Flieger und bist hier raus. Also, mach dich locker, träller ein Liedchen, setz ein Lächeln auf – du bist jetzt finanziell unabhängig, reich wie ein verdammter Rockefeller, und in ein paar Stunden wird das alles nichts anderes sein als eine Cocktail-Anekdote, die du allerdings nie irgendwem erzählen kannst, klar. Also, vielleicht holst du dir einfach einen Daiquiri und flirtest die Bedienung an oder was auch immer dein Papierschirmchen zum Aufspannen bringt.

Jack, hast du dich mit den Seven Demons angelegt?

Na ja, schon, aber irgendwie auch nicht. Außerdem sind es gerade nur sechs. Plus diese Russin, aber die ist erst Probedämon.

Jack, es sind die Seven Demons.

Ist mir schon klar, Leo.

Die verdammten Seven Demons, Jack.

Ich weiß es, Leo. Die Seven Demons sind hinter mir her, aber das ist ihr Problem, nicht deins. Du bist aus der Sache raus, hörst du? Das hat nichts mit dir zu tun. Aber weißt du übrigens, was bei denen gerade los ist? Ein Dämon, Dong Ha Li, schätz ich mal, ruft zu Hause an, und seine Mama sagt so was wie: Was ist bei euch los, Dong Ha Li? Stimmt das, was ich gehört habe, dass ihr macht? Und Dong Ha Li fängt an, och Ma. Aber sie ist verärgert, Leo. Und das ganz zu Recht. Und weißt du, was Ma Dong zu ihrem Sohn sagt?

Hm, darf ich dir da kurz widersprechen, Jack, ich glaube, in Korea würde er Li Dong-Ha heißen, und die Mutter nicht Mrs Dong, sondern Mrs Li, und weil koreanische Frauen eigentlich nicht den Namen ihres Mannes annehmen und man selten jemand mit dem Namen heiratet, den man selbst hat, das wär fast so was wie Inzest, also deswegen müsste Li Dong-Has Mutter Mrs Park heißen oder irgendeinen anderen Namen haben, der in Korea häufig ist.

Oh, das ist ja interessant, Leo, danke für den Hinweis.

Ganz sicher bin ich auch nicht, aber ich meine, es ist so.

Okay, prima, das müssen wir später mal nachschauen, aber für den Augenblick können wir ja einfach annehmen, dass du recht hast, selbst wenn dieser Aspekt für meine Geschichte gar nicht so wichtig ist. Wär das schlimm für dich?

Nein, Jack.

Danke, Leo. Also, wo war ich stehengeblieben?

Mrs Park – danke noch mal –, Ma Park also sagt: Du Bikinihirn! Was soll der Scheiß? Sind du und deine hirnamputierten Kumpel etwa wem auf die Zehen getreten, dem man besser nicht auf die Zehen tritt? Kann es sein, mein heißgeliebter Sohn, der es mit etwas Anlauf immerhin geschafft hat, sich selbst die Schnürsenkel zu binden – kann es sein, dass du und deine fünf Dämonenkollegen und diese russische Nachwuchsdämonin sich mit dem kurzen Prozess in Person, dem König der Durchgeknallten und Schlächter des West Austin Marriott angelegt haben, der psychopathischen maximalirren menschlichen Abrissbirne Jacob Scheiß-die-Wand-an Morgenstern Price?

Und Li Dong-Ha stottert und stammelt: Nein, Ma, so ist es nicht, es ist nur ein kleines Missverständnis, Ma, nichts Ernstes. Und Ma Park sagt: Hoffentlich weiß das auch Mr Price, mein Junge, weil ich dich wirklich gern hab und du auf deine Weise zweifellos eine erstaunliche Naturgewalt bist und alles, aber dieser Kerl ist so was von irre, irrer geht's nicht, der reißt dir nicht nur den Arsch auf, der stülpt ihn dir auch noch über dein freigelegtes Hirn. Willst du, dass ich ihn anrufe und die Sache regle? Nein, Ma, alles gut, ich schwör! Na gut, aber sieh bloß zu, dass du hübsch artig zu Mr Price bist.

Genau so wird's sein, Leo, ich sag's dir, und dass sie dich haben auffliegen lassen – dass sie dir tatsächlich in deinem Revier mit dem Auge des Gesetzes kommen und die Steuerfahndung auf den Hals gehetzt haben, nur um an mich ranzukommen: Das ist genau so ein überflüssiger Scheiß wie der, mit dem ich mich in letzter Zeit abgeben musste, Leo, und eigentlich würde ich gerne darüber reden, ich hab da auch eine ziemlich klare Meinung zu.

Ja, dazu hätte ich wirklich was zu sagen. Aber ich muss mich bei dir entschuldigen, Leo, weil du das Opfer völlig scheißinakzeptablen Verhaltens bist, und daran bin ich schuld. Das wollte ich nicht, und ich hab das auch nicht veranlasst, aber irgendwie geht es auf meine Kappe. Diese Typen pissen mir wirklich in den Whirlpool. Die bauen einfach gequirlte Scheiße. Ich will doch gar nichts außer in Ruhe meinen Laden führen, alles ganz harmlos und normal, wie ein Mensch, der seiner inneren Berufung folgt, und die drehen gleich durch. Klausel vier geht klar, Mann, da will ich dir nicht im Weg stehen. Nur, wohin willst du denn?

Was steht denn zur Wahl?

Kanada hätte ich anzubieten, Vancouver, wenn du willst, aber da bräuchtest du ein neues Gesicht, und das ist dann nicht mehr rückgängig zu machen. Außerdem muss ich sagen, dass es bei Nordamerika immer ein Restrisiko gibt. Tropische Inselparadiese kann ich dir archipelweise servieren: Bermuda vielleicht, oder die Turks- und Caicosinseln – doch, Leo, die gibt's wirklich. Dann steht Island auf der Liste, wenn's dir nach Beschaulichkeit ist. Ein echter demokratischer Sozialstaat, Leo, ich sag dir, abgefahren, und die Weiber dort sind die reinsten Geysire, heiß bis in die tiefsten Tiefen.

Wie steht's mit Sizilien? Sizilien soll ganz schön sein?

Ja, lässt sich arrangieren, allerdings gibt's da das Sprachproblem, und wenn du dort selbst was aufziehen willst, wär's wichtig, sich vor Ort abzustimmen. Schon mal an China gedacht? Weiß schon, klingt verrückt, aber hör mir erst mal zu …

Und so weiter. Leo und ich plaudern, und er hat sogar

Spaß an seiner Zukunftsplanung. Aber Sie müssen sich auch in meine Lage versetzen, und wenn wir nur einen Augenblick das schon vor langer Zeit gegebene Versprechen ausblenden, dann bringt mir sein Leben ab jetzt nichts als Nachteile, und da muss man sich schon fragen, ob's das wert ist. Leo weiß was. Leo weiß, dass ich immer noch in der Stadt bin. Leo kennt meine Haltung, meine, hm, vielleicht, Veranlagung. Meinen Lebensstil, und in gewisser Weise kennt er auch mich. Und außerdem, die Frage muss erlaubt sein, als ich mich wegen dem Telefon zum Spaß bei ihm erkundigt hab, ob er für beide Seiten arbeitet, was hat er da denn für ein Gesicht gemacht? Na ja, eigentlich ist es auch egal. Es ist egal, weil es ist, wie ich gesagt hab: Ein Mann muss zu seinem Wort stehen, oder die ganze Welt geht den Bach runter, so ist es einfach. Das ganze Leben auf diesem Planeten ist inzwischen digital, ein Programmtext, der sich immer neu überschreiben lässt, und wenn man gegebene Versprechen nicht hält, wo bleibt man da? Da ist man doch im freien Fall, und was bleibt einem dann?

Ja, fuck noch mal, ich bin ein asymmetrisches kriminelles Start-up. Strategische Bandenkriegsführung gehört nicht zu meinen Stärken. Meine Kernkompetenzen liegen in den Bereichen Telefonservice, Outsourcing und Franchising, und mein zentrales Asset ist mein rücksichtsloser Vorwärtsdrang und die unbestreitbare Tatsache, dass ich durchgedrehter bin als ein Knäuel Fiberglas. Irgendwelche Territorien sind mir doch scheißegal. Von mir aus geht die ganze Welt den Bach runter. Ich bin ein einziges wandelndes und sich rasend schnell ausbreitendes Atomsperrgebiet auf Zeit.

Hey Leo, wie wär's mit Brasilien, Mann? Was ist mit Rio? Wär das nicht geil?

Leo grinst über beide Ohren: Stimmt es, dass die da das Waxing erfunden haben, oder ist das bloß Marketing?

Nein, Leo, das ist schon richtig, da kommt der Landing Strip her, der ist absolut Denominazione di Origine Controllata.

Das ist aber Italienisch.

Pussy ist international, Leo.

Wo du recht hast, hast du recht, Bruder.

Stimmt.

Genau so gehen wir in diesem schwierigen Moment miteinander um, in diesem Krisenmoment. Wir machen Witze und wissen, dass wir den Rubikon überschreiten und alles, was vor uns liegt, anders wird als das, was hinter uns liegt. Wir sind Brüder.

Wir umarmen uns. Und dann schieß ich ihm in den Kopf. Das kleine Kaliber macht pfft und eins seiner Augen wird rot. Ende. Tut mir leider nicht leid.

Ich mache einen Secure Call –

Charlie, ich bin's.

Hi, Boss, ich dachte –

Ja, stimmt auch, aber – Moment mal, bist du schon weg?

Absolut.

Ehrlich?

Absolut weg. Ich bin im Nirgendwo.

Du bist noch hier.

Nö-hö.

Ab mit dir, Charlie.

Okay, Boss.

Charlie, verschwinde, halt, bleib da, ich muss dich was zu koreanischen Namen fragen.

Hm, Boss, das klingt vielleicht blöd, aber trotzdem, nur so zur Sicherheit: Sie wissen schon, dass ich keine Koreanerin bin?

Oh Gott, wie rücksichtslos von mir! Tut mir leid, Charlie, das ist wirklich, also, aber ich hab sonst echt grad niemanden, den ich fragen kann. Keinen einzigen Menschen auf der Welt.

… oh Scheiße, Boss.

Ja, das ist schon eine ziemlich existenzielle Herausforderung.

Ugh.

Okay, gut, kann ich dir die Frage jetzt stellen, auch wenn du keinen asiatischen Hintergrund hast, sondern der einzige Mensch bist, mit dem ich in diesem Moment sprechen kann?

Yepp, schon okay.

(Scheinbar hatte Leo mit diesen koreanischen Namen wirklich recht. Man lernt nie aus, ist echt so.)

Ich bekomme eine Lieferung, alles vorab geregelt. Der Hotelboy bringt sie nach oben. Geb ihm ein Trinkgeld und bedanke mich. So ist das heute: Die Leute machen exakt das, was man ihnen aufträgt, aber keinen Handschlag mehr. Mehr wäre Neugier und Eigeninitiative, und so was kann zu Fragen der Moral führen, und Unternehmen bezahlen niemandem was für Moral. Angestellte bekommen für das Mehr kein Geld, meist nicht mal ein Dankeschön. Der Hotelboy fragt nicht, was in der schweren Kiste ist, weil Reiche sowieso seltsam sind und das Trinkgeld unmissverständlich tschüss und Schnauze halten sagt. Und diese Sprache versteht er. Mittlerweile sind wir doch alle nur noch Hotelpersonal. Was in der Kiste ist? Irgendwelcher Kram, Mann. Gehört einem Gast. Könnte ein Roboter sein oder ein Bunny in der Torte. Ist doch egal. Wenn die Kiste Kratzer an die Wand macht, wird das dem Gast in Rechnung gestellt, der hat Kohle genug. Und deshalb: Wen interessiert's, was in der Kiste ist? Der Kunde ist König, sein Wunsch Befehl, mehr braucht man nicht wissen.

Was jetzt in der Kiste ist? Eine Druckluft-Kartusche und ein Metallrohr – keins aus Plastik, weil das platzen kann. Ein ordentliches Sicherheitsventil. Gute Schweißarbeit. Schon hat man eine Kartoffelkanone der Extraklasse. Die kann man sich sogar nach eigenen Vorstellungen maßschneidern lassen, heutzutage geht einfach alles, wenn man genug hinblättert. Anruf beim Zimmerservice: Hallo, fürs Klassentreffen morgen Abend bräuchte ich noch eine lustige Kartoffelkanone, könnten Sie mir da vielleicht weiterhelfen? Natürlich können sie, vorausgesetzt, die Kohle stimmt. Völlig unproblematisch, es weiß ja niemand, wo ich bin. Meine flüssigen Mittel stammen von meinen Konten in Belize, die reichen ein paar Tage. Wenn ich das Hotel verlasse, räume ich sie leer. Ich hab mir nicht mal die Mühe gemacht, die Konten aufzulösen, die ich bis gestern benutzt habe. Die können einfach weiterlaufen. Die Cops werden sie monatelang überwachen, weil sie sich gar nicht vorstellen können, dass jemand so viel Geld in den Wind schreibt. Die Seven Demons werden dasselbe tun. Totale Zeitverschwendung, aber mir soll's recht sein. Irgendwie krieg ich ja auch was für mein Geld: Ich bezahle sie dafür, dass sie das Geld beobachten, statt mich zu suchen.

Sogar Tucker kapiert das nicht. Tucker lebt zwar für Geld, aber er begreift es nicht, weil er Wert nur in Geld bemisst. Geld schafft Möglichkeiten, es öffnet Türen, aber das alles kriegt man auch anders, und solange man dazu in der Lage ist, kommt das Geld sowieso zu einem.

Ich habe geheime Konten für meine Betriebsausgaben. Der eigentliche Vorteil an der Illegalität ist ja, dass man sich nicht mit dummem Alltagsballast wie Steuern, Schulden und so weiter abgeben muss. Schwierig ist nur das Schnittstellenmanagement zwischen den Welten, das Kontakthalten zwischen der offiziellen und der Schattenwirtschaft, aber das geht heute auch einfacher, als man denkt, weil alles irgendwie virtuell ist. Alles ist in der Cloud, alles ist nur noch Geist. Das ist das moderne Leben. Außerdem muss man einfach sehen, dass nach der Finanzkrise so viel dubioses Geld in die wunderbare Welt der Wirtschaft geflossen ist, dass der Hälfte aller Großbanken mit den ach-so-weißen Westen von der vielen schmutzigen Kohle so der Wanst schwillt, dass sie jeden Moment platzen können.

Die Seven Demons haben sogar eine Website, auf der man sich online über sie schlaumachen kann. Klar, die

Seite hängt nur im Darknet, und selbst dort lässt sie sich nicht so leicht finden. Dann aber führt sie minutiös auf, was sie tun und wie viel es kostet. Die betreiben sogar einen ziemlich heftigen Persönlichkeitskult. Sie haben ungefähr eine Million Follower auf Twitter, und auf Instagram posten sie zehn Mal die Woche, meistens irgendwelche Partyfotos, aber manchmal auch so was wie ein Infrarotbild von einem Gebäudekomplex in Bogota, der in die Luft fliegt. Richtige Killer-Promis. Ich versteh schon, warum Karenina zögert, die sind ihr zu laut, das ist nicht ihr Ding.

Diese Kartoffelflak hat eigentlich eher Kürbiskaliber, wurde ja nach meinen Angaben gebaut. Zur Montage auf einem Pritschenwagen. Hydraulisch gesteuert und mit WYSIWYG-Zielsensor. Dazu Munitionsförderschacht, Zerkleinerer und Ladevorrichtung, so dass man gleich ein kleines Kartoffelfeld verballern kann.

Ich parke und warte.

Die Posts auf Instagram zeigen nur ein paar Gesichter, aber im Netz gibt es heute ja prima Gesichtserkennungssoftware, die solche Abgleiche für einen erledigt. Wofür früher mal eine ausgeklügelte Geheimdienstoperation erforderlich war, schaffen gelangweilte Teenager mittlerweile an einem halben Tag. Und dann brauchen sie auch in keinem schäbigen Fast-Food-Schuppen zu bedienen oder mit einer Sex-Cam rumzumachen. Hab ich das mit der Gig Economy schon mal erwähnt? Ja, klar, hab ich. Selbst ein Trupp wie die Seven Demons kann sie nicht alle einschüchtern, weil es zu viele von ihnen gibt und sie viel zu dämlich sind. Also hab ich Shermans-March6969 ein Foto von Johnny Cubano gegeben, der so was wie der Klassenclown der Seven Demons ist und gar nicht Cubano heißt, sondern Wexler. Und er stammt aus dem Drecks-Michigan, ist also ein blödes Toastbrot, das sich als Hispanic ausgibt, weil er glaubt, dass das gangstermäßiger ist. Dabei ist es einfach rassistisch. Na, jedenfalls hat ShermansMarch6969 in ein paar Stunden und für zehntausend Bitcoins das Hotel für mich rausgefunden, und jetzt steh ich davor.

Das Hotel ist natürlich komplett im Trend: Es heißt Yohij, ist asiatisch cool und chic modern, und die Barhocker sind total unbequem. Und siehe da – da ist er ja! Johnny Wexler-Cubano kommt mit einem Tross junger hübscher Menschen im Schlepp zur Tür raus. Johnny macht Party, was vielleicht ein bisschen unvorsichtig ist, aber er weiß eben, dass ich in Paris untergetaucht bin. Und dieses blaue Seidenhemd erst, Mann, der allerhipste neokaribische Pornoproduzentenchic.

Kaum Neigungswinkel, beinahe horizontale Flugbahn. Ich pflücke ihn mir feinsäuberlich raus aus seinem Partyvolk. Fuck, fast schon ein chirurgischer Präzisionsschlag, hätte ich nicht gedacht. Das Kürbiskaliber macht ein Geräusch wie PFLATSCH.

Johnnys letzte Worte: Wa…

Damit kann die Nachwelt eher wenig anfangen.

Ungefähr so wie ein Golfball aus zehn Schritt Entfernung in feuchten Gips flutscht, wenn ihn Tiger Woods auf einer absolut durchgeknallten Kombination von Steroiden und Crystal drischt, bohrt sich Leos Kopf bis zur Hälfte in Johnnys Brust. Ich halte den roten Knopf gedrückt, und weitere Leo-Teile pinnen Johnny an die Wand des Yohji. Die Partykids sind wirklich nicht doof, die werfen sich sofort auf den Boden, wodurch ich leichter an ihnen vorbeizielen kann. Johnny rutscht ein bisschen die Wand runter, bis ihn zwei Teile von Leos Oberschenkelknochen endgültig an der Fassade festnageln. Offensichtlich ist das Yohji mit irgendwelchen Ökomatten verschalt, auf denen Pflanzen wachsen sollen. Funktionieren aber auch prima als Pinnwand.

Ich weiß, das ist ein bisschen heftig, aber zwischen uns gab es ein echtes Kommunikationsproblem. Es scheint, als wollten sie nicht einsehen, dass meine Position auch eine gewisse Berechtigung hat und in unsere Verhandlungen einfließen muss, ehe wir diese Delle in unserer Beziehung ausbügeln und in neuer Eintracht in die Zukunft schreiten können.

Verschlüsselter VoIP-Anruf: wählen. Anruf angenommen.

Hi, Karenina.

Hallo, Jack.

Wie läuft's so?

Kann ich leider nicht sagen, wäre Vertragsverletzung.

Ist es dir peinlich, dass ich anrufe?

Ist schon etwas seltsam, aber wenn du reden willst, ist das okay. Willst du uns was Spezielles mitteilen?

Ach, jetzt schon uns?

Ich gehöre jetzt zu den Seven Demons, Jack. Das ist wie ein Pass. Den muss man sich hart erarbeiten, da gibt man ihn nicht gleich wieder zurück.

Dein Englisch ist auch schon besser geworden.

Ist ein Zitat. Die haben hier jemand für PR.

Stimmt, das ist Fred. Der ist doch so was wie die Nummer eins im Unternehmen? Ich habe mal gelesen, dass Fred früher eine Art Scharfschütze war.

Habe ich auch mal gelesen.

Also, wer, denkst du, ist von denen der Härteste, so im Nahkampf.

Sag's du mir, Jack. Du hast offenbar die Website studiert.

Dann würde ich sagen Johnny Cubano. Ich habe gelesen, dass er mal der König einer freien Kampfsportszene in Pjöngjang war. Auf der Website gibt's eine echt krasse Montage von ein paar seiner Kämpfe. Einmal hat er einem Typen aus Lvov sogar mit bloßen Händen die Eingeweide rausgerissen.

Heißt es.

Ob das wohl derselbe Johnny Cubano ist, der gerade im Yohji wohnt, oder ist das nur ein Passant mit einem Arschvoll Pech?

Jack, du spielst nicht in derselben Liga wie Johnny Cubano. Wenn du aufgeben willst, einen Deal machen, dann ist das okay, das können wir gerne tun. Wäre für alle das Beste. Vielleicht kann ich das vermitteln. Danach hast du vielleicht sogar noch ein ganz angenehmes Leben.

Irgendwo habe ich gelesen, dass die Sieben keine Deals machen.

Der Kunde kann immer einen Deal machen, Jack. Wir arbeiten hundert Prozent kundenorientiert, wir sind keine wildgewordenen Cowboys aus Yonkers.

Ach so.

Leg dich nicht mit Johnny Cubano an, Jack. Bleib in Paris oder wo du bist.

Karenina, ich muss dir was gestehen. Ich bin gar nicht in Paris. Ich hab nur ein bisschen Abstand gebraucht. Ich bin in einer Bar einen Block vom Yohji entfernt und überlege gerade, ob ich nicht dorthin soll. Angeblich ist das Sushi dort zum Sterben gut.

Ja, kann sein, dass du dafür sterben wirst.

He, was ist das denn? Ich schaue gerade die Nachrichten, Karenina, und es scheint – wow, also das ist der Oberhammer – da ist ein Kerl, man weiß gar nicht, wie man sagen soll, so scheußlich ist das ... offenbar wurde er mit einem abgeschnittenen Kopf erschossen. Mann, voll in die Brust, und irgendwie haben sie die ganze Sache auf Film bekommen. Fuck you very much, das ist abartig, Karenina. Das ist das Schlimmste, was ich je gesehen habe, das Übelste, was man mit einem Körper anstellen kann, und immerhin komme ich aus einem Dorf, in dem Kuhschubsen Breitensport ist, und ich habe mit sechzehn in einem Schlachthof gearbeitet. Und scheiße, ich will tot umfallen, wenn der Kerl, der da an die Wand getackert wird, nicht Johnny Cubano ist. Da gibt's keinen Zweifel, diese Fake-Latino-Fresse, das muss er sein. Das sieht mir nach einer Gangsache aus, Karenina, eine Art Initiationsritual oder so. Eine Drive-by-Kürbiskanonade mit Menschenkopf. Das ist doch ein abartiges Gangpeng, oder? Mehr Pech als Johnny Cubano kann kein Mensch haben. Es sei denn, er hatte Feinde. Glaubst du, dass er Feinde hatte? Weil, fuck noch eins, ich glaube, da fällt mir zumindest einer ein.

Augenblick, bitte.

Bist du noch dran, Mama Bär?

Die sind jetzt alle wirklich angepisst wegen dir, Jack.

Ach, sind sie das? Also, das finde ich fast enttäuschend. Ich dachte, sie wären begeistert über mein freundliches Entgegenkommen und meine offene Art. Richte ihnen doch aus, dass sie sich bestimmt vorstellen können, es tut mir so leid, wie's geht.

Man legt sich nicht mit den Seven Demons an, Jack.

Das weiß ich doch. Außer … tja, das ist jetzt ein bisschen peinlich, aber ich glaube, jetzt muss es Sechs Dämonen heißen, oder?

Fick dich, Jack, fick dich.

Oder vielleicht die Fünf Dämonen und ihre Reservistin?

Fick dich, Arschloch.

Ich muss Schluss machen, Karenina, Sushi hält nicht ewig.

Zeit, sich von Paolo Cazarel zu verabschieden. Bye, Paolo, bye-bye. Das sind nur Identitätskulissen, fast wie Ansteckhemden in Verwechslungskomödien: Man zieht sie über, und wuppdich ist man der Typ im Frack. Ja, ich habe wuppdich gesagt, warum auch nicht? Ist doch authentisch Verwechslungskomödie. Na ja, das könnte auch der Titel für einen Pornofilm sein, vermutlich ist er das sogar, aber für seine Gedanken muss sich jeder selbst schämen.

Ansteckidentitäten. Wenn man sie ablegt, hört man einfach auf zu existieren. Schwupps, weg.

Also, bye, Paolo, hallöchen Gottfried. Ich weiß leider nicht mehr, woher ich komme, aber das ist auch egal, fragt sowieso keiner. In der Stadt ist alles egal. Nimm den Bus, fahr Taxi, strample dich meinetwegen auf einem beknackten Fahrrad ab: Airbnb ist wie ein verdammtes Kerkerloch. Man drückt ein Knöpfchen, der Deckel geht auf, und weg ist man. Niemand an der Rezeption, der sich an einen erinnert, keine Hotelboys, keine Kameras in der Lobby. Ich lass mich doch nicht erwischen wie dieser Cubano. Ich tauche in der Biomasse ab wie ein Wal im Plankton, oder ich gehe noch tiefer wie ein U-Boot ins – wie heißt das noch? Thermokline, stimmt. Jedenfalls schwimme ich jetzt unter dem Sonar. Ich bin ja schon immer unauffällig gewesen, aber jetzt bin ich unauffälligst. Nein, nicht so, wie Sie denken: Sie stellen sich irgendein Geheimversteck vor, ein Containerlager mit Rolltoren, und in Fernsehkrimis werden auch noch Vorhängeschlösser aufgebrochen, stimmt's? So was habe ich nicht, weil jeder glaubt, dass das funktioniert, selbst die Bullen und die Richter und wer weiß noch alles. Dieses Fernsehen ist ein echter Virus, das sich im Kopf einnistet und den Leuten komische Meinungen über Dinge einpflanzt, von denen sie eigentlich wissen, dass es so nicht funktioniert. Wenn die Leute beispielsweise glauben, dass Kämpfe immer so Zack, Patsch, Klatsch ablaufen. Tun sie aber nicht. Eher so Schubs, Stoß, Auf-dem-Boden-Roll, und auf einmal hat einer ein Auge verloren. Kämpfe sind kein bescheuertes Jean-Claude-van-Ballett. Sondern einfach Aua.

Also keine pittoresken Containerlager und keine beknackten Bankschließfächer. Keine Systeme, die von Leuten betreut werden, die wissen, was in ihren Systemen vor sich geht. Bietet alles keine Sicherheit, immer gibt es irgendwelche Hausmeister, die man bestechen oder foltern kann. Das ist mittelalterlich, da kann man sich genauso gut einen Burggraben buddeln und Alligatoren anschaffen.

Ich hab aber keine Alligatoren, weil mein Geld Geistergeld ist. Es liegt im Fort Knox der Schattenwelt, in den Nischen von Kryptowährung und privatisierter Finanzgerichtsbarkeit. An Orten, die Panama und den Vatikan so transparent wie Schweden erscheinen lassen, wo es – wie man vielleicht weiß – die transparenteste Zentralbank der Welt gibt. Mit 14,5 von 15 möglichen Transparenzpunkten, und den halben Punkt haben sie nur liegengelassen, damit es für Neuseeland nicht gar so hart ist. Wall-Street-Geld ist Piratengeld, laut, dumm, besoffen, es wird in einer dunklen Gasse überfallen und wacht dann an Bord eines Kriegsschiffs auf. Mein Geld ist Ninjageld, es schlägt in der Dunkelheit zu, taucht auf und verschwindet wieder. Wo ist denn dein Geld, Jack? Stuxnet, Baby. Mein Geld steckt in einem digitalen und mobilen Geldbeutelkonstrukt in einem verteilten System, das teilweise von der NSA entworfen und von @LuciferousYester-Girl geklaut wurde, die entweder eine deutsche Anarchistin oder eine japanisch-nordische Doktorandin ist. Wenn ich Bargeld will, drücke ich ein paar Knöpfe, und schon habe ich Geld in meiner Brieftasche, weil ich für diesen Service bezahle. Keiner in der ganzen Kette weiß, was er verschiebt oder wo die Sachen hingehen, genau wie bei meinem Koks. Das alles passiert, weil Wasser immer ins Tal fließt. Es passiert so, wie ein Ei aus einer Hühnermuschi flutscht.

Puh, dieses Bild werde ich jetzt nicht mehr los.

Der Dienst heißt Poltergeist, weil er nicht existiert und trotzdem die Welt bewegt. Sein Sitz ist in Island, wo man sich ernsthaft für Diskretion im digitalen Bereich einsetzt. Die haben da Datenzentren unter dem Schnee, powered by Lava – wie cool ist das denn? Natureisgekühlt und mit Stromleitung zum flüssigen Glutkernkraftwerk der Erde. Unfassbar. Poltergeist ist wirklich eine Oase in der Wüste, der Ort, wo alle Tiere zusammenkommen und keins mit dem anderen kämpft, weil alle Wasser brauchen. Poltergeist ist quasi die Schweiz in kriminell. Na ja, eigentlich ist es exakt die Schweiz, weil der Geist föderal strukturiert ist. Es gibt keinen einzelnen Poltergeist, es gibt einen Haufen Poltergeister, jeder für sich versteckt unterm Eis und alle verschieden. Ich habe gelesen, dass manche nicht mal auf dieser Eisinsel sind, sondern noch weiter im Norden, irgendwo im Packeis oder am tiefgefrorenen Nordpol. Manche sind in anderen Ländern und an Orten, die nicht mal wissen, dass sie einen Poltergeist haben. Manche sind auch bei Ihnen zu Hause, wie bei diesen verteilten Systemen. Auf Ihrem blödsinnigen Smartphone. Auf dem Bildschirmschoner jeder Flimmerkiste am Dserschinski-Platz. Poltergeist ist überall. Und er ist absolut umwerfend. Aber alles steht und fällt mit Island – weil man muss sich ja nur TOR anschauen: Da kapert plötzlich die verfickte NSA einen Ausgangsknoten und KRAWUMMS, schon steht man nackt vor der Klasse. Nein. Anderes Sinnbild. Kryptographie ist Geopolitik ist Ideologie, und das ist das, womit man durchkommt. Unter dem Eis in einem Land mit Gesetzen, die sagen, lass bloß die Finger davon: Unter so einer Matte versteckt man doch gern seinen Schlüssel. Und es ist auch noch mit Diensten in der realen Welt verknüpft. Hausmeisterdiensten. Taxiunternehmen. Fahrradkurieren. Essenslieferungen. Alles gute digitale Geschäftsmodelle, vernetzt und legal und supercooles 21. Jahrhundert.

Ein Glücksfall: Der bedeutet, dass man tun kann, was ich tue. Kriminelle Geschäfte ohne Kriminelle.

Karenina hat mir beim Aufbau geholfen, aber das spielt keine Rolle, weil der Dienst asymmetrisch ist. Selbst wenn man weiß, dass jemand was tut, kann man ohne einen Zugang dazu nicht dazwischenfunken, und sie hat keinen. Außerdem weiß sie nicht, was sie nicht weiß. Sie kann an den richtigen Orten nach mir suchen, aber trotzdem bin ich unsichtbar, und nichts lässt sich dagegen tun.

Wenn mein Geld sicher ist, dann bin ich's auch.

Trotzdem suchen sie jetzt nach mir, und das nicht zu knapp. Ich kann mich zwar verstecken, aber nicht ewig, weil jeder Fehler macht, ich genauso wie die anderen. Kriegsnebel, krimineller Nebel. Zeit für die Sonntagsschule. Zeit für eine Lektion in Dämonologie.

Sie heißen nicht bloß deswegen Seven Demons, weil sich das nach großem Killergrusel anhört. Der Name adressiert ja auch keine spezielle Zielgruppe. Sie haben sich den Namen verdient, damals, als ihr Konzept neu war. Von den heutigen Dämonen war da höchstwahrscheinlich keiner dabei, weil logischerweise auch Dämonen mal alt werden und abtreten. Die Typen, die das Ganze aufgezogen und sich den Namen ausgedacht haben – also, ehe ich auf der Welt war, klar? In grauer Vorzeit, als Jane Fonda die schärfste Braut auf dem Planeten war –, diese Typen gibt's wahrscheinlich alle nicht mehr, die rösten jetzt schon auf dem großen Weber-Grill der Hölle. Also haben wir's hier mit was quasi Unzerstörbarem zu tun: der Idee einer Siebenerbande, die sich unaufhörlich selbst erneuert. Sie zeichnen sich dadurch aus, dass sie keinerlei Hemmungen kennen und der verfickte Goldstandard heutiger Fürchterlichkeit sind. Die Dämonen sind, wie sie sind, weil sie so konzipiert wurden, und wenn man sich ihnen anschließt, dann kriegt man das auch übergestülpt. Zur aktuellen Truppe gehören – abgesehen von Karenina und dem kürzlich von einem Kopf durchbohrten Johnny Cubano – angeblich zwei Brüder aus Finnland, die zuvor als freischaffende Folter- und Logistikspezialisten unterwegs waren, ein ehemaliger privater Sicherheitsunternehmer im Warlord-Business, eine Ärztin mit Faible für illegale Menschenversuche und ein PR-Profi. Niemand weiß, warum dieser PR-Typ noch schrecklicher als die übliche PR sein soll, aber anscheinend hat er die anderen so beeindruckt, dass sie ihn engagiert haben und er jetzt sogar auf dem Chefsessel sitzt.

Diese Dinge folgen einem gewissen Rhythmus, das muss man akzeptieren. Ich habe gerade einen Lauf, aber der wird nicht ewig dauern. Keine Chance, dass ich ohne Blessuren aus der Sache rauskomme. Was dabei verliere, das mir etwas bedeutet. Das muss so sein. Ich habe ein bisschen Laozi gelesen, so was wie Schnelligkeit ist kriegsentscheidend, oder vielleicht war es Sunzi? Zeige dich dort, wo der Feind dich nicht erwartet? Ich hab ein Statement abgegeben. Jetzt sind sie am Zug. Irgendwas, das mir etwas bedeutet.

Jemand, der mir etwas bedeutet.

Aber das ist nichts Persönliches, es ist geschäftlich, und im Geschäftsleben muss man sich ein gewisses Maß an Integrität bewahren. Außerdem bin ich aktuell ja al-Qaida.

Sie wissen, was al-Qaida ist? Es ist ein Geschäftsmodell. Al-Qaida ist keine Organisation, und deswegen kann man sie auch nicht so leicht ausradieren. Aber hey, Jack, wir haben die Ärsche doch aus ihren Höhlen rausbombardiert, und jetzt sind sie weg. Ach, sind sie das? Sind sie das, ihr Spacken, wenn immer noch in einer Menschenmenge ein paar Dampfkochtöpfe explodieren? Gibt es sie nicht mehr, wenn man keine Wahl gewinnt ohne das Versprechen, uns mit Knarren und schönen Mauern zu schützen? Die sind nicht weg, sie sitzen bei uns daheim mit am Tisch und essen uns das Scheißmüsli weg. Al-Qaida ist ein Konzept, eine Arbeitsweise. Statt von einem Ort und unter dem Kommando eines Generals eine Offensive zu starten, sagen sie den Leuten einfach, dass Krieg ist und sie alles benutzen sollen, was gerade zur Hand ist, wenn sie an die Sache glauben. Sie sagen, dass ein Stück Rohr voller Nägel genauso gut ist wie ein Panzer, wenn man es an der richtigen Stelle ablegt, und sie sagen, dass alles ein Ziel ist. Sie sagen ihnen, sie sollen den Feind schlagen, wo sie ihn treffen, und den kann man überall treffen, weil es alle sind, denen man schaden möchte. Das ist al-Qaida. Es ist die Lizenz, ein gottverdammtes Arschloch im Namen Gottes zu sein.

Ich bin jetzt schon ein gottverdammtes Arschloch. Auch ohne Lizenz. Und ich werde nie weg sein.

Egal, schauen wir der Sache ins Gesicht: Die Seven Demons übernehmen eigentlich keine solchen Jobs, aber ihr Ruf ist so groß, der verträgt das schon, und überhaupt: Wie viel Mühe kann ein Penner wie ich ihnen machen? Tja, eine Kürbiskanone voller Mühe, was nicht die Welt ist, aber immerhin ein dickes fuck you very much. Laut Drehbuch müssten sie jetzt Folgendes tun: Sie müssten am Kriegsschauplatz ihre Dominanz etablieren. Die Volldominanz. Sie müssten die Kommunikationsinfrastruktur übernehmen und die lokalen Behörden und Polizisten kaufen, dazu die Presse und das Land überwachen.

Und das zweite, was sie tun werden: mich isolieren. Sie werden ihre Dominanz nutzen, um mich so weit wie möglich von meinen Ressourcen abzuschneiden, von meiner Organisation, von meinen Soldaten. Ich kann nirgends hingehen, wo man mich kennt, ohne zu sterben. Ich kann mit keinem Bekannten sprechen, ohne zu sterben. Sie werden meine Oasen besetzen, die Rückzugsorte und Fluchtburgen. Sie werden meine Freunde töten und meine Verbündeten übernehmen. Sie werden die ganze Welt gegen mich aufhetzen. Und zuletzt werden sie meinen Bewegungsspielraum so weit einschränken, dass ich aus der Deckung kommen muss, und dann töten sie mich, Ende vom Lied.

Allerdings habe ich weder Freunde noch Fluchtburgen. Ich hab nur mich.

Man muss das Geschäft, das man betreibt, genau einschätzen können. Die Geschäfte heute laufen nicht mehr so wie gestern. Man muss den Boden unter seinen Füßen kennen. Das verdammte Substrat mit den Zehen spüren. Und das tue ich, sie nicht. Karenina tut es zum Teil, möglicherweise, aber Karenina denkt eindimensional, nur in eine Richtung. Sie sieht nicht das große Ganze. Sie ist super, wenn's um die Puzzleteilchen geht. Aber sie macht nicht den einen Schritt zurück, um das ganze Panorama zu erfassen, ihr fehlt der Blick für den Horizont. Entschuldigen Sie bitte die blumige Sprache.

Sie sind also hinter mir her. Aber sie sind nicht wirklich für einen solchen Krieg gerüstet. Sie glauben es zwar, aber sie sind es nicht. Präsidenten umbringen können sie prima, Konzerne erpressen sie perfekt, und Staatsstreiche und Putsche in kriminellen Organisationen erledigen sie mit links. Aber ich bin nichts davon. Ich muss nichts und niemanden schützen außer mich selbst. Ich bin ein Businessplan auf zwei Beinen und Ausdruck dieses Jahrhunderts, nicht sie.

In der Bar in der 3. Straße, einer ehemaligen schottischen Punkkneipe, erzähle ich beim Bierbestellen, dass ich von der Westküste komme und Abgetauchte suche. Eine Menge solcher Typen kommen hierher: Kautionsagenten, Wachleute und Möchtegern-Security, Privatdetektive, Betrugsfahnder und sogar Brandermittler für Versicherungen. Hierher kommt man als Privatbulle, mit dem die echten Cops nicht reden. Jede Bullenherde hat ihre eigene Tränke, die für irgendwen zu gut ist, oder eine, für die sich jemand anderes zu gut ist, die ganze Angeberscheiße eben. Der Schuppen hier macht niemandem etwas vor: Decke niedrig, Licht schummerig und genug verdünnter Fusel, damit bügelfreie Plastikhemden und schlechte Haut nach ein paar Gläsern der Hausmarke okay aussehen.

Die Bar ist für solche Leute, also gebe ich mich als so jemand aus. Ich sage, ich suche Jack Price, und lasse meine funkelnagelneuen Beißer blitzen. Sogar einen Hut hab ich auf. Dieser Hut lässt mich richtig übel weiß aussehen, weiß wie aus einer Gegend mit irgendwas, auf das Leute unbegreiflicherweise irre stolz sind. Die Kundschaft hier taxiert mich, hält mich für einen Geringverdiener, einen Schritt näher an der Kriminalität, als sie es selbst ist, und will nicht mit mir reden. Das ist schon in Ordnung. Passt so. Ich bin Bob Simons und suche Jack Price, gegen ihn liegt ein Haftbefehl aus Filamore Bay vor. Ich zeige ihnen ein Foto von Jack Price von vor fünf Jahren, aus seiner Hipsterphase mit einer Gesichtsbehaarung, über die wir großzügig hinwegsehen.

Hat irgendwer diesen Kerl gesehen?

Warum sollten wir?

Der Typ tut, als wär er die Rechtschaffenheit in Person, dabei dealt er mit Koks, angeblich sogar ohne nennenswerte Organisation. Also kennt ihn vielleicht jemand? Vielleicht heuert er Leute aus unserem Business an, um welche aus seinem zu finden, und zwar nicht, um die Kaution einzutreiben.

(Hab ich früher tatsächlich gemacht. Dann hab ich gemerkt, dass die Typen echte Trottel waren, und damit aufgehört. Aber trotzdem, irgendwer könnte sich schon daran erinnern.)

Keiner erinnert sich. Diese Honks haben einfach keinen Geschäftssinn.

Ich hinterlasse eine Karte für den Fall, dass jemand was von Jack Price hört: Ruft an, es gibt auch Finderlohn, okay?

Auf meinem Zettel stehen drei weitere Bars. Trottelbars. Ich trinke in jeder nur einen Schluck Bier, schlechtes Bier, das einem die Poren verstopft.

Ein paar Stunden später: Anruf. Offenbar ein Handy, VoIP, anonymisiert, das Übliche. Schwer zurückzuverfolgen, worauf's ja vor allem ankommt.

Die Männerstimme klingt nach Sommelier: Spreche ich mit Bob Simons?

Der Stimmenverzerrer meines Telefons macht Püree aus meiner Stimme. Ich schalte ihn an.

Ja, sieht so aus. Spricht alles dafür, dass ich Simons bin, wenn das sein Telefon ist und sein Schwanz in meiner Hose lümmelt. Ich schätze also, dass ich entweder Simons bin oder den Typen ziemlich gut kenne. Und wer ist da?

Nennen Sie mich Frederick.

Okay, Fred.

Ich hab gehört, dass Sie Jack Price suchen.

Haben Sie ihn?

Nein, leider nicht. Ich suche ebenfalls.

Tja, Fred, das ist prima, aber nichts für ungut: Ich hoffe, ich find ihn zuerst.

Mr Simons, ich gebe Ihnen acht Millionen einhundertviertausendneunhundertachtundzwanzig und ein paar Zerquetschte, wenn Sie Jack Price statt zu Ihrem derzeitigen Auftraggeber mir bringen.

Also, da bieten Sie mir ja eine abgefahren exakte Summe. Sollen wir nicht besser zehn Millionen sagen? Der Einfachheit halber?

Einverstanden.

Sie geben mir zehn Millionen? Eineinhalb Millionen mehr, bloß weil ich gefragt habe?

Soweit ich mich erinnere, ja.

Warum kommen Sie mir dann zuerst mit der verrückten Zahl?

Hätte ich Ihnen zehn Millionen geboten, hätten Sie doch zwölf gesagt, oder?

Ja.

Und wenn ich Ihnen zwölf geboten hätte, hätten Sie fünfzehn gesagt?

Logisch.

Ich glaube, solche krummen Zahlen fördern die Konzentration. Jetzt bekommen Sie zehn Millionen, Mr Simons, keine zwölf, und das ist für Sie instinktiv in Ordnung. Fragen Sie mich nicht warum, das ist eines der großen Menschheitsrätsel.

Okay. Aber ich hätte noch Bedingungen.

Die wären?

Ich arbeite nicht mit Hunden.

Einverstanden.

Ich arbeite nicht mit Hunden, Iren oder durchgeknallten Sizilianern. Wenn Sie mit solchen Leuten zusammenarbeiten, bin ich raus.

Ist notiert.

Bezahlung in Inhaberpapieren. Keine Bitcoins, kein Bargeld, keine Überweisungen und keine bekackten Krügerränder.

Sie haben ziemlich klare Vorstellungen.

Ist nicht meiner erster Ritt im Bus der Angeschissenen, Mister, und dass ich da wieder einsteige, beweist, dass ich beim letzten Mal nicht wählerisch genug war. Wär ich's gewesen, dann würd ich jetzt mit der Nippelmiss von Caracas ein fröhliches Duett flöten, statt mit Ihnen zu plaudern.

Ein faszinierendes Bild, Mr Simons.

Und auch keine Frauen. So was ist Männersache, Frauen können das nicht.

Da könnten Sie recht haben.

Und ob ich da recht habe. Okay, wenn ich ihn finde, ruf ich Sie an. Unter dieser Nummer?

Zehn Millionen. Inhaberpapiere. Keine Frauen, keine Hunde, Iren, durchgeknallte Sizilianer. Sie können diese Nummer anrufen. Da bin ich erreichbar.

Prima.

Prima.

Tschüss.

Im Allgemeinen verbreite ich ungern negative Vorurteile gegenüber Frauen in kriminellen Berufen, weil eine solche Haltung absolut lächerlich ist. Allerdings gibt es speziell eine Frau, der ich lieber nicht zufällig begegnen möchte. Eine persönliche Begegnung mit Karenina hätte verheerende Auswirkungen auf meinen Style.

Das Warum ist die große Frage: Warum sind die Seven Demons überhaupt im Spiel, und was für ein Arschloch macht für einen wie mich so viel Geld locker? Der Killernachwuchs mit ADHS-Fingern würde Schlange stehen, um mich für läppische Fünfzigtausend umzunieten, und es gäbe auch reichlich Hipster-Hackfressen, die sich gerne einen ballistischen Namen machen und die Schlüssel für ein Sackwaxing-Studio abgreifen würden. Das Verrückte ist, dass ich schon tot sein könnte, wenn ich den Mitternachtscountdown abgewartet und morgens Eier kaufen gegangen wäre und: bleispritz, blutspritz. Bye, Jack.

Warum also?

Beim Nachlassgericht arbeitet eine Frau namens Martine. Nachlass wie Testament und letzter Wille, nicht wie Preisnachlass oder Schrecklassnach. Der Warteraum ist mintgrün wie eine Sportsocke innen und voller Leute, die um jemand trauern und irgendwann angepisst sind, weil sie auf das offizielle Okay warten, dass der jemand wirklich tot ist.

Hi Martine, wie geht's, wie steht's? Beanie Paul sagt, Sie haben ein zweites Standbein im Informationsbusiness.

Haben Sie sie noch alle?

So kann man als Beamter doch keinen Bürger begrüßen, Martine. Außerdem bin ich Mensch und als solcher Teil der ganzen Menschheit.

Ich tu so was nicht, egal was.

Zum Besten aller und aus Liebe zum Menschengeschlecht.

Nein.

Aus Freundschaft, Martine.

Wer Sie zum Freund hat –

Ja, der hat's gut.

– der kann sich gleich einbuddeln lassen. Außerdem kenne ich nicht mal Ihren Namen.

Simons. Bob Simons. Ich bin Ermittler, könnte man sagen.

Na, dann ermitteln Sie mal.

Sie kriegen Bares von mir, Martine.

Nope.

Schmuck.

Doppelnope.

Ich könnte für einen Partner oder Freund eine Ganzkörperepilation arrangieren.

Ganzkörperepilation? Was soll das sein?

Das Entfernen oder Trimmen von Intimhaaren des männlichen Körpers durch Wachs, Threading, Laser oder andere bekannte und unbekannte Verfahren, so dass visuell attraktive Konturen und taktil leichter zugängliche Oberflächen für den Geschlechtsverkehr entstehen. Ist auch eine hygienische Maßnahme gegen unerwünschten Geruch.

Das können Sie arrangieren? Auch ohne dass der Betreffende will? Wenn ich Ihnen einen Namen gebe?

Ja. Ja, ich denke, das ließe sich machen, Martine.

Man unterschätze nie die Bandbreite menschlicher Motive: Wir kommen zu einer Vereinbarung, und Martine kopiert mir alle Dokumente über Didi Fraser und steckt sie in eine Tüte. Weiß, aus biologisch abbaubarem Plastik, darauf große schwarze Buchstaben, die mir nach Kartoffeldruck aussehen. Was man mit Kartoffeln nicht alles anstellen kann.

In der Crosstown blättere ich die Papiere durch. Didi

hat früher mal in einer ungefähr 400 Kilometer entfernten Schule gearbeitet. Davor vergeigte sie's erst als Sängerin, dann als Gärtnerin. Sie war amtlich blind, aber zu eitel für einen Blindenhund, was es sehr unwahrscheinlich macht, dass sie was gesehen hat, was sie nicht hätte sehen sollen.

Weder war sie Nutznießerin eines Treuhandvermögens noch die Nichte eines unbekannten Onkel Dagobert. Sie hatte etwas Geld – Mittelklassegeld, nichts für Luftsprünge –, das gerade für ihre Ausgaben reichte, weil sie mehr oder weniger von Luft und Wasser lebte, nie ausging und nichts einkaufte. Niemand war auf ihre Wohnung scharf – keine Neubaupläne, bei denen ihr Tod eingepreist war, wie in einem Sonntagabendfernsehfilm. Das Nachlassgericht hat keine klare Meinung dazu, ob sie Kennedy oder Oswald oder Ruby ermordet hat oder nicht, aber ich wage mich hier mal vor und sage weder noch.

In anderen Worten: Es gab keinen Grund, Didi Fraser umzubringen und dann die Seven Demons anzuheuern, um den Mord zu verschleiern.

Didi Fraser war eine stinklangweilige, nette, bösartige alte Kuh. Ich kapier's einfach nicht.

Während ich in der Crosstown sitze, dämmert mir plötzlich, dass ich einen Fehler gemacht hab. Ja. Ja, ich hab Simons Namen sowohl beim Nachlassgericht als auch in den Privatbullentränken benutzt. Fehler.

Der Waggon ist fast leer, aber ich bin ziemlich sicher, dass links von mir die Frau Doktor sitzt. Weil es von da seltsam kalt herkommt wie eine Eiswelle. Es bitzelt, wie wenn man an ein Stromkabel fasst. Eine tiefe Dunkelheit sickert ein.

Sie hat wunderschöne Augen, die Frau Doktor. Tief und feurig wie polierter Bernstein. Mund wie in Honig getauchte Rosen.

Ich fang das Runterzählen an. Beginne bei: Ich bin tot.

TEIL 2

Hey, Aufwachen ist schön. Hätte nicht gedacht, dass das noch mal klappt. Nicht so schön ist, dass das vermutlich nicht dauerhaft klappt. Ich öffne ein Auge in der Erwartung, in einer eisgefüllten Badewanne zu liegen. Nein, kein Badezimmer. Großes modernistisches Luxuswohnzimmer, Panoramaeckfenster. Penthouse oder zumindest penthouseig. Immerhin, ich könnte springen.

Flashback: Mein Arschlochfreund hätte den Aufzug nehmen sollen. Denk nicht dran. Darf mich jetzt nicht ablenken lassen. Denk an das helle Parkett, die Seidenteppiche darauf. Chinaware, würde ich sagen. Keine Perser, aber immerhin. Holzmasken aus Südamerika. Und noch was. Ich rieche Orangenblüten und schwedisch-haitianisch-libanesisches Haar.

Oh, hi, Sarah. (Nicht laut.)

Sarah, die Anwältin, in die ich ein kleines bisschen verknallt bin. Sarah, die kein bisschen in mich verknallt ist. Wahnsinnswangige, langgliedrige Sarah, Geheimnis aus Yoga und Weizengras. Sarah, Sarah. Sarah im Stuhl gegenüber. Wie ich in Handschellen. Sorry, Sarah. Und da die Frau Doktor mit Mikroskopblick. Klinisches Interesse. Die beiden sind gleich groß, gleich gebaut, aber so unterschiedlich. Sarah birgt unendliche Möglichkeiten. Die Frau Doktor ist bis unter die Halskrause zugeknöpft, so als würde sie immer in einem Mondanzug stecken und dich nur durch ein Visier ansehen. Man kommt sich vor wie ein Bakterium.

Experimentieren Sie jetzt mit uns?

Schön, dass Sie wissen, wer wir sind, Mr Simons.

Puh. (Nicht laut, aber puh.) Sie nennt mich Mr Simons. Sie weiß nicht, wer ich bin. Das ist toll.

Aber Sarah weiß, wer ich bin. Das ist nicht so toll.

Wird Sarah von sich aus sagen, wer ich bin? Kann sein, kann nicht sein, aber es ist definitiv nicht ausgeschlossen. Im Moment ist allerdings wahrscheinlicher, dass es ihr rausrutscht. Wenn sie mich Jack nennt, sind wir tot. Ich auf jeden Fall. Sie vielleicht. Ich an Frau Doktors Stelle würde sie umbringen. Wär einfach sauberer.

Ich frag mich, wie sie heißt, die Frau Doktor. Wie sie lebt, wie sie vorher gelebt hat. Sie hat ein Bettelarmband mit einem einzigen Hundeanhänger dran. Wer trägt denn so was?

Hey Doc, mögen Sie Hunde? Ich bin definitiv ein Hundemensch. Hatte früher mal Ungarische Vorsteher. Kennen Sie die? Menschenfreundlich und trotzdem richtige Hunde.

Sie hebt eine Augenbraue, quasi: Mit einem Wurm wie dir red ich doch nicht über Hunde, also halt die Schnauze, du hast fünf Sekunden, dann knips ich dich wieder aus, nur damit's ruhig ist. Der ganze Monolog in einem Augenbrauenheber.

Okay, Doc, ich mach einfach mal weiter. Sie sagen's, wenn was nicht passt, okay?

Die Frau Doktor sagt nichts, also okay. Sarah, Sarah. Wie lang hab ich, bevor der Groschen fällt? Bevor Karenina kommt? Sind die Dämonen schon um die Ecke? Ich hab keine Wahl. Als mit Sarah zu reden.

Hallo, kleine Lady, Sie müssen Sarah Kessler sein, stimmt's? Sie sind die Rechtsvertreterin eines Jack Price, und es heißt, er ist ein bisschen in sie verknallt. Kam mir jedenfalls zu Ohren. Das sind Sie, oder, Schätzchen? Prima. Ich bin Bob Simons, Privatdetektiv, auf Abgetauchte spezialisiert, das heißt, ich finde Leute, die vermisst sein wollen, im Auftrag von Leuten, die sie vermissen. Ich würd mich ja lieber Kopfgeldjäger nennen, aber seit dieser Fernsehshow schauen einen die Leute dann immer schräg an. Aber *Simons findet's* klingt auch gut, find ich. Wenn's irgendwann richtig brummt, mach ich ein Franchise-Ding draus. Könnte vielleicht eine kleine Rechtsvertretung brauchen, wenn sie mit heiklen Angelegenheiten diskret und sachlich umgeht. Haben Sie schon mal über Ihre Zukunft nachgedacht, Schätzchen? Vielleicht ist jetzt der Zeitpunkt. Sagen Sie ja, Bob.

Ja, Bob.

Im Blick irgendwas zwischen Scheißangst und Scheißwut, auf den Wangenknochen Tränenrinnsale, aber die Stimme glockenhell. Meine Sarah. Wundervolle Sarah. Nicht meine Sarah.

Prima. Ihre momentane Lage ist ungefähr die: Ich vermute, dass die furchterregende Lady da drüben nett zu Tieren und lieb mit Kindern ist, ja? Sie können wieder ja sagen.

Ja, Bob.

Prima. Sie hat also einen Mickey Finn in Ihre kalte Milch oder in Ihren Chardonnay gekippt. Mickey Finn ist eine höflich-galante Umschreibung für K.-o.-Tropfen, was wiederum Burschenschaftler und andere Date-Raper für Flunitrazepam sagen. Für Mickey Finn sind Sie vielleicht ein bisschen jung, deshalb führe ich zum besseren Verständnis auch die anderen Bezeichnungen auf, okay?

Jedenfalls arbeitet diese Lady hier für ein Unternehmen, das mit Ihrem Mandanten Mr Price zu tun hat. Nach Mr Price suche ich in anderer Sache, und dabei hatte ich die verrückte Idee, dass wir unsere Kräfte bündeln könnten. Die gute Frau Doktor (nett zu Tieren, lieb mit Kindern, nicht vergessen) wurde von dem Unternehmen zu diesem kleinen Come-together geschickt und legt offensichtlich Wert auf rasche Auftragserledigung. Anders gesagt, sie würde sich lieber früher als später zu einem Gespräch mit Ihrem Auftraggeber zusammensetzen, hab ich recht, Doc?

Halbwegs.

Sarah, Sie können gerne wieder ja, Bob, sagen, dann weiß ich, dass Sie uns folgen.

Ja, Bob.

Okay, ich will Ihnen nichts vormachen: Ich glaube, dass Sie und ich – wir beide, auch wenn ich mir nicht ganz sicher bin, inwiefern ich damit zu tun habe, obwohl ich hier bin, unter genau wie für Sie eher überraschenden Umständen, worüber ich aufgrund der Höhe meines vereinbarten Honorars aber gerne hinwegsehe, während Sie, Sarah, ganz sicher wegen Ihrer engen Beziehung zu Mr Price hier sind –, wir beide also befinden uns in einer etwas kitzligen Situation, was mit der erwähnten Dringlichkeit zu tun hat. Man bringt uns hier nicht viel Wohlwollen entgegen, okay? Es wäre höchst unklug, nicht mitzuspielen. Sie wissen, was mit Spielverderbern passiert? Ja, Bob.

Ja, Bob.

Unter dieser Voraussetzung will ich Ihnen eine Frage stellen und Sie bitten, die Antwort wohl zu erwägen. Lassen Sie sich Zeit, und wenn Sie antworten, sollte die Antwort gleich auf den ersten Wurf passen. Ich bin mir nämlich ziemlich sicher, dass unserer Frau Doktor hier spontan Alternativen zu unserem Gespräch einfielen: Wissen Sie, wo Jack Price sich im Moment aufhält?

Nein, Bob.

Dann will ich eine andere Frage stellen, und Sie können für Ihre Antwort gerne ein bisschen improvisieren. Ja, das hier ist kein Gerichtssaal, legen Sie Ihrer Fantasie also keine Fesseln an. Könnten Sie vielleicht eine Vermutung anstellen, wo sich Ihr Freund Mr Price aufhält? Wohin er in Zeiten größter persönlicher Not gegangen sein und mit wem er gesprochen haben könnte? Wenn nicht mit Ihnen?

Er ist kein Freund.

Er ist Ihr Mandant, ich weiß.

Für einen Anwalt ist das ein wichtiger Unterschied.

Okay.

Ich weiß nicht, wo er ist. Im Grunde kenn ich ihn gar nicht. Er ist … er ist ein Arschloch. Ich habe eine Kanzlei. Er ist mein Mandant. Er lässt über mich kein Geld waschen oder was in der Art. Ich vertrete ihn nur in Rechtssachen. Für das andere hat er andere. Ich mach nichts Ungesetzliches, Mr Simons, ich bin eine gute Anwältin.

Nur ist Ihre Kanzlei winzig klein.

Die Großen nehmen mich nicht, die haben mich abgeschossen.

Hat der Boss seine Pfoten nicht bei sich halten können, und Sie haben ihm den Arm gebrochen?

Ich habe ein äußerst belastendes Beweisstück gegen meinen Mandanten entdeckt. Ich wurde aufgefordert, es vorzulegen, und das hab ich getan. Tatsächlich hätte ich das nicht tun müssen. Keiner hätte davon gewusst.

Sie haben also alles richtig gemacht und wurden trotzdem gefeuert?

Ja. Jetzt löst schon mein Name Rotalarm aus.

Das Leben fickt einen ins Knie, Sarah.

Ja, Bob, das stimmt, und deshalb sitz ich jetzt hier.

Wer ist der andere?

Welcher andere?

Sie haben gesagt, dass Price jemand für seine Geldgeschäfte hat. Kennen Sie ihn vielleicht? Sie können das Ihrem Onkel Bob ruhig sagen.

Tucker.

Ist das der Vorname oder der Familienname?

Tucker, nichts weiter, und ich hab den Namen auch nur einmal gehört. Wir reden nicht über solche Sachen, ich will's nicht wissen. Ich schäme mich, dass ich auch nur entfernt mit so was zu tun habe. Price ist schuld, dass ich mich schäme, und jetzt schäme ich mich, weil ich Angst hab und ihn nicht an Sie verraten sollte, aber ich tu's. Würd's, wenn ich könnte. Wenn er irgendwann wieder Kontakt aufnimmt, werde ich es tun.

Ich versteh das, Schätzchen, ehrlich. Machen Sie sich keine Sorgen, ich kann mit einiger Sicherheit sagen, dass Sie nie wieder von Mr Price hören werden. Wissen Sie, wie er mit diesem Tucker in Kontakt tritt? Ist Tucker vielleicht irgendwo in der Stadt?

Nein, Bob. Ich weiß es nicht, das hab ich doch gesagt.

Glauben Sie, Mr Price mag Sie aufrichtig, Sarah?

Ich glaube, er glaubt, dass er's tut. Aber ich glaube nicht, dass er irgendjemanden mag außer sich selbst.

Wenn Sie mich also als Geisel nehmen, werde ich sterben, und er wird Sie auslachen.

Tucker.

Tucker.

Das ist alles?

Mehr hab ich nicht für Sie, Mr Simons. Reicht das?

Das ist eine gute Frage, die meine liebe Anwältin da stellt. Ich hoffe sehr, dass es reicht, weil mir hier nämlich hurtig die Zeit ausgeht. Wenn die gute Frau Doktor auf die Idee kommt, meinen Namen in welcher Form oder Gestalt auch immer zu überprüfen, wird sich rausstellen, dass es Bob Simons überhaupt nicht gibt. Klar, ich kann mir irgendeinen Schwachsinn aus den Fingern saugen. Kann sagen, dass ich mir das Pseudonym zugelegt hab, weil ich selbst in der Scheiße stecke. Wenn sie das schluckt, kann ich ihr eine meiner stillgelegten Identitäten unterjubeln und mir fest die Daumen drücken, dass sie sie nicht kennt. Aber wenn sie auch nur fünf Sekunden überlegt, dass ich ungefähr dasselbe Alter wie Jack Price habe und dieselbe Größe und dasselbe Gewicht, dann –

Tja, dann bin ich tot.

Hey, Doc.

Mr Simons.

Hey, Doc, ich steh ein bisschen auf dem Schlauch. Dürfte ich was fragen?

Ich bin eigentlich nicht in der Stimmung, Mr Simons.

Ich habe kürzlich einen Kollegen verloren, wie Sie wissen.

Och, Doc, kommen Sie, nur zwei Fragen.

Na gut.

Okay, wollen Sie zuerst die leichte oder die schwere?

Ich weiß – ach, verdammt, die schwere.

Reicht Ihnen das jetzt, oder werden Sie uns beide als Laborratten für irgendein durchgeknalltes Experiment benutzen?

Ich hab Ihnen schon gesagt, Mr Simons, dass ich nicht mit Ihnen experimentieren will. Welche Erkenntnisse könnte ich auch durch zwei nichtgescreente Erwachsene ohne Kontrollgruppe gewinnen? Da kann ich gleich eine Münze werfen. Ich habe Ihnen Drogen gegeben, bevor ich Sie hergebracht habe, weil ich keine Lust hatte rumzudiskutieren, aber ich bin Wissenschaftlerin und kein Schlächter im Laborkittel. Wenn sich die Notwendigkeit ergibt, Sie umzubringen, dann werde ich das tun, und die –

Das Wenn gefällt mir, Doc, es hat was Ermutigendes, weil ich den Eindruck habe, die Notwendigkeit besteht zurzeit nicht, und das wiederum bedeutet, dass wir noch Partner sind.

Partner?

Ich habe Fred gesagt, dass ich Ihren Mann für zehn Millionen finde, und das werde ich. Dafür bin ich auch bereit, das Thema Zusammenarbeit mit Frauen durchzuwinken, weil Sie ganz klar ein Profi sind. Im Gegenteil würde ich es in dieser Sache als Ehre begreifen, ich könnte sogar was lernen.

Wie reizend von Ihnen.

Wow, das hat noch nie jemand zu mir gesagt.

Kann ich gar nicht glauben.

Folgendes würde ich vorschlagen, Doc, wenn's Ihnen recht ist. Ich werde diese Lady hier in ihre Wohnung begleiten, wo sie mir vielleicht eine kleine Führung gibt. Nur für den Fall, dass dort irgendwelche Briefe oder andere Unterlagen rumliegen, die sie im Laufe dieses angeregten Gesprächs vergessen hat zu erwähnen. Wie Sie bemerkt haben, ist sie eine Frau von Ehre, und auch wenn sie ihren Mandanten auf den Tod nicht ausstehen kann, so verspürt sie gegenüber seinem unwerten Arsch eine professionelle Verpflichtung. Doch es braucht nur einen kleinen Schubser, um sie zu überwinden. Danach werde ich diesen Tucker-Fucker suchen und finden, und er wird mir die Finanzoperationen erklären, die er für unseren Mann veranlasst hat, weil einer wie Price, na ja, der Name sagt ja wohl alles. Er liebt sein Geld. Wird ihm nicht gefallen, wenn ich seinen Cashflow umleite, und dann kommt er aus dem Unterholz gekrochen. Das tun so Leute immer. Wäre das ein Vorschlag, für den Sie sich erwärmen könnten, Doc?

Fürs Erste.

Na, das ist doch fast ein klares und deutliches Ja, Doc.

Sind Sie immer so?

Wie?

Sie würden es wahrscheinlich … zungenfertig nennen.

Ja, das bin ich. Ich komm aus dem Süden, wie Sie zweifellos wissen. Sie und Ihre Partner haben bei Geschäftsverhandlungen einen gewissen Hang zum Formellen, was bei Ihrer Größe auch angemessen ist, aber ich bin nur ein Kleinunternehmer und habe mir angewöhnt, mich etwas prägnanter auszudrücken. Bleibt einfach besser hängen. Kein Problem, wenn mich einer nicht mag – er muss sich ja nur an mich erinnern. Steht was an, das in mein Fachgebiet fällt, ruft er mich an. Keiner hat ein Problem, jemand anzuheuern, der ihm persönlich am Arsch vorbeigeht, solange derjenige kompetent ist, und das bin ich. Im Informationszeitalter muss man nichts wissen, sondern finden.

Ich hatte schon Sorge, dass Sie sich für charmant halten könnten.

Apropos Charme, das führt mich zu meiner zweiten Frage, nämlich, ob Sie mich in eine der Bars um die Ecke begleiten möchten, um unsere junge Freundschaft mit einem komplizierten Cocktail zu begießen, irgendwas mit Fruchtschnipseln und Schirmchen. Ich bin kein Feingeist, Doc, aber ich hab meine Vorzüge, und dazu gehört, dass ich weiß, wie man sich vergnügt und wie man einer Lady eine schöne Zeit macht. Verdammt, ich kann mir sogar die Fingernägel schneiden und eine Krawatte umbinden. Wenn's hart auf hart kommt, könnte ich sogar als Salonlöwe durchgehen.

Leider, leider muss ich das Angebot ausschlagen.

Dabei kann ich mich sogar geläufig über Tanz unterhalten. Viele Leute sind überrascht, dass ich bestallter russischer Kampfrichter des Arabeskstils bin.

Nein. Danke.

Tja, nicht dass mich das vor Überraschung aus den Latschen haut, Doc, aber Sie sind nun mal eine Erscheinung, und man kann es einem Mann nicht verdenken, dass er höflich anklopft, wenn er einer Frau von Ihrem Format und Ihrer Schönheit begegnet.

Nein, Mr Simons, das tu ich nicht, aber das Gespräch ermüdet mich langsam, und wir beide haben einige Arbeit. Tun Sie also, was Sie tun müssen. Allerdings empfehle ich Ihnen, die nächsten vierundzwanzig Stunden unter keinen Umständen Cocktails zu trinken, weil sich das Anästhetikum, das ich Ihnen geben werde, nicht mit Alkohol verträgt, und es wäre doch sehr bedauerlich, wenn Sie an weißem Rum mit Ananas sterben, bevor wir unseren Auftrag zu aller Zufriedenheit erledigt haben.

Moment, welches Anästhetikum?

Scheiße, ist die schnell. Eiskalte Nadel in die Halsbeuge. Nicht mal Zeit zum Runterzählen. Und schon bin ich weg.

Auf dem Bürgersteig vor einem Diner. Einfach aus dem Wagen geworfen, auf den Bürgersteig gespuckt wie ausgelutschter Kaugummi.

Fick dich, Jack, bleib mir vom Leib, ich bring dich um, DAS SCHWÖR ICH, DU SCHWEIN! Bleib mir bloß vom Leib, DU ARSCH!

Würd's dir etwas ausmachen, leiser zu sprechen, Sarah? Ich glaube nicht, dass das wirklich nötig ist.

Fick dich, Jack.

Immer dieselbe alte Leier.

Was sind das für Leute, Jack?

Tja, das war wohl die Frau Doktor von den Seven Demons, eine sehr kluge Frau. Aber Detektivarbeit scheint nicht ihre Stärke zu sein. Ach, übrigens, du solltest nicht heimgehen, weil wenn sie rauskriegt, was eben los war, wird ihr klar werden, dass du ihr nicht erzählen wolltest, wer ich bin, und dann wird sie dich umbringen lassen.

Hast du nicht gesagt, dass sie mich umbringt, wenn ich's tue?

Angedeutet vielleicht, ja, aber ehrlich gesagt: keine Ahnung. Jedenfalls bin ich froh, dass du mich dahingehend interpretiert hast, dass sich unsere Interessen überschneiden.

Und wohin gehen wir jetzt?

Ich geh weg. Wohin du gehst, weiß ich nicht. Aus der Stadt wär aber empfehlenswert. Unter anderem Namen. Oder du könntest um Polizeischutz bitten. Du weißt bestimmt aus dem Fernsehen, dass solche Situationen zu den Kernkompetenzen der Polizei gehören.

Ich dachte, du liebst mich?

Ja, na ja, das dachte ich auch, aber wie sich rausstellt, finde ich dich einfach nur ziemlich attraktiv. Wobei sehr gut vorstellbar ist, dass ich mich im Rahmen einer festen Beziehung schwerst in dich verlieben könnte. Im Moment jedoch und in dem Wissen, dass ich dich beschäme und beschmutze und dass du mich nur deshalb nicht verraten hast, weil deine Prinzipien so tief in dir verwurzelt sind, dass sie deinen gesunden Menschenverstand zersetzen, glaub ich nicht, dass es dazu kommen wird.

Das war's also?

Ja, schätz ich mal. Wir sind fertig miteinander. Weder Mandant noch Anwalt. Weder Freunde noch Verbündete oder Paar. Zwei Fremde im Aufzug. Entweder beende ich unsere bisherige Geschäftsbeziehung. Oder du legst dein Mandat nieder. Wie rum ist eigentlich egal. Ich weiß nicht, was mit dir passieren wird. Es interessiert mich zwar, aber nicht viel mehr als die Frage, ob ich die neue Folge einer Serie nächste Woche mitkrieg. Traurig, aber wahr.

Das ist doch ungeheuer. Du bist ein Ungeheuer.

Sarah, du hast gerade Tucker und seine ganze Familie ans Messer geliefert, um deinen Hals zu retten. Ich tu auch nur, was ich muss, um den Kopf aus der Schlinge zu ziehen. Der Unterschied zwischen uns ist, dass ich niemand was vormache und du immer noch glaubst, du bist ein guter Mensch im falschen Film. Du hast mich als Mandanten angenommen, aber jetzt trennen sich unsere Wege. Wir sagen leise tschüss, und das war's.

Sarah dreht sich um und geht. Sie hat sehr wenig Geld in der Tasche. Eigentlich sollte sie sofort den nächsten Geldautomaten ansteuern und abheben, was geht. Wenn sie das erst in einer halben Stunde macht, wird sie sterben, schätz ich. Sie muss sich nur für ein paar Tage verstecken, dann dürfte die ganze Chose zu Ende sein, so oder so. Vielleicht kann sie dann ihr altes Leben weiterleben. Und ich werde mich wohl damit abfinden müssen, dass ich nicht dazugehöre, aber das ist ja nichts Neues.

Ich bin ein Businessplan auf zwei Beinen, und Geschäft ist Geschäft. Das ist alles.

Aus irgendeinem Grund soll das Mount Caroline Emotional Health and Recovery Center nicht Krankenhaus heißen, aber es ist eins. Und schon wieder ein mintgrüner Flur. Was soll diese Farbe überhaupt? Sie tritt einem überall entgegen, wo die Schlangen lang sind und von Besuchern wenig zu holen ist. Vielleicht abgelaufene Tarnfarbe. Vielleicht auch nur alle scheußlichen Grau-, Gelb-, Weiß- und Blaureste zusammengerührt. Diese Farbe kann einem einfach nicht guttun. Fühlt sich außerdem nach Blei an. Ich wette, dass sie voll Blei ist. Was die Leute hier wahrscheinlich noch verrückter macht, als sie sowieso sind. Vielleicht ist die Hälfte überhaupt nur deswegen verrückt. Nach einem Abstecher hierher war's das für sie, für alle Zeiten. Oder sie waren schon immer geisteskrank, egal mit welcher Wandfarbe. So gut wie alle sind nett. So gut wie keiner gefährlich. Verrückte haben durch das Kino einen schlechten Ruf. In Wirklichkeit sind Verrückte nur ein bisschen traurig, und sie arbeiten nicht, es sei denn, man gibt ihnen Pillen oder sie kriegen sich von selbst wieder ein. Ich hatte mal eine verrückte Tante. Sie hatte die ganze Zeit Angst, Tag und Nacht, und vor den harmlosesten Dingen. Sagte, die Dinge würden mit ihr reden. Am besten ließ man sie nicht allein, dann war sie halbwegs okay. Man konnte ihr sagen, was echt war und was nicht, und meistens glaubte sie's.

Es gibt natürlich auch Verrückte, die machen gefährliches Zeug, weil sie glauben, dass die Welt gefährliches Zeug mit ihnen macht. Wenn man sich's überlegt, machen wir das eigentlich alle so. Die allerwenigsten sind schlicht und einfach mordlustig. Dazu braucht es eine höchst seltene Mischung aus Pech und Pech. Und selbst das kriegt man meistens mit Medikamenten geregelt.

Ich setz meine süßeste Miene auf, weil der Prof ein Gesicht wie Sülze mit Nase macht: komplett erstarrt, ein

Blick wie aus unendlichen Weiten. Ich flüstere erst ein bisschen den Spiegel an, dann finde ich meine Stimme. Die jetzt Saul Hart gehört, einer neuen Ansteckidentität. Saul ist ein britischer Priester mit einem antiquierten medizinischen Abschluss. Kurzsichtig, hört gerne Mandolinenmusik, trinkt dünnen Tee und mag Katzen. Kleiner Tipp am Rand: Wer zu einem neuen Arzt geht, sollte sich die verdammten Urkunden an der Wand genau anschauen. Heute hat wirklich jeder einen Drucker.

Hello, ich bin Saul, sind Sie womöglich Professor Langley?

Ja, das bin ich, und ich kann Ihnen gar nicht sagen, Mr Hart, wie stolz ich bin, einen derart engagierten Menschen wie Sie kennenzulernen.

Nun, die Church of Saint Joseph ist klein, aber Kleines kann Großes bewirken, und diese verlorenen Seelen sind schließlich auch Gotteskinder.

Bei unseren monatlichen Aufrufen beten wir immer, dass jemand sich ein Herz fasst und sich eines unserer Fälle annimmt. Nur so haben sie Hoffnung auf ein geregeltes Leben in der Geborgenheit einer familienähnlichen Gemeinschaft. Aber natürlich geschieht das nur selten, weil dazu Geld nötig ist, und Leute mit Geld rennen uns nicht gerade die Tür ein.

Ja, und in genau diese Lücke springt Saint Joseph, denn wenn Liebe da ist, spielt das Geld keine so große Rolle. Und wenn ich Liebe sage, meine ich Caritas oder Agape, nicht Eros.

Aber selbstverständlich, Mr Hart, ich bin ganz bei Ihnen.

Vielen Dank, Professor Langley.

Der Dank liegt bei uns, Mr Hart. Sie haben aber sicher Verständnis dafür, dass wir ihn in den ersten Wochen im Auge behalten müssen?

Selbstverständlich. Wie ich schon am Telefon sagte, ist es das Beste, wenn wir uns heute einfach bekanntmachen und uns darauf einstellen, dass er die Bleibe vielleicht ablehnt. Nun ja, wir werden es sehen, vielleicht tut er's wirklich, da wäre er nicht der Erste. Selbstverständlich sollte er die Möglichkeit haben, hierher zurückzukehren, wenn ihm das lieber ist, aber ich bin ganz zuversichtlich, weil die im Moment zur Verfügung stehenden Zimmer sehr schön sind, nicht luxuriös, nein, aber sie strahlen viel positive Energie aus. Einem Gottesdiener, der zu solchen Worten greift, werden Sie nicht oft begegnen, nicht wahr, im Allgemeinen ist uns Energie ziemlich egal, aber ich habe einige Zeit in Kalifornien gelebt und wurde dort zweifellos verdorben. Hört man mir das Amerikanisch an?

Nein, Sir, ich muss sagen, dass Sie ganz und gar londonerisch klingen.

Ah, sehr erfreulich. Meine Schwester sagt, dass man es mir bei jedem Wort anhört, aber sie hat auch eine sehr scharfe Zunge.

Eine Schwester eben.

Haben Sie auch eine?

Sir, ich habe vier.

Ein Schatz, Professor Langley.

Ein Schatz an konstruktiver Kritik, Mr Hart.

Ja, so ist es, so ist es. Ah, und das ist unser Freund?

Ja, Mr Hart, das ist Mr Crisp. So heißt er nicht wirklich, leider. Wir haben hier eine Liste, aus der wir für jeden unserer Schützlinge einen Namen aussuchen, aber wenn sie sich an ihren richtigen Namen erinnern, können sie den selbstverständlich wieder annehmen.

Guten Tag, Mr Crisp. Ich hoffe, wir werden bald Freunde.

Ähhh.

Ich fürchte, er ist ein wenig schüchtern, Mr Hart.

Ähhhm.

Das macht doch nichts, Professor, ich kann das verstehen. Nun, guter Mann, stützen Sie sich auf mich, so ist es brav. Sie und ich, wir werden gute Freunde werden. Ich werde Ihnen helfen. Damit Sie alles bekommen, was nötig ist, damit Sie in die Welt zurückkehren und auf Ihren eigenen zwei Beinen stehen können.

Ähh?

Ja.

Lucille?

Ja, mein Freund. Genau. Lucille.

LUCILLE!

Ja, dann. Dann wollen wir mal.

Tucker brauche ich gar nicht anrufen. Er wird wissen, was auf ihn zukommt. Vielleicht wusste er's schon, bevor ich's wusste. Karenina hat ihn angerufen und gesagt, dass ich in der Scheiße sitze. Die beiden kennen sich ewig. Kann gut sein, dass er jetzt mit den Seven Demons Kommunion feiert und ihnen alles steckt, was er weiß. Gehört aber zu unserer Vereinbarung. Und der Grund, warum er nicht alles weiß. Sich nicht zu vertrauen, hilft allen.

Der Copyshop am alten Kino. Letzten Monat hat es dichtgemacht. Keine Late-Night-Bogarts und -Bacalls mehr, keine weißen Haie oder weißen Massaie und keine Prachtmacker, die sich Liebesschnulzen antun, weil sie selbst grad verliebt sind. Nichts dergleichen mehr. Nur ein vernageltes Gebäude und ein Copyshop, in dem ich nach meinem Besuch bei Linden meinen Aktenkoffer gelassen und gebeten hatte, alles zu scannen und an meine neue E-Mail-Adresse zu schicken. Findet Karenina nie raus: Genauso gut kann sie einen ganz bestimmten Fetzen Plastik im pazifischen Müllstrudel suchen. Was ich von Linden mitgenommen hab? Dacht's mir schon, dass wieder keiner aufpasst. Aber der kleine Exkurs in die Kinogeschichte ist schon hängengeblieben, oder? Danach hab ich den Schwerpunkt auf die körperliche Action verlegt und danach – ha, wieder nicht aufgepasst!

Also: Ich hab den Terminkalender von Olivers Tisch mitgehen lassen. Den aus Papier, weil eine solche Firma macht das nicht digital, das könnte ja jemand abfischen oder sich nach Hause mailen. Da kann man verschlüsseln, wie man will, Passwortschutz und Partitionierung und Pipapo. Die Wahrheit ist: Wenn man was nicht teilen will, dann legt man den Scheiß nicht auf einem lokalen Computer ab, denn Computer ist ein anderes Wort für teilen. Das ist nicht nur ihr Zweck, das wird auch mit ihnen bezweckt. Linden weiß das, deshalb Papier. Irgendein Zeitarbeiter muss jeden Abend die Termine aus dem Hauptkalender in zwei andere übertragen: den von Dorothy und den von Oliver. Er sitzt bis in die Puppen im Bibliothekszimmer, das sie da haben, und macht seine Arbeit, für die er fast nichts kriegt, und weiß nicht, wofür die Namen stehen, und dann wird er gefeuert, bevor er sich was zusammenreimen oder an den Takt der Termine gewöhnen kann. Dagegen ist nichts einzuwenden. Das ist oldschool, und es ist klug.

Der Nachteil ist, dass ich den Kalender gestohlen hab und sie nichts löschen können. Was kommt, können sie ändern, aber das interessiert mich nicht, mich interessiert, was war. Die Geschichte hier hat in nicht allzu ferner Vergangenheit angefangen. Also, wen hat Linden in diesem Monat getroffen? … die Andersons, Jan und Don, Erbschaftssache. Das Liebowicz-Kuckuckskind betreffs Gleichstellung. Drei Unternehmer und, und, und. Das hört gar nicht mehr auf, Mann, tut mir der Schädel weh. Das ist mal eine florierende Kanzlei. Aber welcher von Lindens Terminen könnte sich für Didi Fraser interessieren? Irgendwie keiner. Kein einziger. Wen hat er also getroffen, der dort nichts zu suchen hatte?

Drei Namen sind als NM etikettiert, neuer Mandant. Einer von denen ist zu neunzig Prozent mein Problem. Okay, dann wollen wir mal: Sean Harper hat reich geerbt. Liz Crane lässt sich scheiden. Von Pater Roy Maxton weiß kein Schwein, warum er da war, weil's nicht im Kalender steht. Hm, ein Strafzettel wegen Falschparkens ist genauso wahrscheinlich wie dass er seine Kirche umzonen muss. Von wem lässt Liz sich scheiden? Was hat Sean getan und mit wem? Keinen Schimmer. Aber es passt. Nichts passt und am Schluss passt doch alles zusammen.

Dem guten Pater fehlt die Kohle, um die Seven Demons aus der Höhle zu locken, es sei denn, er hat ein höheres Kirchenamt. Ich google seinen Namen: nein. Schau dir den an, der hat tatsächlich nur arme Seelen gerettet.

Weg von der Liste. Warum gleich von der Liste? Weil jeder echte Besuch bei jemand von der Liste die Wahrscheinlichkeit erhöht, dass sie rauskriegen, wo ich bin. Klassische Triage, Leute. Am besten ist ein einziger gezielter Schlag.

Ohne Pater Maxton bleiben zwei.

Liz. Liz Crane lässt sich von einem Riesenarschloch scheiden. Rein körperlich ist er allerdings nicht groß, sondern eher klein und moppelig. Finanziell ähnelt er aber einem Schwergewicht auf einem Gummilaken: Das ganze Geld kullert zu ihm. Das Geld stört Liz nicht, sie will nur, bitte, danke, allein drin baden. Sie ist jung und hübsch, und wenn man ihr Bild sieht, würde man vielleicht sagen, indisch, abstammungsmäßig, aus Goa oder so. Aber solche Mutmaßungen sind Blödsinn, deswegen lässt man sie besser. Tom Crane ist nicht jung und nicht hübsch. Liz hat oft genug Cranes Mast poliert und will jetzt ihr, ach, keine Ahnung, wie sie das metaphorisch ausdrücken würde, und ich weiß auch nicht die Bohne von Schiffen und Marinegeschichte. Sie hat keine Lust mehr auf Sex mit ihrem Ehemoppel, sondern auf was Neues. Freiheit für Liz! Warum sollte Liz wollen, dass Didi tot ist? Steht Didi Liz und der Scheidung irgendwie im Weg? Vielleicht putzt Didis Urenkel ja den Pool von Tom Crane und weiß aus eigener Anschauung, wie Liz' Oh-oh-oh-ja-ja-ja-Gesicht aussieht?

Muss mit Liz reden.

Sean. Der liebe Sean. Sean ist ein netter Kerl, auch weil er einen Sack Geld geerbt hat und nicht das Bedürfnis hat, zwei daraus zu machen. Sean arbeitet für die Armenspeisung und wickelt scheußlich bunte Baumwollbänder in seine Haare, so dass er obenrum wie ein Platzset aussieht. Sean macht Musiktherapie mit Kindern. Sean rettet Wale. Sean kann mich mal mit seinen guten Taten. Kreuzweise. Sean bringt einen zum Fremdschämen, bis, ja bis einem das Milliardenerbe einfällt. Sean ist Bruce Wayne, und diese Wohltätigkeitsscheiße ist sein Batman-Kostüm. Der gute Sean. Wenn Papa nicht irgendwo einen halben Regenwald abgeholzt und Öl gefunden oder irgendeinen anderen Mist gemacht hätte, dann würde Sean wahrscheinlich seine Zeit damit verbringen, sich flachlegen zu lassen, wie jeder Erbe, der was auf sich hält, aber nein. Dahinter steckt irgendein wohlverdientes Schuldgefühl, garantiert. Muss mit Sean sprechen,

Liz oder Sean. Sean oder Liz. Fuck, ich werf einfach eine Münze.

Kurze Diskussion mit einem Chauffeurdiensttypen. Endet für ihn im Kofferraum unter einer Decke. Ich hab ihm natürlich auch Geld angeboten, ist ja nicht so, dass ich hier Amok laufe, aber die Verhandlungen führten nicht schnell genug zu einer vernünftigen Lösung. Ehrlich, Mann, wenn's einer richtig ernst meint und du nicht, dann musst du einfach Platz machen. Im nächsten Leben, ja? Seine blöde Mütze passt nicht, hm, muss so gehen. Zieh ihm das Handy aus der Tasche.

Ja, er ist tot. Tot, weil ich zehn Minuten mit seiner Fuhre brauche. Keine große Sache. Irgendwie unkünstlerisch und überflüssig, aber wo man hobelt.

Hi, Liz, ich heiße Justin und bin heute Ihr Fahrer.

Hi, Justin.

Wären Sie so lieb, ein AAAARGH von sich zu geben, Liz? Wir haben heute den Drive like a Pirate Day, dafür gibt's auch einen Nachlass. Ich weiß, in einer Limousine ist das nicht cool, aber mein Chef will das so, und deshalb muss ich. Wenn's Ihnen also nichts ausmacht?

AAAARGH, Justin. ARRRRGH! Passt das?

Ja, Liz, das ist perfekt. Sie geben einen prima Piraten ab, wenn ich das so sagen darf.

Sie auch, Justin. Sind das Ihre richtigen Zähne?

Ja, sind sie tatsächlich. Gut, ich hab sie hier und da ein bisschen nachgerüstet, wie man sieht, so eine neue Art von Keramik, aber ja, es sind meine. Ich hab sie mir gerade aus so einem 3-D-Printer drucken lassen. Eine Freundin von mir hat sie designt, und dann geht man einfach hin und lässt sich den Kiefer scannen, und zack, das war's. Nach ein paar Stunden kannst du schon wieder Steaks essen, was ich natürlich nicht tu, weil ich nämlich Veganer bin. Könnten Sie das Piratending noch mal machen, ich hab vorhin den Anfang verpasst.

AAAAAARGH!

Danke, Liz.

Gern geschehen, Justin, irgendwie sind Sie süß. Ich mach gern Geräusche für Sie.

Oh, da werd ich ja richtig rot. Dabei sind Sie eine verheiratete Frau mit einem Ring und einem Mordskuller dran.

Ach, den Ring hab ich nur, dass ich mir den Klunker nicht auf den Finger kleben muss, Justin. Den Mann dazu hab ich schon abgelegt, echt. Der ist Geschichte. Ich schrei noch einmal AAAARGH, und dann können wir uns ja beim Fahren weiter unterhalten, Justin, weil ich nämlich wohin muss. Aber vielleicht könnt ich danach rausfinden wollen, wie es ist, so als kleines Städtchen am Meer, in das ruchlose Korsaren eindringen, wenn Sie wissen, was ich meine.

Himmel, Lady, so dürfen Sie nicht reden, wenn ein Mann gerade in den Verkehr einfädelt. Beinah hätte ich den Radfahrer rasiert.

Och, Justin, sagen Sie bloß, Sie sind für keinen Spaß zu haben?

Wenn ich ganz ehrlich sein soll, Liz, ich bin für jeden Spaß zu haben.

Dann werden Sie also mein Schatzkästlein plündern, Captain?

Oh, Himmel, ja, das werde ich, aber Sie müssen schwören, dass es keinen Kaper an Ihrem Küstenabschnitt gibt und keine Repressalien, wenn Sie verstehen.

Äh ...

'tschuldigung, mein Chef hat uns dieses dumme Piratenbuch lesen lassen. Aber ist der Gatte wirklich von der Bildfläche verschwunden? Weil ich's mir nämlich nicht leisten kann, mir einen Schiffsmagnaten oder was zum Feind zu machen, sonst hetzen sie vielleicht die britische Marine auf mich und knüpfen mich an der nächsten Rahe auf.

Ach, Süßer, der ist längst vom Winde verweht. Komplett Vergangenheit. Ich hab schon einen Anwalt. Für die Kardashians wird's nicht reichen, aber arbeiten muss ich nicht mehr. Ich kann sogar meinen Arsch nach Europa verfrachten und in Cartiers Ladengeschäft mein Lager aufschlagen.

Mann, so einfach ist das?

Von wegen einfach! Das war ein langer Weg, garniert mit ziemlich ekligem Sex, das können Sie mir glauben, Justin. Aber dafür dürfen Sie sich drauf freuen, was ich mit einem Mann ausprobieren will, der nicht wie ein Truthahn in Unterhose aussieht. Sind Sie tätowiert, Justin?

Nein, bin ich nicht.

Das ist gut, weil das mit dem Truthahn stimmt nämlich und ich bei Tätowierungen immer an Geflügelstempel denken muss.

Hey, da, wo wir hinfahren, wohnt eine regelmäßige Fuhre von mir.

Macht sie so Geräusche wie ich, Justin? Werde ich Sie mit jemandem teilen müssen?

Nein, Ma'am, tut sie nicht, und sie wär auch eher eine Beilage für den Truthahngatten, weil sie nämlich ziemlich genau wie die Maronen von der Füllung aussieht, wenn ich nach dem geh, was ich von ihr gesehen hab, was verständlicherweise nicht nackt ist. Aber jetzt ist sie sowieso tot. Sie hieß Didi Fraser, hat genau dort drüben gewohnt. Kannten Sie sie vielleicht, Ma'am, nachdem das hier Ihr Viertel ist?

Nein, tu ich nicht. Woran ist sie denn gestorben?

Ermordet, Liz. Krass, oder? Eiskalt abserviert. Wer tut denn so was?

Echte Piraten, schätz ich mal.

Ja, ich auch.

Ich muss sagen, Justin, dass dieses Thema ein echter Stimmungskiller ist.

Ja, hab ich auch grad gedacht.

Wissen Sie was, Sie können mich am Museum rauslassen, okay? Und wenn ich Sie später noch mal brauche, ruf ich in der Zentrale an.

Es ist meine letzte Fahrt, Liz, tut mir leid. Wären Sie so nett, noch mal AAAARGH für mich zu machen, damit ich was hab, woran ich mich erinnern kann?

Offen gestanden, Justin, lieber nicht. Sie haben's schon in ganzer Länge gehört, und irgendwie find ich's gerade etwas unheimlich.

Schade, wär nett gewesen, Liz. Aber ich schätze, Sie werden sich einen Besseren besorgen. Passen Sie auf sich auf.

Danke, Justin.

Bye, Liz.

Und weg ist sie. Liz wird meinetwegen nicht sterben, und ich werde nicht mit ihr Sex machen, was so was wie meine Buße für Justin ist, den Chauffeur. Und gleichzeitig wird sie nicht komplett austicken, wenn sie rausfindet, dass der echte Justin erdolcht und sie von einem Mörder rumkutschiert wurde. Wenn sich die Gelegenheit ergibt, muss man auch mal was für seine Mitmenschen tun. Plus, wenn ich ehrlich bin: So ganz mein Zahn war sie nicht.

Ich hör auf meinen Bauch und sage, sie kannte Didi Fraser nicht.

Ich lass die Bonzenkutsche stehen und zieh mir eine Warnweste an. Tauch im Park in die Kanalisation ab und reib mich kurz mit Wohlstandsschlamm ein. Geh mit einem Bauhelm auf dem Kopf weiter. So fragt sich kein Schwein mehr, was man so tut. Lass mich für ein paar Kröten von einer Müllmannschaft aufsammeln: Auch in Sean Harpers Straße gibt es Müll. Jeder produziert Müll bis auf diese Null-CO_2-Trottel. Aber die kriegen's nicht auf den Schirm, dass ihre bloße Existenz in einer Stadt wie dieser einen Ökofußabdruck in der Größe eines Andendorfs hinterlässt. Ist so.

Ich schätz mal, ich wollte an Seans Tür klopfen und sagen, dass wir was mit seinem Namen drauf in einem Kanal gefunden haben, z.B. einen Brief von Didi Fraser. Könnte der Plan gewesen sein, aber vielleicht auch nicht. Hat sich sowieso erübrigt. Ich steh mit meinem flatternden Leuchtfetzen hinten auf dem Laster, da brettert der Fahrer fast über die Frau Doktor und ihren Saluki. Tycho heißt er also. Sie betritt Seans Haus. Lässt den Hund beim Concierge und verschwindet im Aufzug. Der Saluki passt hervorragend zu ihr, ihr Spiegelbild mit Rute: raffiniert und schön, und sie hetzt einen zu Tode, aber dazu muss sie einen erst mal entdecken. Ich sprech da aus Erfahrung. Stöckel, stöckel. Die Frau Doktor hat wirklich bemerkenswerte Beine. Wobei ich zugeben muss, dass das Gespräch mit Liz trotz des professionellen Hintergrunds durchaus anregend war. Liebe, Hiebe und Triebe haben alle Platz im Kopf eines Menschen, und gelegentlich gehen sie auch ein bisschen durcheinander. Ich bin in jemand verschossen, ich habe getötet, und der evolutionäre Teil in mir ist ziemlich überzeugt, dass ich mich sofort fortpflanzen sollte, und das in großer Zahl, um meine DNA weiterzugeben. Und die Frau dort ist stark, ein Alphaweibchen, und das ist so ziemlich der einzig verlässliche Hinweis, dass man nicht in einer evolutionären Sackgasse landet.

Die Aufzugtüren schließen sich. Bye, Frau Doktor. Hallo, Tycho. Na, mein Schöner. Tut mir leid, Mann, ich hoffe, Sie haben nichts dagegen, dass ich ihn streichle, aber ich liebe Hunde. Ich liebe sie einfach. Da, wo ich herkomme, mögen alle Hunde. Keine Rassehunde wie der, das ist ein Saluki, aber trotzdem. Um solche Hunde muss man sich besonders gut kümmern.

Ja, nur ist das nicht Ihrer.

Das ist wahr, ich hab grad keinen Hund, nicht in der Stadt, aber ich kenne mich – Moment mal, sehen Sie das kleine Zucken an seiner Brust da?

Nein, tu ich nicht, und Sie sollten –

Ne, ehrlich, Mann, kein Scheiß. Diese junge Dame – seien Sie mal still, ich will – ja, okay, da ist es. Brav, Tycho … das da. Das ist richtig übel.

Was? Hat er was?

Na ja, so und so. Also, er hat was, aber es geht ihm gut. Bei solchen Hunden muss man vor allem mit Herzkrebs rechnen.

Hä?

Ja, ehrlich, die kriegen Herzkrebs. Ungefähr dreißig Prozent von denen, Wahnsinn, oder? Und der Freund hier, er hat einen kleinen Polypen in der fleischigen Stelle da. Kein gutes Zeichen. Kennen Sie die Besitzerin?

Nein. So ein Mist!

Hören Sie, ich muss los, ich muss wohin, aber sagen Sie der Frau, dass sie den Hund zu einem Spezialtierarzt bringen soll, einem Krebsarzt. Das Geld wird sie ja haben, wenn sie in so einem Haus ein und aus spaziert und einen solchen Hund hat. Dann ist Tycho noch zu retten, weil: Wenn man so was frühzeitig erwischt und es richtig angeht, lässt es sich behandeln. Heute kriegen sie echte Wunder hin. Aber sagen Sie der Frau um Himmels willen nichts von einem Trottel mit Warnweste. Sagen Sie, dass zufällig ein Tierarzt vorbeigekommen ist, der Ihnen eine Nummer gegeben hat, wo sie sich melden kann. Ja, Moment, stimmt, ich kenn einen, für den hab ich vor 'nem halben Jahr was gearbeitet, Moment –

Und so weiter und so fort. Ich gehe. Gehe weg, gehe die Straße runter, stinke nach Kanal und hab meine gute Tat getan und einen Hund gerettet.

Nein, an der Brust kann man keinen beschissenen Tumor spüren. Sie glauben ja wirklich alles!

Sean Harper ist der Mandant. Neunundneunzig Komma neun Prozent. Sean umbringen bringt nichts. Klar, ich werde Sean umbringen, aber er hat momentan so überhaupt nichts mit meinem Problem zu tun, dass es fast traurig ist. Ich bring ihn später zur persönlichen Genugtuung um, und davor rede ich wahrscheinlich ein paar Takte mit ihm, um rauszukriegen, warum das alles passiert.

Aber als Allererstes muss ich ein Häkchen auf meiner Liste machen.

Und später geh ich mit dem Hundchen von Frau Doktor Gassi.

Kong Fuzzi sagte: Wenn du die Zukunft beschreiben willst, musst du die Vergangenheit studieren.

Solch dämliche Weisheiten hauen sich Kaffeehändler ständig um die Ohren. Sie sagen auch Kong Fuzzi statt Konfuzius, um zu beweisen, dass sie schlauer sind als die anderen.

Ich sitze auf einer Parkbank und studiere die Vergangenheit. Eigentlich die Antike. 1995.

1995 gab's noch diesen Typen. War angeblich der beste Solo-Sniper der Welt. Die meisten Scharfschützen haben am liebsten einen Beobachter dabei, der die Ziele für sie identifiziert, aber dieser Typ hatte nie einen. Er hat auch nie viel Technik verwendet. So ein verrückter ukrainischer Steppenrambo, unverwüstlich wie die erste Kalaschnikow. Der spürt das leiseste Zögern eines Rehs und merkt an seiner Pisse, wenn das Wetter umschlägt. Typen von seinem Kaliber haben Stalingrad zum Schützenfest gemacht, und davor sind sie unter Schaffellen im Schnee gehockt und haben es Napoleon auf dem Heimweg von Moskau so richtig besorgt. In seiner Ahnentafel findet sich vermutlich jedes beschissene Kriegsverbrechen der Welt. Große Scharfschützenmagie aus der Steppe. Wobei ich gar nicht an Magie glaube, aber okay. Eine einigermaßen ausdifferenzierte, schreckliche bis mörderische instinktive oder erlernte Geschicklichkeit lässt sich nicht von Magie unterscheiden, würde ich sagen. Und der Typ war pure Magie. Volodya hieß er. Kein Nachname. Das heißt Weltherrscher.

Eine Zeitlang hat der Typ die Seven Demons angeführt. Hat mit ihnen getötet, seinen Spaß gehabt, gegessen. Geschlafen hat er aber nicht mit ihnen, weil solche Typen nicht schlafen. Dann wurde er fünfzig und meinte, es reicht. Hat sich mit einem Riesenhaufen Geld zur Ruhe gesetzt, aber nichts davon ausgegeben, weil ihm Geld nichts bedeutet. Lebt irgendwo in der Pampa in einer Hütte. Das ist das Entscheidende, was man bei solchen Leuten begreifen muss. Natürlich machen die einen Haufen Geld, aber es ist ihnen nicht wichtig. Wichtig ist ihnen, dass sie die Seven Demons oder andere Superficker sind und jeden umlegen können, den sie wollen. Die neuen Dämonen sind genauso. Sie haben andere Interessen, aber keiner interessiert sich für Geld per se.

Nur so als historisches Faktum.

Ich mach ein paar Anrufe. Gründe meine eigene Hundebetreuung mit Gassiservice. Schicke jemand mit einem Nähset und ganz gewöhnlichen Männerhygieneartikeln in die Gegend mit den Lagerhäusern. Was ich vorhabe, erfordert einiges an scheiß kleinteiliger Vorbereitung. Egal. Zurück zum historischen Faktum. Geschichte ist ja schön und gut, aber wir leben in modernen Zeiten, und deswegen verwende ich eine siebenstufige Verschlüsselung für das Deep Web plus zwei Eintrittsknoten, das ganze Programm. Jedenfalls könnte ich genauso gut auf dem Mond sein. Nicht, dass man mich irgendwann nicht doch schnappen könnte. Aber im Moment sicher nicht, es sei denn, ich habe absolutes Megapech und treffe einen von denen zufällig auf der Straße oder in der Crosstown oder sonst wo. Man müsste schon ein paar Monate lang digitale Klimmzüge machen, um meine Kommunikationsinfrastruktur zu knacken. Ich habe trotzdem keine paar Monate, weil ich nicht abhaue, sondern dagegenhalte, und Karenina weiß das. Allerdings wird sie es trotzdem versuchen, und wenn sie es schafft – mich knacken natürlich, nicht das System –, dann knick ich ein und geb ihr den Zugang, weil alle irgendwann etwas Dämliches machen. Doch bis ich Murks baue und Karenina sich in mein System hackt, ist der Scheiß hier sowieso vorbei.

VoIP-Anruf bei diesem lässigen neuen Portierdienst LateToTheParty dot me. Die übernehmen alle möglichen Aufträge für einen. Ich spreche schnell, so von Profi zu Profi: Ich würd gern was abholen lassen, bin schon spät dran für ein Meeting mit einem Kunden. Geht um Tierarztbesuch, den kann ich wirklich nicht umlegen. Vielleicht könnten Sie sagen, Sie kommen vom Tierarzt? Geht das? Super, Mann, das ist echt nett. Ja, genau, bringen Sie's direkt nach – Perfekt. Klasse, Mann. Fünf-Sterne-Bewertung ist Ihnen sicher. Klar, jeder kriegt gern die Höchstbewertung. Er heißt übrigens Al. Al ist ein netter Kerl, kann man ruhig großzügig bewerten. Lohnt sich aber nicht, ihn zu bookmarken, leider.

Okay. Okay okay. Ich hab eine kleine Liste, stimmt.
Johnny Cubano: Häkchen.
Und danach:
Die Frau Doktor.
Die finnischen Folterknaben.
Karenina.
Li Dong-Ha, die Mietkampfmaschine.

Fred, der PR-Scharfschütze.

Jetzt würfeln. Und – wer kommt als Nächstes?

Eingehender Anruf. Die Nummer kenn ich, aber ich geh nicht ran. Bin unbekannt verzogen. Hab meine nächste Identität verbrannt. Einen weiteren Kreditrahmen verloren. Bin in eine neue Bude gezogen, echt abgeranzt. Aber das WLAN ist topp, pfeilschnell. In der Nachbarschaft gibt's wahrscheinlich eine Hackerkommune oder so was, mit armdicker Glasfaserverkabelung und Open-Access-Ethos, damit jeder der NSA ein Schnippchen schlagen kann. Alle Macht dem Volk, Genossen. Riskant, weil Karenina sie bestimmt kennt. Aber nicht riskant, weil jeder sie kennt. Außerdem: Warum sollte Karenina ausgerechnet hier nach mir suchen? Tut sie nicht.

Ich rufe zurück. Lass Bob Simons nicht wieder aufleben.

Hi, Tucker.

Hi, Price.

Tucker, ich nehme an, der Raum, von dem aus du telefonierst, ist voller Dämonen.

Richtig, Price.

Haben sie dich erwischt?

Ehrlich gesagt, ich war schneller.

Du bist übergelaufen?

Na ja, am Ende fressen den Letzten die Hunde, Price.

Hey, ich bin echt froh, dass du das sagst.

Was?

Egal, Kumpel. Sag einfach, was anliegt.

Na dann – also, ich zieh dein ganzes Geld ab, Price, und sag diesen charmanten Herrschaften mehr oder weniger alles, was ich weiß.

Das ist nicht allzu viel, Tucker.

Vielleicht mehr, als du glaubst.

Kann sein. Aber sicher weniger, als du glaubst.

(Mich juckt's, Hi Sean oder so was zu sagen. Aber ich lass es. Ich bin Profi, Geschäftsmann, kein bockiger Teenager.)

Tucker lacht. Es klingt, als würde irgendwem die Kehle durchgeschnitten. Tucker hat ein Lungenemphysem. Er stirbt nicht dran, aber besser wird's auch nicht.

He, ist so ein Dämon da?

Ja, Mr Price.

Gut auf Tucker aufpassen, ja? Der ist nicht ganz dicht, wie man an seinem Reden hören kann.

Ich hab Ihre Freunde hier, Mr Price.

Ach, ich hab Freunde?

Ihr Kumpel vom Bau ist da.

Billy ist da? Bist du's echt, Kumpel?

Verfickt noch mal, Price, ja, ich bin hier. Was soll die bekackte Scheiße, du Arschloch?

Verdammt, Billy, das ist echt hart. He, Dämon, ist echt hart, dass ihr Billy umlegt. Das bringt doch nichts. Jeder weiß, wie schwer es ist, gute Gerüstbauer zu finden.

Wie ich erfahren habe, beliefern Sie den Mann und seine Kollegen mit Kokain?

Ja, mach ich, aber nur unter der Bedingung, dass sie bewusst schnupfen und immer bedenken, dass man auch zu viel vom Guten bekommen kann. Ernsthaft, Dämon, wenn ihr jemals auf diesem Erdhalbrund was bauen lassen wollt, dann braucht ihr Billy und seine Jungs.

Stimmt das, William?

Ja, Mann, wir sind die besten.

Sind alle Ihre Mitarbeiter gut? Halbwegs klar im Kopf und ordentlich ausgebildet? So wie Sie?

Natürlich, Mann, wir sind ein Team, und zwei meiner Leute sind in meinen Job genauso gut wie ich, die sind –

Du verdammter Idiot, Billy.

[Eingehende Videonachricht.]

[Ablehnen.]

Ach, jetzt zieren Sie sich nicht, Mr Price.

[Eingehende Videonachricht.]

[Ablehnen.]

Glaub bloß nicht, dass mir das was ausmacht, Dämon. Wie soll ich dich überhaupt nennen? Ich kann ja nicht dauernd Du, Dämon, sagen. Das ist doch dämlich.

Frederick.

Mr Frederick oder einfach nur Frederick, wie so ein Eurotrash in italienischen Lederslippern.

Ich trage kein Leder, Mr Price, das ist unmenschlich.

Hä?

War nur ein Scherz, Mr Price. Frederick reicht. Ich werde Ihren Freund jetzt töten. Das Argument, mit dem Sie ihn netterweise retten wollten, hat mir eingeleuchtet, aber er hat selbst eingeräumt – entschuldigen Sie bitte kurz (PENG) –, dass er (tut mir leid, Mr Tucker, haben Sie was abgekriegt? Sehr bedauerlich.), dass er seinen Ersatz schon ausgebildet hat. (Meine Güte, was für ein Organ! Der brüllt ja wie ein Stier, na, ist gleich vorbei.) Die Welt wird sich selbstverständlich in altbewährter Weise weiterdrehen, und selbstverständlich werden die Männer auch in Zukunft einen sorgsam dosierten Zugang zu einem neuen Produkt haben, das für Klarheit im Kopf und Euphorie in der Blutbahn sorgt und nur in seltenen Fällen, wenn überhaupt, Herzinfarkte auslöst. Wir wollen es Beyoncé nennen, weil man ja eine Marke braucht, die zu einem passt.

Hey, das hat was, echt witzig.

Na ja, meiner Erfahrung nach ist so eine kleine, unverhüllte Anzüglichkeit immer absatzfördernd. Gilt übrigens für Konsumpioniere, die sich in ihrer kessen Devianz vom gutbürgerlichen Drogenkonsum einen Extrakick verschaffen wollen, ebenso wie für die gerne mal breite Masse, die sich ganz unmittelbar für diesen Vorstellungskomplex begeistert.

[Eingehende Videonachricht.]

[Ablehnen.]

Mann, ich schau mir doch nicht an, wie Sie Billy kaltmachen und was weiß ich tun, nur damit Karenina Zeit hat, mein Telefon zu hacken. Das ist niveaulos.

Die Welt ist ein Jammertal. Eigentlich war ich von ein bisschen Edelmut ausgegangen. Aber die Menschheit versinkt in Barbarei, also sollte ich auch hiervon nicht überrascht sein.

Und wenn Sie Billy umgebracht haben, kommt dann Tucker dran? Das wäre doch komplette Verschwendung.

Nein, Mr Tucker ist jetzt unser Freund.

Oh, Tuck, das klingt gar nicht gut. Freundschaft mit denen ist keine nachhaltige Investition.

Ich glaube, ein paar Stunden gönn ich mir noch, Price. Dann krieg ich vielleicht sogar mit, was mit dir passiert.

Ist nicht persönlich gemeint, aber das hier macht mehr Spaß als jedes Videospiel.

Du willst gegen mich antreten, Tuck?

Klar, immer. Und wenn du aufgibst, ehe sie Sarah oder Charlie finden, könnten die beiden sogar überleben.

Dacht ich mir. Die Antwort ist nein, logischerweise. Aber ich hab einen Gegenvorschlag.

Und der wäre, Price?

Wenn sie jetzt brav abziehen und sich verkriechen, töte ich wahrscheinlich nur noch einen oder zwei Dämonen, ehe ich keine Lust mehr hab, nach ihnen zu suchen. Vielleicht sogar früher. So, reicht das jetzt an verbalem Macho? Ich hab nämlich noch einen Termin mit – ach, egal. Hey, Frederick, möchten Sie Billy den Rest geben, bevor ich auflege, oder warten Sie auf meinen Klick als Startschuss?

Keine Antwort. Sie machen's einfach. Ich hör zu, weil sich daraus vielleicht was lernen lässt. Plus: Es schadet nie, sich ins Gedächtnis zu rufen, warum man was tut. Es spricht für sie, dass sie's schnell hinter sich bringen. Billy hat noch Zeit, mich ein paar Mal zu verfluchen, dann sagt er Bitte, aber nicht zu mir, und das war's.

Keine Lust mehr auf Smalltalk. Mir scheint, wir alle wissen ziemlich genau, woran wir sind.

Ich gebe zu, dass ich mich wegen der Sache eben nicht toll fühle. Eigentlich hätte ich sogar gute Lust, mich richtig zu besaufen, aber wenn ich das mache, verpasse ich mein Zeitfenster für den Gassigehplan. Wahrscheinlich sterbe ich dann sogar, weil ich immer Mist baue, wenn ich besoffen bin. Oder ich lebe aus persönlichen Gründen meine Gewaltneigung aus, doch dafür ist jetzt nicht die Zeit. Ich lebe meine Gewaltneigung nur aus, wenn es sinnvoll ist und etwas nützt.

Nicht, weil Fred einen 1-a-Gerüstbauer umgebracht hat, nicht bloß, weil so ein reicher Arsch wollte, dass ich sterbe.

Nicht, weil vermutlich Sean Harper aus irgendeinem dämlichen Grund Didi Fraser umgebracht hat.

Nicht, weil er jemand losgeschickt hat, um mich windelweich zu prügeln, damit ich stillhalte. (Ha, das Beispiel zeigt exakt, was ich meine: Suche ich etwa jetzt nach diesen Kerlen? Nein. Und warum nicht? Weil das reine Zeitverschwendung wäre, Mann, kleinkariert. Diese Kerle sind nur irgendwelche Kerle, genau wie Billy irgendein Kerl war, und was mich betrifft, haben sie erstklassige Arbeit abgeliefert, absolut kompetent. Die haben mich nicht ernsthaft verletzt, aber die Prügel genau so gesetzt, dass sie scheißwehgetan haben. Das war wirklich gekonnt, handwerklich erste Sahne. Wenn ich mal jemand richtig vermöbelt haben will, brauch ich Typen wie die, obwohl ich mit ihnen ein ernstes Wort über die Masken reden müsste, weil Kundenorientierung auch wichtig ist. Ich glaube, die stehen irgendwie in Verbindung mit Linden, und das heißt, ich kann sie garantiert abwerben, weil er ein Arschloch ist und sicher nicht das zahlt, was sie wert sind.)

Nichts davon, weil das alles emotional ist.

Ich lebe meine Gewaltneigung nur aus, wenn der

richtige Zeitpunkt gekommen ist. Immer nur, wenn es zweckmäßig ist.

Also heule ich jetzt ein bisschen wegen der verpassten Gelegenheiten. Weil ich meiner Männlichkeit sicher bin und es traurig ist, wenn jemand, den man kennt, ermordet wird. Da kann man ruhig heulen. Man kann selbst dann heulen, wenn man eigentlich nur darüber geredet hat, an welchen fürchterlichen Orten er kürzlich seine Erektion verstaut hat. Man heult, also heule ich. Und danach steht man auf und macht weiter, weil einer zwar die Party verlassen hat, die Party selbst aber weitergeht. Genau so mach ich das jetzt. Ich hab Dinge zu regeln. Cocktails zu mixen und Playlists zu spielen.

Es sind auch noch Rechnungen offen.

Tycho wird pünktlich vorbeigebracht. Ein schöner Hund, dieser Tycho. Ein Saluki. Etwas schreckhaft vielleicht, aber das wäre wohl jeder, wenn er das Haustier einer leidenschaftlichen Vivisektorin mit kriminellen Neigungen wäre. Wahrscheinlich riecht Tycho jedes Mal, wenn er von ihr gestreichelt wird, Angstschweiß, Blut, Galle und was weiß ich noch. Dabei ist sie doch seine Mama. Es gab mal ein Experiment mit Affen, die darauf trainiert wurden, sich ihre Belohnung von Stacheldraht zu pflücken. Von ihrer Stacheldrahtmama sozusagen. Die Affen fanden es toll, obwohl es ihnen wehtat. Tychos Mama kümmert sich gut um ihn. Liebt ihn sogar. Sehr. Aber er muss es einfach spüren, dass die Hände, die über sein langes

Fell streichen, auch Hände sind, die Leiber aufbrechen. Er ist ein Hund. So was spürt er doch. Mami ist ein Raubtier, Süßer. Ja, ist sie.

Ich sag euch, Tycho liebt Anis. Machen viele Windhunde. Sie tun alles dafür. Johannisbrot? Tycho sagt, den Dreck kannst du selbst fressen. Wir geben einem Hund auch keine Schokolade, oder, Freunde, wenn wir nicht wollen, dass ihnen die Herzen platzen. Ich mach mir doch nicht all diese Mühe, nur damit Tycho einen Herzinfarkt kriegt. Tycho und ich sind jetzt Kumpels.

Tycho furzt, aber wer tut das nicht?

Er sitzt bei mir im Zimmer auf der Couch, und ich seh genau, dass er das zu Hause nicht darf.

Ich sage: Braver Junge.

Er grinst mich an, so wie Hunde eben grinsen.

Du, du kleiner Süßfratz, du!

Ich laufe durch Downtown, ganz in der Nähe des Reviers, von wo aus ich bisher operiert habe, und als ich um eine Ecke biege, ist da doch der verfickte Li Dong-Ha. Und gleich so da, dass wir – Oops! – fast zusammenrumpeln. Kein halber Meter. Augenkontakt. Ich erkenne ihn, und er sieht's mir an. Scheißpech, das. Falscher Ort, falsche Zeit.

Li Dong-Ha kapiert's noch nicht ganz, aber er ahnt, dass irgendwas faul ist. Kommt mir mit seiner übelsten Killerkommandostimme: Hi-ho.

Ich bluffe: Sorry, Mann – Tony, oder? Ne, sorry, du bist

nicht Tony. Tut mir leid, aber du siehst echt ein bisschen aus wie der Typ, mit dem ich –

Netter Versuch, aber leider zu spät. Zu lahm und zu spät. Die Kackbratze hat es in ihrem Killerkommando-urin, dass irgendwas los ist, und er weiß, dass ich es weiß – und jetzt, tick, tack, tick, tack, schnackelt's bei ihm: BUMM! Schlagartig färbt ihm die Erkenntnis die grauen Zellen bunt. Wobei die Rottöne überwiegen dürften. Im Soundtrack dazu irres Geigenzirpen. Langsamer Zoom auf den Kadaver.

Li Dong-Ha grinst, als ob er sich im Leben nichts Schöneres vorstellen kann. Oh, hi-di-ho, du musst Jack Price sein.

Ich drehe mich um und renne los. Mit jemand wie Li Dong-Ha geht man nicht in den Clinch. Nicht, wenn man sie noch alle hat. Das weiß man, selbst wenn man Lis Lebenslauf nicht kennt. Ich kenne ihn aber. Regimentsbester des 707. Special Mission Bataillon im waffenlosen Kampf. Und ohne Scheiß: Der Typ sieht aus wie Thor, nur aus asiatischer Fertigung. Mein einziges Plus ist, dass er genauso überrascht ist wie ich. Er ist mit seinem Kopf wahrscheinlich gerade zwischen den Beinen von Britney Spears. Der Oops-Britney, nicht der glatzköpfigen. Sex mit ihr steht auf Li Dong-Has Liste von Lebenszielen. Der Typ ist echt beängstigend.

Ich habe ein paar Schritte Vorsprung und renn um eine Ecke. Hab Gottseidank Sneakers an und er so Militärkloben, die bei jedem Schritt laut auf das Pflaster einprügeln. Trotzdem ist er schneller als ich. Besser in Form sowieso. Ich sprinte durch den Verkehr, mit fastfatalen Folgen, aber egal, nur über die Straße. Jetzt die nächste runter. Links, rechts, planlos, Hauptsache die Arschkrampe erwischt mich nicht. Aufgeben wird er aber nicht. Warum sollte er auch, wenn er weiß, dass er sogar im Gebirge zwei Marathons laufen kann. Er braucht mich nicht einholen, er muss einfach nur dranbleiben. Er lächelt sogar, als er hinter mir den Anstieg raufrast, ehrlich, er lächelt, als würde er nicht sprinten wie ein Profifootballer auf dem Weg zum Touch-down. Eine beschissene Hetzjagd, vor allem, weil ich gehetzt werde.

Ich lauf, lauf, lauf immer weiter. Ich hab nur eine Chance. Eine einzige.

Li Dong-Ha legt noch einen Zahn zu, und ich hör schon seinen Atem über dem Getrappel der 500-Euro-Kampftreter. Da sind sogar so kleine Doppeldecker drauf. Vielleicht Drachen. Oder Vaginen. Was in der Art.

Mein Sichtfeld wird an den Rändern braun wie bei der Prügelei. Bin noch nicht hundertprozentig fit, aber wann hätte ich mich auch auskurieren sollen? Ändert außerdem nichts. In diese Kategorie Superschurke gehöre ich sowieso nicht.

Jetzt rein in eine Lagerhalle. Wenn das Arschloch mich doch nur blöd anmachen würde, etwas Zeit vertrödeln –

Ich fliege.

Nach vorne.

Dann Schmerzen.

Li Dong-Ha hat mir gerade in den Rücken geschlagen. Nicht aufs Rückgrat. Nur auf die Niere. Wahrscheinlich dieselbe, die mir Sean Harpers Prügelkommando beinahe zermatscht hat. Jetzt ist das Teil tatsächlich Mus. Ich rieche Pisse und Blut. Fuck, hoffentlich rieche ich das, weil ich mich eingepisst habe oder weil die Luft hier dieses Aroma hat, nicht weil ich das in mir spüre.

Jetzt macht das Arschloch doch seine Scheißspielchen. Labert auf mich ein, ein Schwall Dummspott prasselt auf mich runter. Dabei hat dieser Schwachkopf Johnny Cubano nicht mal gemocht.

Ich krieche. Das freut ihn. Krieche auf die andere Tür zu.

Auf dem Boden ist eine blaue Linie aufgemalt. Frische blaue Farbe.

Wenn du's über die Linie schaffst, lass ich dich zwei Minuten länger leben. Die du aber nicht genießen wirst. Kriechst du noch so weit, Jack Price? Hast du das noch drauf? Ja, das hast du drauf, das schaffst du. Los, du schaffst das.

Ja, Arschloch, ich schaff das.

Ich krieche. Glaub ich jedenfalls.

Er tritt mir in den Arsch. Schwere Steißerschütterung. Ich muss kotzen. Pissen, bluten, kotzen. Krieche weiter.

Krieche immer noch weiter.

Blaue Linie.

Oha.

Blaue Line, Arschloch.

Ja, Price, gut gemacht, du bist über die blaue Linie, aber ich hab's mir anders überlegt.

Ja, denk ich mir. Ich sag dir trotzdem was.

Was denn, Price?

Du hättest mich nicht über die blaue Linie lassen sollen.

Stopp, du Schwanzlutscher. Sofort stopp jetzt!

Okay, dann also Stopp.

Eins weiß ich genau: Li Dong-Ha mag Rippchen. Süßlich-mürbe Spareribs. Ein, zwei Blocks von hier gibt's einen richtig guten Grill, die haben eine Wassermelonen-BBQ-Sauce und eine Koriander-Limetten-Mayonnaise, mit denen selbst ordinäres Hühnchen zum Soulfood für Götter wird. Der Koch ist neu in der Stadt, kommt von irgendwo aus dem Mississippi-Delta. Auch wenn man mit einem Ford V8 karmamäßig auf der Verliererseite steht, für seine Rippchen könnte sich ihm schon ein Seiteneingang zum Himmel öffnen.

Hab per Poltergeist etwas Geistergeld an diese Kickstarter-Seite PopupAccelerator.com und zwei Typen überwiesen, die sich auf der Straße ganz laut unterhalten sollen: Absolut super, diese Ribs, Mann, und erst die Mayo. Die beiden glauben, sie machen Guerillamarketing für den Rippchenschuppen und arbeiten für eine Firma für performatives Marketing, die vielleicht morgen schon durchstartet und an die Börse geht. Die stapeln im Kopf schon die Aktienpakete. He, isst man diese Mayo zu Pommes oder taucht man da die Hühnerteile rein? Weißt du übrigens, dass die am Sonntag ein total authentisches Brunch mit Pulled Pork machen? Das Zeug liegt die ganze Woche im Smoker und fällt so was von den Knochen, total superzart –

Die beiden palavern wie die dicksten Kumpel, schlendern in einer Tour quasselnd dahin, nur dass sie vor diesem Asiaten dahinschlendern, der wie Thor aussieht. Na, und ganz zufällig ist das der Vorstand dieser großen Investmentfirma – na ja, dürfte klar sein.

Und Li Dong-Ha ist hin und weg. Hat seine Asia-Thor-Lauscher steil aufgerichtet. Also brauche ich bloß die Tür im Auge zu behalten, und wenn er rauskommt, dann oopst es.

Oops, Mann. Völlig klar, dass er hinter mir herrennt, dass er mich auch erwischt, weil, Scheiße, ich renn doch sonst auch nicht in der Stadt rum. Bin ja nicht Mo Farrah und ganz sicher nicht Usain Bolt. Ich bin der totale Normalo. Rennen ist eher sein Ding. Also wird er mich erwischen. Das muss einfach so laufen.

Klar.

Als disruptiver Akteur in einem geregelten Marktumfeld kann man die abgefahrensten Sachen machen, an die keiner denkt. Man handelt völlig anders als die anderen, und deswegen können sie sich nicht voller Kraft dem Problem widmen, das man erzeugt. Ja, ihre Macht und Stärke werden dabei sogar selbst zum Problem. Genau darum geht's. Li Dong-Ha wird mich auf jeden Fall erwischen, und wenn alles mit rechten Dingen zuginge, wär's das für mich gewesen. Aber wenn man, sagen wir, Osama Bin Laden ist, will man weniger einen Terrorakt begehen, der direkt auf das politische Handeln wirkt, als vielmehr eine gute Show abziehen. Bei der sollen dann alle ihre Rolle beherrschen und alles perfekt ineinandergreifen. Es ist ein Theater des Todes. So hab ich das gesehen, als die Türme eingestürzt sind. Ein echt abgedrehtes Stück Performancekunst, das dreitausend Menschen umgebracht hat und der Startschuss für ungefähr tausend Kriege war, von unseren Wirtschaftskrisen gar nicht zu reden. Mit ein paar Teppichmessern und ein bisschen Querdenken haben diese unglaublichen Scheißriesenarschlöcher die Welt unendlich viel schlechter gemacht. Aber eigentlich war es das schrecklichste Theater, das die Welt gesehen hat.

Mein Theater ist nur dieser Ort, dieser Raum und das, was es damit auf sich hat. Mit der Box darin und dem Tor, das sich jetzt auf die blaue Linie runtersenkt. Und plötzlich sind Li Dong-Ha und ich auf verschiedenen Seiten der blauen Linie.

Deswegen gibt es jetzt ein Geräusch wie ein KLONK. Das ist die Box, die sich gerade schließt. Und im Gegensatz zu ihm bin ich draußen.

Die Box sieht gar nicht aus wie eine Box. Eher wie ein paar Paletten und eine Gabelstaplergabel und anderer Mist. Aber es ist trotzdem eine Box. Oder besser: ein Hummerkäfig aus stabilem Maschendraht. Wenn man drin ist, kommt man nicht mehr raus. Jedenfalls nicht so leicht. Nicht ohne Bolzenschneider.

Ts, ts, ts. Ich pisse und kotze und blute, aber in der Box bin nicht ich, sondern Li Dong-Ha. Ich krieche weiter. Muss lachen. Es platzt einfach aus mir raus wie Tuckers Emphysem.

Was ist denn so witzig, kriechende Leiche?

Hast du eine Knarre dabei, Li?

Natürlich hab ich eine dabei. Mehrere sogar. Du kommst hier nicht weg. Ich muss sagen, ich mag deine kleine Geheimfestung, ehrlich, aber in Kürze werd ich dir in den hochgereckten Arsch schießen, und dann, tja, dann such ich die zweite Tür und wir bringen's zu Ende.

Aha. Ich meinte nur, dass ich deine Knarre gar nicht sehe.

Warum auch, die ist ja in meiner Jacke, Price. Wenn ich sie nicht brauche, brauch ich auch nicht mit ihr rumzufuchteln.

Ah ja. Tja, wenn du sie rausholst, wird sich ein Freund von mir aber ziemlich aufregen.

Du hast keine Freunde, Price, falls du das nicht wusstest. Tucker hat dich verraten, Mann, wir haben Millionen von deinen Konten abgezogen, und du hast Fred deinen Kumpel töten lassen. Du bist tot, Mann. Geschichte. In nicht allzu ferner Zukunft töten wir auch deine Freundin.

Sie ist nicht meine Freundin. Wurde doch unmissverständlich so gesagt.

Ja, klar, reden ist deine Stärke.

Nein, sie hat das gesagt.

Autsch, das tut mir aber leid für euch, Mann. Mein Mitgefühl.

Fick dich.

Nee, ich leiste nur einem einsamen Arschloch Gesellschaft.

Deiner Mami.

Scheiße, Price, jetzt werd ich aber –

Plötzlich gibt es ein Geräusch, das ich noch nie gehört habe. Ich glaube, Li Dong-Ha greift nach seiner Waffe. Ich habe es noch nie gehört, weil ich ziemlich sicher bin, dass es gerade Weltpremiere hat. Ich weiß zwar, was es ist, aber ich begreife einfach nicht, wo die verschiedenen abartigen Teile anfangen und aufhören.

Es ist das Geräusch eines komplett mit Rasierklingen besetzten Mannes, der sich von einer Palette erhebt und einem anderen ins Gesicht schlägt.

Und dann sagt der Typ im selbstgenähten Rasierklingenanzug:

LUCILLE!

Li Dong-Ha ist ein verdammt guter Boxer, und er ist unfassbar stark. Er ist hart und böse und kann was, aber er ist auch ein Mann im Armani-Anzug, der von einem paranoiden Psychopathen umarmt wird, durch dessen Blutbahn so viel Blasser Peruanischer Hengst galoppiert, dass er alles durch den Schleier seiner platzenden Blutgefäße sieht. Li Dong-Ha ist ein gut ausgebildeter und trainierter Soldat, aber so was kann man nicht trainieren. Lucille ist komplett verrückt, und was für ein Scheiß ihm auch im Leben passiert sein mag, es war so schrecklich, dass er diesen Schmerz nun sehr gerne mit jemand teilen möchte.

Jepp. Ich habe mir einen Verrückten, der im Grunde gar nicht böse ist, geschnappt, ihm bewusstseinsverändernde Drogen gegeben, ihn in eine Lagerhalle gesperrt und in einen Anzug gesteckt, der über und über mit Messern bestückt ist, damit er für mich ein Monster tötet. Wahrscheinlich habe ich seine Heilungschancen dadurch auf null gesenkt. Mir ist klar, dass das nicht sehr nett von mir war, und ich mache so was auch echt – und damit meine ich echt echt – nicht dauernd, aber wenn's hart auf hart kommt, tja. Und dann war er gerade zur Hand, das war einfach Schicksal. Auf einmal winken ihm Ruhm und Ehre, das Glück ruft ihn persönlich beim Namen, falls den überhaupt jemand kennt. Außerdem wird er jetzt nicht mehr weggeschmissen wie ein kaputtes Spielzeug. Jetzt ist er wieder wer, er ist wieder im Spiel. Er hat einen der Seven Demons getötet! Wenn er jetzt gelegentlich einen Anfall kriegt, nur weil er Kenny Rogers hört – wenn man berühmt ist, ist das doch nur ein charmanter Spleen, so was wie eine Mutantenfähigkeit. Was ich eigentlich sagen will: Irgendwann muss man einfach davon ausgehen, dass Lucille seine sieben Sinne so weit beisammen hat, dass er weiß, was gerade passiert ist, und darüber reden wollen wird, und dann sag ich einfach zu ihm: Hey, Mann, alles klar, nichts zu danken, echt keine Ursache.

Echt gern geschehen. Freut mich, wenn ich helfen konnte.

Lucilles Debatte mit Li Dong-Ha dauert überraschend lang, und sie ist in keiner Sekunde ein schöner Anblick, vieles auch kaum nachvollziehbar. Fuck noch mal, aber ich habe wirklich was dabei gelernt. Das war ein bisschen wie bei diesem Typen, der Tote zu Plastik macht, verschiedene Querschnitte herauspräpariert und die Oberflächen poliert, so dass sie wie medizinischer Schmuck aussehen oder wie Architekturmodelle. Das ist echt Wahnsinn. Diese Erfahrung hat mein Wissen vom Innenleben eines Menschen – ich spreche jetzt von Lucille, nicht von dem anderen – völlig verändert, das war fast was Religiöses, Transzendenz oder so. Der Körper ist eine unglaubliche organische Maschine, und wir sollten uns mögen, nicht nur weil jeder von uns einen Wert hat und voller Liebe, Hoffnungen und Zukunft ist, sondern weil wir verdammt noch mal Kunstwerke sind. Und Lucille ist wie Monet oder Basquiat oder was weiß ich. Er ist ein

Kunstmagier, nichts weniger. Oder vielleicht bin ich das selbst, und Lucille ist mir Hammer und Meißel, womit ich neue Formen aus der Welt herausschlage. Wow, einfach nur Wow. Ich hab wirklich das Gefühl, ich bin Teil von was Größerem.

Als es schließlich doch vorbei ist, maile ich Karenina ein Video davon, dazu ein paar Welpen-Emoticons. Und dann geh ich zu Tycho und spiel mit ihm, bis die Frau Doktor anruft und mich bittet, ihn vom Tierarzt abzuholen und heimzubringen.

Klingeling: Ja.

Hallo. Spreche ich mit Mr Kenton?

Hallo, Doc.

Jack Price? Um Himmels willen. Ich hab mich verwählt.

Klingeling: Hallihallo.

Price!

Ja, ich bin's.

Was zum Teufel machen Sie bei meinem Tierarzt?

Ich hab hier rein zufällig den süßen Tycho getroffen und gedacht, wir könnten ein bisschen miteinander spielen. Hören Sie mich? Los, Tycho, sag hallo zu deinem Frauchen. (Wuff, wuff, wuff.)

Sie gibt keine Antwort, also sage ich: Hallo?

Nichts. Doc? Noch dran? (Wuff.) Genug jetzt, Tycho, spiel mit deinem Zahnpflege-Gummiknochen, ich muss mit der Frau Doktor reden. Doc?

Do-hoc?

Fuck, Price.

Ach nö, Doc, kommen Sie, wofür zum Teufel halten Sie mich? Der Töle geht's gut, okay? Im Gegensatz zu Billy, was echt ein heftiger Schlag gegen Männerhaarentfernung zum vernünftigen Preis war. Aber ich schätz mal, jeder tut, was er für richtig hält.

Ja.

Mit der Ausnahme, Doc, dass ich Ihren Hund nicht umbringe. Mit der Ausnahme, dass Ihrem Hund kein Haar gekrümmt wird. Sie sehen also, wo der Unterschied zwischen uns liegt?

Nein.

Hm, okay, auch wieder wahr. Wurde Li schon gefunden?

Ja.

Sie sehen also, wo der Unterschied zwischen uns liegt?

Wo soll ein Unterschied zwischen uns sein, Mr Price?

Von uns hat nur einer seinen Spaß.

Herrgott, Price.

Ein Kind, mit dem ich nichts zu tun hab, wird in einer Stunde mit Ihrem Hund im Park spazierengehen. Töten Sie bloß das Kind nicht, ja? Ich meine, das wäre vollkommen überflüssig. Das heißt, was mich betrifft, können Sie es umbringen, aber es wäre ziemlich schäbig von Ihnen, und mich treffen Sie damit nicht.

Okay.

Und ganz ernsthaft, lassen Sie bei dem Hund bald eine Krebsvorsorge machen, er ist echt süß, und Salukis kriegen diesen Scheiß häufig, die sind überzüchtet.

Das weiß ich, Price, ich bin Wissenschaftlerin.

Und trotzdem haben Sie ihn sich gekauft.

Er gefiel mir.

Erzählen Sie den anderen Dämonen von unserer Plauderei?

Wahrscheinlich. Vielleicht auch nicht. Sie spielt keine Rolle bei dem, was kommen muss. Außerdem haben Sie meinen Hund gekidnappt, Price, ein guter Samariter sind Sie nicht.

Ich ziehe nur bestimmte Linien.

Wer tut das nicht?

Danach verschwinde ich für ein paar Tage aus der Stadt. Gehe angeln an einem See. Ist ja auch Wochenende, verdammt. Der netten ortsansässigen Ärztin hilft ein kleines Geldbündel, mir die Geschichte zu glauben, dass mich ein paar Fistoleros wegen der Ehre einer Frau hergenommen haben. Weil es ihre Brüder waren, hatte sie Angst, zur Polizei zu gehen. Die nette Ärztin sagt, dass das der beste Quatsch seit langem gewesen ist, den sie in so einem Fall gehört hat. Und dass ich hoffentlich nicht mit Meth oder Heroin deale.

Nein, Ma'am, tu ich nicht.

Na gut, sagt die nette Ärztin, dann ab mit Ihnen an den See, trinken Sie am Ufer ein paar Bier, aber ansonsten sollten Sie die Füße still halten, weil Sie es in letzter Zeit mit der Ladyrettung wohl übertrieben haben. Wenn Sie so weitermachen, würde ich sagen, dass Sie Ihre Niere verlieren, die ist jetzt schon zu vierzig Prozent Hackfleisch. Allerdings, Sie sind ein ziemlicher Glückspilz, denn ihren Dienst tut sie noch.

Ich angle. Und stelle fest, dass ich Angeln öde finde, aber vielleicht geht's genau darum.

Schnitt: Ich lass mir von dem Friseur des netten Städtchens wieder eine Glatze rasieren, weil die Stoppeln so jucken. Die Fäden in meinem Schädel sind schon gezogen, und der Körperkleber hält die Wunden zusammen, also seh ich nur aus wie jemand, der sich für eine Kostümparty als Frankenstein zurechtgemacht hat. Mit etwas Concealer von einer netten Kosmetikerin sieht es sogar nur leicht dellig aus. Ich muss sagen, Make-up ist schon was Verrücktes. Das kann einen Menschen total verändern. Ich zieh mir einen beerdigungstauglichen schwarzen Anzug an und fahr stundenlang die Küste hinauf: ein großer Mann, der Lonesome-Cowboy-Johnny-Cash-mäßig über die Nebenstraßen von Städtchen zu Städtchen schleicht, nur an kleinen Raststätten und Motels hält und bar bezahlt. Nein, Ma'am, ich bin Bestatter, das heißt, ich war's, aber ich hab aufgehört, ich konnte leider den Tod, den ganzen Tod überall nicht mehr aushalten. Und jetzt bin ich Dichter, kaum zu glauben, was, und ich suche nach einem Stückchen Land, nur für mich, ja, ich will zurück zur Scholle, Ma'am.

Die Nordostküste ist einzigartig. Sie ist überhaupt nicht wie Norwegen oder Schottland, auch wenn es das immer heißt. Sie ist mit nichts auf der Welt zu vergleichen. Es ist ein Geisterland, von Spinnen bevölkert. Überall Spinnen, das ganze Jahr über: Insekten fressende Spinnen unterm Dach und Spinnennetze an den Haustüren. Wer sein Auto zu lange stehen lässt, hat Spinnen auf den Seitenspiegeln und in der Klimaanlage. Wenn man glaubt, man ist sie los, weil man's an den Strand geschafft hat, sind da Sandspinnen. Und im Wasser, wen trifft man da? Genau, beschissene Meeresspinnen, die mit ihren kleinen Netzkugeln auf Insekten ballern, die über den Wellen tanzen. Wenn die Fischerboote reinkommen und Fischreste in den Hafen werfen, krabbeln komische Viecher an und fressen, und die Spinnen verstecken sich in den Fischinnereien und fressen ebenfalls. Wenn die russischen Fischfabriken vorbeifahren und der Müll in ihrem Heckwasser hinterherdümpelt, passiert genau dasselbe. Steht man an der Hafenmauer, kommen Spinnen und setzen sich auf einen und schauen mit einem raus aufs Meer, so als warteten sie auf was.

Ich hasse den Nordosten.

Ich wurde hier geboren.

Der Alte kommt mit dem Boot vom Meer rein. Dabei steht er vorne wie das Mädel auf der *Titanic*, nur dass er die Arme seitlich angelegt hat und das Boot nur eine kleine zerbeulte Blechbüchse ist. Das Dach der Steuerkabine ist aus Wellblech, und um das Teil, das hinten ins Wasser ragt und mit dem gelenkt wird, ist ein Stück orange Nylonschnur gewickelt. Ich hab keine Ahnung, wozu diese

Schnur gut sein soll, aber ich bin ziemlich sicher, dass ein Boot mit oranger Nylonschnur um dieses Teil ein billiger alter Scheißkahn ist. Um seine Füße herum liegen Krebskörbe verstreut, der Motor macht ein Geräusch wie PÖCKERPÖCKERPÖCKERPÖCKER.

Price?

Ja.

Sieht man.

Ja.

Aber ich sollte mal den anderen sehen, stimmt's?

Na ja, vielleicht. Vermutlich haben Sie einen guten Magen.

Hab ich, Price. Kommen Sie, kommen Sie. Am besten, wir gehen erst was trinken. Ich bin ewig gefahren, und Sie schauen aus wie ein Shaker-Quilt.

Ja, von flinken Frauenfingern zusammengeflickt.

Hm, ich versteh langsam, warum Sie jeder mag. (Aber so wie er's sagt, mag er mich wirklich.)

Ich sitze, er sitzt, wir sitzen. Weiter nichts. Manchmal nehmen wir einen Schluck. Aber meistens sitzen wir nur.

Er ist alt. Er hat dicke Hände, weil er körperlich arbeitet. Auf einer Farm. Er hat keine weißen Haare, sondern graue, und er trägt einen alten Fischerpulli, der wie frisch imprägniert riecht. Ein paar Flecken sind drauf, die man nie ganz rausbekommt. Vermutlich tötet er seine Nahrung selbst. Nimmt sie aus und kocht sie und isst sie ganz allein. Oder auch nicht. Vielleicht kocht er für eine

Frau. Warum auch nicht? Vielleicht hat er jetzt ja einen Lieblingsmenschen. Vernarbte Hände, ausdrucksloses Gesicht. Die große Nase wurde schon mehrfach gebrochen, so dass ihm die Brille ständig runterrutscht. Und wenn er sie abnimmt, sieht er aus wie ein Wippvogel.

Ich weiß über Ihre Lage Bescheid, Mr Price.

Denk ich mir.

Ich kann Ihnen nicht helfen.

Da denk ich anders.

Nein, das kann ich nicht. Ich kann nicht zwischen Ihnen und den Dämonen vermitteln. Sie haben einen Vertrag unterzeichnet. Und jetzt steht auch ihr Ruf auf dem Spiel. Sie haben ihnen Schaden zugefügt.

Hm, vielleicht hätte ich fragen sollen, ob das ein Problem für Sie ist.

Pah. Das wär eine dumme Frage, das wissen Sie selbst. Ich kann das eine vom anderen trennen. Da muss ich nicht groß was verdrängen. Und ich muss auch nichts verleugnen. Wenn ich mich aufrege, dann mit Nachdruck. Aber okay. Das wissen Sie. Sie wollen höflich sein. Zeigen Respekt. Das gefällt mir. Sie wollen was von mir, also zeigen Sie Respekt.

Ja.

Das machen Sie gut. Aber ich kann nicht helfen.

Alles klar.

Wie die anderen ihr Geschäft regeln, ist deren Sache. Falls ich eine Meinung dazu habe, dann teile ich die meinen Nachfolgern nicht mit.

Hätte ich das auch mit Ihren Dämonen anstellen können?

Sie hätten nicht mal den ersten Tag überlebt.

Dachte ich auch.

Meine Dämonen haben viel lokaler gearbeitet. War vielleicht nicht so geschickt, wenn man ein ganzes Land übernehmen will, aber es hätte gereicht, um eine Stadt von der Unterwelt aus zu steuern. Das sind verschiedene Ansätze. Die heutigen sind internationaler.

Angenommen, ich sage, dass ich gar keinen Frieden will.

… Sie haben echt Straußeneier, oder?

Nur eins, das linke.

Also gut, Mr Linkes Straußenei. Dann sagen Sie mal, was Sie wollen. Danach sehen wir weiter.

Wenn man das Römische Reich ist und in eine stolze Barbarenkultur einfällt, und danach nicht ewig Krieg führen will, hat man zwei Optionen. Man kann alle umbringen, oder man rekrutiert sie für sich. Entscheidet man sich fürs Rekrutieren, dann fängt man am besten mit den gelangweilten jungen Männern an, die gern ihre Pimmel schwenken. Man sucht sich das unverschämteste, irrste Arschloch aus der jungen Generation und lässt die heißesten Pussys vor ihm defilieren, zeigt ihm Badewannen voll Alk und einen goldenen Cockring, und dann wettet man, dass er niemals über eine Feuergrube springen kann. Wenn er's tut, gibt man ihm die Pussys und ernennt ihn zum General, und schon hat man ihn im Sack.

Eigentlich wollte ich noch sagen, dass das ziemlich primitiv ist, aber wenn ich's mir recht überlege, ist es das gar nicht. Primitiv sind diese unverschämten, irren, geilen Arschlöcher.

Der springende Punkt ist, dass man seine Party noch geiler macht und es noch mehr ums Saufen, Vögeln und Reichsein geht als auf einer herkömmlichen Party. Wenn man das getan hat – und damit kriegt man praktisch jeden Mann zwischen zwölf und neunzig –, dann geht man zum Stammesältesten, der seinen Pimmel am meisten schwenken darf, und erzählt ihm, dass man ihn logischerweise immer schon am meisten liebt und ob er nicht mit von der Party sein möchte. Er muss nur seinen Segen geben und sagen, dass das mit der heiligsten Tradition konform geht und sich jetzt vielleicht sogar eine geheime Prophezeiung erfüllt, die immer schon in einem goldenen Röhrchen in seinem Arsch gesteckt hat.

Aus irgendeinem Grund stehen die Leute besonders drauf, wenn was aus Gold ist.

Und das war's. Von da an läuft die Sache.

Das mit den Seven Demons ist ein bisschen wie das Römerspiel geworden. Sie haben Tucker rekrutiert – jedenfalls so weit man seine Loyalität gewinnen kann, die reicht bei ihm maximal bis zu seinem eigenen Arsch – und Leo zum Überlaufen gebracht. Wobei der ja bloß aufgestanden ist und gekündigt hat, dann hab ich mit seinem Kürbis und einer Kartoffelkanone das Kenzo-Blumenmuster von Johnny Wexler-Cubanos Hemd perforiert. Das könnte man auch unentschieden nennen.

Aber jetzt ist ungefähr acht Stunden später, und wir hocken immer noch in der scheußlichen Bar auf diesen braunen Kunstledersitzen, es stinkt weiter nach Fisch, und Volodya ist nicht gegangen. War schon klar, von wem hier die Rede ist, oder? Ich sitze hier und mache einen auf Narbenvergleich mit dem letzten der Ur-Sieben, dem berühmten alten ukrainischen Kalaschnikowkünstler im Ruhestand, dem Hochleistungsscharfschützen, der einen aus einer Entfernung von anderthalb Kilometern töten kann. Nicht dass Volodya auch nur mit der Kneifzange eine AK anfassen würde, die für jemand wie ihn die Präzision einer Streubombe hat und so sexy ist wie ein Furz beim Lapdance. Die AK ist vor allem deswegen berühmt, weil man sie in fast jeder Hinterhofwerkstatt bauen kann. Man kann sie beim Dorfschlosser bestellen. Und wer eine hat, muss sie nicht groß pflegen. Wenn sie nass wird, kann man sie einfach trocknen lassen, und wer will, kann damit durch halb Asien marschieren und den Abzug drücken, ohne damit rechnen zu müssen, dass sie einem im Gesicht explodiert, statt den Kerl gegenüber zu töten.

Aber das sind nicht Volodyas Ansprüche an ein Gewehr. Er ist kein Punkrocker. Er ist Konzertpianist. Das weiß ich, weil er beim Narbenvergleich auch über seine Lieblingswaffen geredet hat. Und darüber, was mich seine Hilfe kostet (praktisch alles, was ich je haben werde, weil er so magisch genial ist und nicht nur Scharfschütze und Bauer, sondern auch Gelehrter und Bewunderer schöner Frauen). Ich kann jetzt mit ziemlicher Sicherheit sagen, dass das beste je zwischen Venus und Pluto gebaute Scharfschützengewehr die maßgefertigte Dragunow ist, die ihm bei der Entlassung aus den ukrainischen Spezialkräften geschenkt wurde.

Irgendwann am mittleren Abend hat er dann eingewilligt, mir zu helfen. Ich weiß nicht mehr, ob es vor oder nach meinem Zusammenbruch in einer Toilettenkabine war und ich davon aufgewacht bin, dass er die Schöne vom Nachbartisch neben den Waschbecken rammelte. Ich weiß aber, dass ich ihm, als er an unseren Tisch zurückkam und sie sich sichtlich beseelt wieder zu ihren Freundinnen setzte, eröffnete, dass er für mich gar niemand zu erschießen braucht. Seither dreht sich das Gespräch unterschwellig darum, wie ich doch ein halbwegs anständiger Kerl werden konnte, obwohl ich keine Ahnung von der Bärenjagd mit Taschenmessern habe. Wobei ich, alles in allem, für die Steppenrambos dieser Welt dann doch eine riesige Enttäuschung bin.

Ich wache vom PÖCKERPÖCKERPÖCKERPÖCKER von Volodyas Boot auf, das ins weite blaue Meer hinaustuckert. Es ist bereits Nachmittag. Geht sogar schon auf Abend zu. Gott sei Dank, denn ich fühl mich wie ausgekotzt. Wie es heute früh war, will ich gar nicht wissen. Erinnere mich auch nicht. Diese scheußliche kleine Bar mit den Kunstledersitzen hat einen schlammigen Kaffee, eine Art Cowboy-Espresso. Oder eher die unraffinierte Vorstufe von Biodiesel. Ich trinke, ignoriere den Würgereiz, schlucke, schiebe trockenes Brot nach und warte. Warte, warte …

Ich lebe. Ich kann Farben unterscheiden. Alles gut.

Bin ziemlich sicher, dass sich auf dem Tassenboden eine Spinnenfamilie tummelt. Ach, fuck. Sind auch nur Proteine.

Zurück in der Stadt. Hier sind Sachen zu erledigen, Leute zu treffen.

Eingehender Anruf, auf der alten Nummer. Bin ganz schön zusammengeschreckt. Ist aber nicht Fred. Fred verwendet die neue Nummer.

Ich sage: Hallöchen!

Sarah sagt: Ich hasse dich, Arschloch.

Tja, kann man verstehen, irgendwie.

Ich bin tot, Price. Ich und alle, die ich kenne, auch.

Ist denn einer von denen wirklich tot?

Nein. Scheiße. Weiß nicht. Ich weiß es nicht, und wie zum Henker soll ich das auch rausfinden?

Versuch's erst gar nicht, Sarah, denn sobald du das machst, finden sie dich. Mein Gott, rufst du eigentlich von deinem Handy aus an?

Nein, von der Telefonzelle vor meinem Motel.

Hast du das Zimmer mit Karte bezahlt?

Ach, verdammt, Price, bin ich ein Trottel ohne Fernseher oder eine intelligente Frau, deren Leben durch den Umgang mit dem größten Arschloch des Landes den Bach runtergeht?

Ich finde nicht, dass ich das größte Arschloch bin – das schlimmste vielleicht, aber unter den Politikern und Richtern und so gibt's noch größere Arschlöcher als mich.

Du kannst mich mal, Price.

Und deswegen rufst du an?

... Vielleicht will ich, dass du das in Ordnung bringst. Geht das?

Ich versuch's jedenfalls, weil, Sarah, das ist auch Voraussetzung dafür, dass ich selbst am Leben bleibe.

Ach ja, toll, und jetzt ein Tusch! Klingt wie: Bei Kopf gewinne ich, bei Zahl verlierst du.

Na ja, so ungefähr.

Bring das in Ordnung, Price, bring das bloß in Ordnung. Wenn die mich finden, und das tun sie wahrscheinlich, dann töten sie mich. Dabei mag ich dich nicht mal. Die töten mich, falls dir das auch nur das Geringste ausmacht, ein kleines winziges Scheißbisschen nur, Price. Und vielleicht tut's das ja, so unwahrscheinlich es ist. Stimmt, oder?

Ja.

Und, tut's das?

Tut's was?

Dir ein klein bisschen was ausmachen?

Eigentlich nicht.

Fick dich, Price.

Welches Motel?

Wie?

Welches Motel?

Ist dir doch scheißegal!

Über die unergründliche Logistik des Darknet lass ich Sarah einen Batzen Geld und zwei Pistolen ins Motel bringen. Und ein neues Telefon. Ist kein besonderes Risiko für sie, und für mich praktisch keines, weil: Poltergeist. Und verdammt, vielleicht hat sie Glück und putzt ghostbustermäßig einen Dämon weg. Wär echt der Brüller:

Hey, bist du nicht Sarah, die Anwältin? Wir wollen dich umbringen.

Sorry, da hab ich aber was dagegen. Ich bin zwar Sarah, die Anwältin, aber ich mag dieses Arschloch nicht, und er mich auch nicht.

Bruhahaha, uns doch egal, weil wir sind böse böse. Und jetzt pulverisieren wir dich mit unserer superbösen Schrecklichkeit.

Jetzt reicht's aber, peng, peng, peng.

He, Lady, du hast ja 'ne Waffe! Bumm, bumm!

Peng, peng, peng, bumm, peng, peng, oh Scheiße KAWUMMS KAWUMMS KAWUMMS ZAFISCH BOINK BOINK RAPLATZ, das war's, Lady.

Peng!

Aah! Jetzt erwischt mich eine beschissene Amateurin. Diese Schande!

Peng, peng, RAPLATZ, oh, ich ste-herbe! Aber Jack Price hab ich nie geliebt, ich habe nur einmal eine falsche Entscheidung getroffen, und das hab ich jetzt davon. Örks.

The End.

Irgendwie muss man sich in dieser beschissenen Situation ja bei Laune halten.

Jetzt pumpen diese Drecksdämonen wirklich ihr Koks auf meine Straßen! Das ist echt mies! Und dann nennen sie's auch noch Beyoncé, so dass ich nicht mal was dagegen tun kann, weil: Mit Beyoncé legt man sich besser nicht an. Aber sie haben's echt gemacht, denn auf ihrer Packung ist so eine Sexy-Mini-Manga-Dämonin drauf, mit einem Glitzertop wie bei *Crazy In Love*. Geht gar nicht. Ich kann nicht zulassen, dass in meinem Revier Zen-Hippie-Koks zirkuliert und alle wuschig macht. Das ist einfach mies, das ist der Gipfel von mies, und ziemlich gedankenlos, weil denen Koks völlig egal ist. Und was, wenn ich die Sache überlebe? Und was erst, wenn nicht, und irgendjemand von hier in die Marktlücke stoßen und sich nach oben arbeiten will? Die haben mein Geschäftsmodell ruiniert mit ihrem Schwachsinn. Eigentlich komme ich gerade so über die Runden, das Leben ist ja schwer genug in dieser Welt, wo immer nur jeder gegen jeden kämpft. Und dann kommen die und pinkeln mir ans Bein. Kommen mir mit einer genau dosierten Mengenzuteilung, einem Metered-Access-Modell. Metered-Access-Modell, meine Fresse! Das ist nichts anderes als ein Abosystem, mit den ganzen Risiken wegen der Buchführung und Überwachung der regelmäßigen Zahlungseingänge. Für die Kunden natürlich super, und wenn man nichts Langfristiges im Sinn hat, kann man das machen, aber man kriegt eine scheißkomplexe Infrastruktur, die ziemlich anfällig ist für polizeiliche Ermittlungen und sich rückverfolgen lässt. Und das wissen die. Aber langfristig wollen die gar nicht, die wollen mich nur am Arsch packen, das ist die reine Arschpackung, und darüber kann ich mich doch aufregen, das ist echt überflüssig. Absolut überflüssig.

Da liegt es doch auf der Hand, dass man ein paar Päckchen von dem Mist kauft, ihn mit dem Anthrax verschneidet, das man grad rumliegen hat, und wieder in Umlauf bringt. Ist einfach so.

Ja, das wird wehtun. Aber genau darum geht's, ums Wehtun.

Logischerweise hatte ich kein Anthrax einfach so rumliegen. Aber jeder weiß doch, wie's läuft, und auch die Leute in den Gesundheitsbehörden haben Hypotheken und Affären, und wenn man ihnen glaubhaft versichert, dass es nur um Drogenhandel geht und nicht gleich der Islam dahintersteckt, entspannen sie sich und werden ganz patriotisch, weil die meisten Menschen Rassisten sind. Schlicht und einfach Rassisten. Und dann tun sie so, als ob es nicht das Gleiche wäre, wie Krimineller zu sein. Sondern was Besseres, Edleres.

Anthrax, verdammt noch mal! Zum Preis eines besseren Kleinwagens.

Diese Scheißgesellschaft geht echt vor die Hunde.

Es waren einmal zwei Brüder in Finnland, die hießen Akilles und Tuukka, und Tuukka war der ältere der beiden und es gefiel ihm, dass sein Bruder Akilles hieß, weil: ha, Achilles, wie die Ferse, wie der mächtige Krieger, der am Schluss an einem Fußschuss starb. Wie lustig ist das denn, wenn man zehn ist? Oooh, oooh, Akilles, was macht dein Fuß? Bin ich dir auf den Fuß gestiegen? Stirbst du jetzt? Oooh, tu mir nichts, mächtiger Krieger, sonst latsch ich dir vielleicht auf den Fuß!

Wie sich rausstellt, wurde Achilles von einem Trojaner namens Paris getötet, auf dessen Kappe der Komplettuntergang Trojas geht, mehr nicht, und das Beste: Was macht Achilles denn, als er von diesem Pfeil getroffen wird? Muss man sich mal vorstellen: Kann man's einem zehnjährigen hinterwäldlerischen Elchfresser noch derber aufs Brot schmieren? Ja! Korrekt. Achilles betrauerte den Tod eines Knaben, von dem einige meinen, er sei sein Buuuusenfreund gewesen. Klar? Alle ernsthaft bemühten Eltern mal herhören. Finnland, tiefste Provinz, frühe Neunziger. Ja? Ich häng mich hier mal aus dem Fenster und sag, ihr könnt mit eurer nordischen Kultur noch so aufgeklärt sein: Das war Holzhammer, und zwar mit Schmackes. Und tatsächlich, so war's dann auch, wenigstens so weit, dass Tuukka der Chefbruder ist und Akilles ihm überallhin folgt und die Koffer packt und die Folterkammer wischt und Hotels bucht. Akilles ist der durch und durch Organisierte, aalglatt und supersmart, und sein Bruder ist die komplett durchgeknallte Nervensäge, die alle Chicks klarmacht. Natürlich spannt er auch Akilles die Frauen aus und tut so, als wäre das zwischen Brüdern total cool. Was du hast, will auch ich haben. Die Brüder halten bombenfest zusammen, aber auch nur weil sie ihr durchgeknalltes Selbstbild immer vor sich haben und der Egobruderscheiß sie aneinanderfesselt. Weil sie nicht wissen, wohin sie sonst sollen. Ihre Identität ist Bruder. Immer schon.

Egal. Wer das große Bild sehen will, gucke einfach auf eine Europakarte: fast alles Russland. Russland ist gigantisch. Gigantische siebzehn Millionen Quadratkilometer groß. Die USA mit ihren riesigen Wüsten und Prärien hat neun Millionen. Russland ist ein Kontinent, mit massenhaft Grenzen. Und die angrenzenden Länder sind ziemlich nervös, weil Russland regelmäßig zuckt und sich ausstülpt, und dann sind die Länder weg. Finnland war wohl ziemlich hartnäckig. Wissen Sie, wie groß Finnland ist? 330 000 Quadratkilometer, und es ist seit hundert Jahren unabhängig. Stalin hat Finnland nie stalinisiert. Andere Länder wie Litauen und Estland schon, aber nicht Finnland. Finnland hat sich an einen vollgefressenen Rieseneisbären geschmiegt, ihm mit einem Repetiergewehr zwischen den Zähnen gestochert und gefragt: Ja, Joe, war was? Tut mir leid, Fettwanst, aber ich kann dich nicht hören, der arktische Wind heult so laut. Abartig, diese Tundratypen.

Echte Motherfucker. Erinnert das jemand an jemand?

Volodya schlägt mir also Akilles vor.

Sicher?

Unsicher?

Nö.

Dann wär das geklärt.

Ganz klar, bei Akilles müssen wir ansetzen, weil: Wenn Akilles eine andere Identität haben und Chef sein könnte, würde ihn das interessieren? Oh nein, nein, nie im Leben, völlig undenkbar! Aber natürlich würde es das, da kannst du deinen Arsch drauf wetten! Die Chancen stehen also fifty-fifty, denn dazu müsste er sich gegen den Menschen wenden, den er am meisten liebt und hasst.

Das ergibt auch eine gute Story: Der eine Bruder bringt den anderen um und übernimmt dessen Position. Scheiße, Mann, das wäre ein Knaller für die Seven-Demons-PR. Fred hätte garantiert nichts dagegen, wenn sich das in die Richtung entwickelt, oder? Reinstes PR-Gold. Und Akilles muss das ganz tief innen wissen. Muss schon mal darüber nachgedacht haben, weil Brüder so was wissen.

Ja, dann bist du nicht mehr der kleine Bruder.

Wie die alten Römer. Man holt sich die Barbaren. Volodya ist ein Stammesältester, er ist der spirituelle Dämonenführer. Er isst mit Akilles zu Mittag, ausgestattet mit einem winzigen Mikrofönchen, und ich höre alles genau mit, so als würde ich mit am Tisch sitzen und nicht in diesem beschissenen Diner die Straße runter. Wisst ihr, was sie machen, die Finnen und die Ukrainer? Wenigstens solche Urwelttypen wie die beiden da. Zum Mittagessen stellen sie eine Flasche Wodka auf den Tisch, und wenn sie den Verschluss aufschrauben, dann werfen sie das Teil weg. Ich erkenne das Geräusch, als er auf dem Boden auftrifft. Klirren, schlürfen, aaah. Und jetzt zum Geschäft.

Ich bin Volodya, du kennst meinen Namen.

Ja, Volodya, das tu ich. Ich freue mich, dich kennenzulernen.

Früher war ich der Anführer der Dämonen.

Das ist bekannt, Volodya, und du warst der Einzige, der sich je zur Ruhe gesetzt hat.

Nein! Maxim der Bomber hat sich vor mir zur Ruhe gesetzt, und vor ihm Miss Pan.

Das wusste ich nicht.

Davon weiß niemand. Die Leute würden immer noch zu ihnen kommen. Um Rache zu nehmen.

Kommen sie zu dir?

Selbstverständlich, aber mein Haus ist in den Bergen, wo ich sie kommen höre.

Und dann?

Dann verstecke ich mich, Akilles. Sie kommen, sehen ein leeres Haus, und dann gehen sie.

Bringst du sie nicht um?

Selbstverständlich. Ich folge ihnen heim und tu's da, so erfährt niemand, dass sie mich gefunden haben. Deshalb kommen auch nur sehr wenige.

(Jetzt bin ich wirklich froh, einen Termin ausgemacht zu haben, statt einfach zu ihm zu gehen.)

Du bist der Scharfschütze Volodya.

Ja. Deshalb töte ich sie ja auch nicht mit einem Gewehr. So bleibe ich unsichtbar.

(Für Akilles ist das wie die Bibel.)

Aber jetzt bist du hier. Wir reden.

Ja, Akilles, weil du wie ich bist. Du bist auch ein Mann, der nachdenkt. Du bist penibel. Es ist ein großes Vergnügen, mit einem Mann zu sprechen, der penibel ist. Ich bin leidenschaftlich, Akilles, aber ich bin auch penibel. Reine Disziplin. Übung. Liegt in meiner Natur. In deiner auch. Wir sind leidenschaftliche Männer, die ihre Leidenschaft hemmen können. Wir lieben Frauen, und wir lassen sie ziehen. Wir töten, wenn es angebracht ist, und töten nicht, wenn es das nicht ist. Wir sind das Feuer in der Esse, kein Waldbrand. Deshalb werden wir manchmal missverstanden. Manchmal muss man den Eindruck von Sanftmut und Güte korrigieren. Oder?

Ja.

Dann kann ich dir eine Geschichte erzählen und mich

darauf verlassen, dass das unter uns bleibt? Ich tue das, damit du das von uns weißt. Dass du wie ich bist.

Ich bin nicht der Dämon Nummer eins.

Nein, noch nicht. Noch ist das Frederick. Er ist auch ein Scharfschütze. Es freut mich, dass er Scharfschütze ist. Weniger freut mich, dass er aus der PR kommt.

Er ist ein guter Anführer.

Das freut mich auch. Es ist gut, einem guten Anführer zu folgen.

So ist es.

(Ich hab den Knopf in meinem Ohr und denk gerade, Volodya, willst du mich verarschen? Aber das tut er nicht. Was da gerade passiert? Arschglatte Einseife mit Holzfällerhemd.)

Jetzt erzähl mir von deinem Bruder, Akilles.

Tuukka?

Selbstverständlich.

Was willst du wissen?

Ich hab da ein gemeinsames Projekt im Kopf.

Tuukka kann alles.

Kann er Menschen führen?

Ja.

Klingt nicht ganz überzeugt.

Ich bin es.

Du bist es. Und du folgst ihm.

Ich folge Frederick.

Pah! Das ist das Problem. Du folgst deinem Bruder nicht, weil er hat, was ich will. Du folgst ihm, weil er dir voraus ist. Das ist alles.

Nein, ich – er ist mein Bruder, so war es schon immer.

Deshalb muss es nicht immer so bleiben. Es ist reine

Gewohnheit. Manchmal, Akilles, ist es gut, wenn die Ordnung der Dinge auf den Kopf gestellt wird. Ich habe hier ein Problem, Akilles, ich brauche einen Mann für einen Auftrag, und ich dachte, es könnte Tuukka sein. Und wenn nicht Tuukka, dann vielleicht du. Kannst du auch Männer führen?

Das habe ich nie versucht.

Kannst du organisieren und befehlen?

Ja, kann ich.

Das reicht. Du würdest mit Profis arbeiten. Du zeigst ihnen, dass du brennst, und sie werden wie du in deinem Licht brennen. Auch das muss ein Anführer können.

Ich weiß nicht.

Aber ich.

Wann geht der Job los?

Sofort.

Schwierig. Ich hab schon einen Job.

Ich weiß. Ich weiß auch, dass er nicht gut läuft.

Nicht perfekt, nein.

Da ist ein Mann, den ihr nicht bezwingt.

Das stimmt nicht. Es ist nur eine Frage der Zeit.

Was sagt dein Bruder dazu?

Er sagt, dass wir es schaffen. Er ist auf der Jagd. Er ist ein Jäger.

Was jagt er? Einen Elch am Union Square?

Er sagt, er kann die Spur aufnehmen, die der Geist eines Mannes im Äther hinterlässt.

Und was sagst du?

Dass es erstaunlich ist, wie oft er eine Spur wittert, während ich schon eine Woche lang dem Geld gefolgt war.

Ha!

Ja!

HA! Trinken wir!

Und so geht's immer, immer, immer weiter und hört überhaupt nicht mehr auf, aber das Prinzip dürfte langsam klar sein. Nämlich, was hier passiert. Der Stammesältere Volodya sülzt den anderen gehörig ein.

Und da wär ich beinahe gestorben.

Ich lach mir meinen kultivierten Arsch ab bei dem Gedanken, dass Tuukka den Geist eines Mannes in der Drecksluft dieser Stadt riecht – von jedem Idioten in der Stadt außer dem hier. Es ist so viel Zeug in der Luft, Geister, Gespenster, Phantome und was weiß ich. Und dann ist da noch das pralle Leben, Kaffee, Jasmintee und Pizza, der Gestank von Bussen und Männern, die in Rasierwasser gebadet haben, um den Moschusgeruch von schwitzigen dreißig Minuten mit der Frau aus ihrer Fahrgemeinschaft zu überdecken. Da sind Professoren, die Gras rauchen, und Komiker, die Räucherstäbchen abbrennen, damit keiner mitkriegt, dass sie kein Gras rauchen. Und überall Musiker und Geigenharz und Trockeneis, von der See her Fracht- und Möwenscheiße, in dieser Luft ist ein ganzes verdammtes Duftuniversum, da kann es verdammt noch mal nicht sein, dass Tuukka mich riecht.

Und dann seh ich den Arsch die Straße entlanggehen, und ich weiß es. Ich weiß ganz einfach, dass er mich auf dem Schirm hat.

Unmöglich.

Er hat mich. Auf. Dem. Schirm.

Tuukka weiß nicht mal, dass sein Bruder hier ist. Er schaut nicht in meine Richtung, und er schaut nicht nicht in meine Richtung. Sieht nicht in Richtung Volodya, dann schon, und sieht ihn trotzdem nicht richtig. Sucht nicht nach dem Stammesältesten Volodya. Sucht nach mir. Hat meine Beschreibung in seinem Jägerhirn. Mein Bild vielleicht, weil doch die Frau Doktor diese Art Auffassungsgabe hat, mit der man einem Künstler eine wirklich gute Beschreibung geben kann. Er hat meinen Umriss und mein Gewicht und meine Größe gespeichert und hält verfickte Scheiße Ausschau nach mir.

Bin ich paranoid oder was?

Und was mach ich jetzt? Aufspringen und loslaufen? Dann wird Tuukka mich sehen. Oder ich bleibe, und dann wird er kommen und reingehen und mich auch sehen. Fuck.

Scheiß Menschenjäger. Was ein Scheiß!

Tuukka sieht ungefähr so aus: eins achtzig, so was Gebirgsnordisches. So als würde er Ski fahren und schießen und das den ganzen Tag lang und dann trotzdem abends den Whirlpool für ein Grüppchen geneigter Damen zu einem ganz besonderen Erlebnis machen, um am nächsten Morgen nach dem Aufstehen einen Bär zu verfrühstücken, bevor er den Everest raufgaloppiert oder wozu er grad Lust hat. Hat diesen massiv lockeren Gang, als wären seine Knochen aus Schwermetall und seine Muskeln aus Expander, Scheiße. Verdammte Scheiße, wo kommt der auf einmal her? Schwingt sich allmählich auf mich ein. Aber nicht so, als wüsste er's, sondern als würde er mich spüren.

Er wittert den Geist wirklich, verflixt noch mal.

Dreckskerl.

Das kann einfach nicht sein.

Nicht vergessen: Das Abrakadabra der heutigen Zeit ist auch nur eine binäre Formel.

Da. Schau dir den Bastard an. Gesehen? Er fasst an seinen Bauch, als würde der mit ihm reden. Das ist aber gar nicht sein Bauch, da ist was auf dem Bauch. Das ist ein Richtungsanweisungsgürtel: eine Reihe von Pads, die an seiner Haut befestigt sind. Pad vibriert, was heißt: HIER LANG. Der Dreckskerl steuert direkt auf mich zu, kriegt irgendein Signal. Woher?

Fuck.

FUCKSKI!

Karenina hat mich am Haken. Hat das Unmögliche geschafft. Mein Telefon geortet. Mein Nemohandy aus dem Datenmeer gefischt. Fuck. Ich wette, es war genau auf diese komplett brachiale Masse-statt-Klasse-Methode: Hat in der ganzen Scheißstadt Myriaden von Überwachungswagen ausschwärmen lassen und Glück gehabt, als Fred mich angerufen und mit Billy rumgeprahlt hat. Da hat sie das Muster meines sicheren Log-ins gekriegt, meine Telegrafenfaust. Wissen Sie, was das bedeutet: Telegrafenfaust? Offenbar sind Rhythmus und Tempo deiner Interaktionen mit deinen technischen Endgeräten absolut einzigartig. Genau so hat vor Urzeiten ein Fernmelder den anderen am Morsestil erkannt. Ist wahr. Jetzt ist der individuelle Style etwas verwischt, weshalb ich auch noch nicht tot bin. Nicht mehr als siebzig, achtzig Prozent Treffergenauigkeit. Massenhaft falsche Übereinstimmungen. Massenhaft tote Leute, die ihren Daumen vielleicht wie ich einsetzen. Spur aufnehmen, Spur verfolgen, und jetzt: Bingo. Ein bisschen Bingo. Wie genau ist die Zielerfassung? Ungefähr plus minus zehn Meter, bei Erhöhungen etwas schlechter. Scheiße, scheißverschissener Dreckscheiß. Ich bin gefistet, und das nicht als Titel eines Pornos. Gut, okay, ist natürlich auch der Titel eines Pornos, aber nicht heute, verflixt noch mal.

Mach einen Abgang. Lass das Handy an, lösch die Daten – ein Knopfdruck. Hätte mir doch eins mit Selbstzerstörer machen lassen sollen, damit hätte man vielleicht noch jemand hopsgehen lassen können. Das nächste Mal. Das nächste Mal. Auch wenn's ein bisschen heikel ist, mit einer Bombe am Ohr rumzulaufen. Weiß nicht, ob mir das gefiele. Plus, was, wenn einem das Telefon runterfällt? Plus, ganz sicher nicht flugfähig. Aber Einsatzmöglichkeiten gäbe es. Zum Beispiel jetzt.

Klappe endlich! Schau dich um. Da bei der Küche ist ein Ausgang. Weniger als eine Minute. Handy zurücklassen? Dann weiß Tuukka, dass ich hier war, dass ich abgehauen bin. Weiß, wie er mir folgen kann. Erstattet Bericht. Weiß, dass Volodya mit Akilles hier war. Ertappt! Entweder verrät mich Volodya, um sich zu schützen. Oder er geht davon aus, dass ich ihn verrate, wenn sie mich erwischen. Egal wie, ich werde ihn auf die Liste meiner potenziellen Mörder setzen müssen.

Vierzig Sekunden, bis Tuukka durch die Tür tritt.

Frau, die ein Sandwich kauft. Rausgeht. Hätte das Handy in ihre Tasche stecken sollen. Zu langsam. Zu weit entfernt. Dreißig Sekunden. Kaninchenmäßig erstarrt. Toteskaninchenmäßig. Seh mich um: Keiner sonst geht. Warum eigentlich nicht? Bring einen dazu. Zahl ihm was.

Mach ihm Angst. Klappt beides nicht. Braucht zu viel Zeit. Was veranlasst einen zum abrupten Aufbruch? Feuer? Überfall? Nicht gut, nein. Fünfundzwanzig Sekunden.

Sagen Sie mal, hat diese Frau da gerade Ihre Brieftasche geklaut? (Nein, das war ich, in dem Moment, in dem ich Ihnen mein Handy untergejubelt habe, in dem Moment, als ich meine Hand auf Ihre Schulter gelegt habe. So einfach geht das.)

He, was sagen Sie da, Mann? Scheiße, die ist mir doch nie auf einen Meter nahegekommen –

Aber er ist schon auf den Beinen und draußen, rennt hinter ihr her: Hey, Lady, was soll der Scheiß?

Tuukka sieht, wie er vorbeirennt. Die Hand schießt hoch, erwischt den Typ an dem genau richtigen Punkt, einfach perfekt, so was hab ich noch nie gesehen, dreht und haut den Typen von den Beinen wie Keaton, wie Chaplin, nur ohne Matte. Der Typ kracht mit dem Kopf voran auf den Asphalt und ist, knips, weg, das kann man sogar von hier aus sehen. Tuukka guckt schockiert: Oh, nein, Mister, Gott, wie ungeschickt von mir, geht's Ihnen gut? Blut und Hirn im Rinnstein. Die Frau ohne Brieftasche sieht sich nicht mal um. Tuukka klopft den Typen ab. Das Handy ist irgendein Handy. Keine Brieftasche. So was passiert, Mann. Sie klaut ihm seine Kohle, und er rennt hinter ihr her und stolpert. Ich hab das noch nie erlebt, ich bin aus Finnland, bei uns gibt's keine Straßenkriminalität, ist ja schließlich nicht Dänemark.

Bummle gemächlich weiter. Immer schön langsam, aber auch nicht übertrieben. So, als hätte ich ein Ziel. Gehe. Blicke in die spiegelnde Scheibe. Tuukka klopft seinen Bauch ab. Vergiss es. Das ist das Handy, aber es ist nicht das Handy, das er gesucht hat. Der tote Typ auf dem Asphalt ist bloß jemand mit einer Telegrafenfaust wie meine. Pech. Dieses Mal war er sich ziemlich sicher.

Er entscheidet sich für meine Richtung, und ich muss ein bisschen zurückfallen, damit er vorbeiziehen kann. Testosteron bis zum Anschlag, Gorillagehabe. Gewöhnt, sich Platz zu verschaffen.

Und weg ist er.

Ich muss dringendst pinkeln.

Und danach ist es wirklich Zeit, dass ich wieder mal jemandem die Scheiße aus dem Leib prügle, sonst komm ich noch aus dem Takt.

Da ist also dieser Australier mit seiner Band, und wie sich rausstellt, wollen australische Rockschlagzeuger auf Tour hier in der Stadt vor allem eine Familienpackung Koks kaufen. Sonst geht ihnen während der nächsten Groupie-Unterleibsvisitation vielleicht die Puste aus, was wirklich grundschuluncool wäre. Also tut der Mann das jetzt, und weil er voll im Trend und am Puls ist, gibt es nur eine Markensubstanz, die er kaufen wollen wird. Er wird den Trendschnee haben und ihn von den Titten von Miss Nebraska schnupfen wollen, die mitmacht, solange sie ihn ficken und alles auf Video aufnehmen kann. Und das tun sie dann auch. Sie machen Zeug, das in Texas klar illegal wäre, und dann machen sie dieses Zeug noch ein paar Mal. Und zwar auf eine Art und Weise, zu der eine Art Trapez nötig ist, das sie aus Hotelmobiliar und Bademänteln improvisieren, was, wie ich zugeben muss, schon eine ziemlich beeindruckende Koks-Bricolage ist. Allerdings vermute ich, dass das Management damit nicht rundweg einverstanden wäre. Das Sex-Tape besteht im Grunde aus drei Tagen Sex, unterbrochen von den Gigs, und es sind alle möglichen Leute dabei, zum Beispiel Produzenten und Hacker, und ein paar Kritiker von der *New York Times* schauen vorbei und kierkegaarden vier Stunden lang wirklich schnell vor sich hin, während Red Kat Bonanza – so heißt der Mann, ehrlich, wahrscheinlich weil Australier – im Hintergrund mit Miss Nebraska irgendwas Nackiges und Ejakulatives macht. Es ist eine Echtzeitszene wie Warhol wie Studio 54 wie dieser Club in London, in dem ich mal war und wo man Erdbeeren von ariensingenden Italienerinnen runterknabberte. Oder Italienern, wenn man so gepolt war, aber die waren Pavarottis Wanstdoubles, und es war echt schwer, die Erdbeeren zu erwischen, weil Ganzkörperhaarentfernung damals noch so was wie 'ne Nische war und gar nicht dem Lebensfeeling entsprach.

Oder so.

Hier ist also Red Kat Bonanza, und er zieht es sich rein wie ein indopazifisches Seeschwein und grunzt sich einen ab, und so geht das immer weiter, bis ihm plötzlich schlecht wird. Und an diesem Punkt der Geschichte muss man wohl akzeptieren, dass es Gott gibt. Und ich erhebe meine Stimme gen Himmel und singe *Hallelujah* wie Jeff Buckley, dem Red Kat in keiner Weise in Form oder Gestalt ähnelt, weil Jeff sogar Talent geschissen hat und Red Kats Erfolg darauf beruht, dass er keines hat. Weil ihn das verdammt wütend macht, und seine Wut

ähnelt derjenigen der besonders abgefuckten, unterbe-
zahlten, hoffnungslosen, dauerverarschten Semiprima-
ten, die Profi-Wrestling bierernst nehmen und glauben,
Lucha Libre wär eine Art Verschwörung, bei der mexika-
nische Muslime unsere Städte unterwandern.

So wie es aussieht, ist Miss Nebraska aber nicht nur
Besitzer-/Betreiberin von zwei breitwandfüllenden Brüs-
ten, sondern auch eine verfickt gut ausgebildete Expertin
für Biowaffen des US Marine Corps. Denn als sie jetzt
einen Blick auf Red Kat wirft, ruft sie ihren Ex-Chef an,
der inzwischen beim Seuchenamt ist, steckt die Drum-
mer-Dumpfbacke in Quarantäne und verhängt eine Aus-
gangssperre über das Hotel. Und schon ist dieses beschissene Beyoncé-Kokain selbst im Vergleich zu Giftmüll die
am wenigsten nachgefragte Ware der Welt. Und weil sie
mit drinhängen, sind vielleicht sogar die Seven Demons
ein wenig toxisch. Das könnte dann auch ihre im Allgemeinen hervorragende finanzielle und furchtfundierte
Beziehung zu den Stadtoberhäuptern erschüttern, weil
plötzlich praktisch jeder Heimatschutzmann weltweit
mit dem erigiertesten Zeigefinger, den diese durch und
durch erektilen Organisationen je gesehen haben, hier
einläuft.

Lustige Geschichte zu Anthrax: Es gibt Schlimmeres,
was einem Körper zustoßen kann, und einige Anthrax-
stämme sind sogar völlig harmlos, solange man sachver-
ständig mit ihnen umgeht, und das ist einer davon. An
dem Zeug steckt man sich nicht so schnell an, es ist
nicht besonders infektiös und überlebt auch nicht lange, aber ich bin ja kein totaler Vollidiot und war auch
nie einer. Außerdem ist es echt schwer von dem Milz-

brandstamm zu unterscheiden, wegen dem diese Bio-waffenheinze nachts im Bett wachliegen und beten, dass er ihnen nie begegnet. Im Vergleich dazu ist ein Ebola-Ausbruch oder ein verdammter Zombie-Aufmarsch ein Klacks. Wenn sich also jemand mit dieser Art Anthrax infiziert, ist eine extrem feindlich gesinnte Überreaktion garantiert. Und genau so kommt's. Ungefähr eine Woche lang kann man als Krimineller nichts anderes machen, als Cocktails schlürfen und shoppen gehen, weil jegliche Form illegaler Tätigkeit überhaupt keine gute Idee ist. Und in diesem Setting ploppt dann natürlich die ganze üble Geschichte über ein neues kriminelles Element auf, während ich ein stinknormaler Straftäter bin (Identität unbekannt), der stinknormale Straftätertaten begeht. Ich hab meinen wohlbestellten Acker, von dem aus ich reiche Leute und den Gerüstbauertrupp mit hochqualitativem Koks versorge, das nicht einen jemals krank gemacht hat. Und vielleicht fallen einem sogar ein paar Cops ein, die einen Teil ihres Konsums durch meinen unfassbar diskreten und kosteneffizienten Service gedeckt haben. Auf diesen schönen Acker also rumpelt die genannte verfickte Punkarschlochkillerrobotermaschine, sät Unfrieden und fährt Tote und Anthrax für die Massen auf. Ein Abschiedsapplaus dem Blassen Peruanischen Hengst und ein herzliches Willkommen für Beyoncé! Diese gesundheitsschädliche Substanz wurde wahrscheinlich von irgendwelchen antiamerikanischen Komplotteuren ausgekocht. Kennt man ja aus Filmen, in denen diese Bastarde unsere große stolze Nation mit manipulierten oder gefährlichen Narkotika in den Ruin treiben.

Angeblich ist auch Beyoncé maximal sauer. Wär nur zu verständlich. Auf der einen Seite eine Selfmade-Frau mit klarer Haltung und strahlendem Erfolg, die viel Scheiße durchgemacht und diese Scheiße sogar überlebt hat. Außerdem ist sie auch noch eine unglaublich tolle Künstlerin. Auf der anderen Seite eine abgelaufene menschliche Abwrackprämie, die Beyoncés geistiges Eigentum und ihre persönliche Marke fickt, indem sie eine illegale Drecksdroge unter Beyoncés Namen vertickt. Und dann ist die Droge auch noch vergiftet, ein Angriff auf diese unsere USA. Beyoncé ist so sauer wie Capone, so sauer wie Captain America, bevor er Hitler ausknockt. Hey, sie wird in diese Stadt kommen und die Sache ein für allemal klären, ja, vielleicht sollte ich an dieser Stelle aufhören und Beyoncé die Seven Demons und ihr ganzes beschissenes Leben kaputtmachen lassen. Das könnte sie, hundert pro. Und wenn sie es täte, dann hätten wir in ungefähr acht Minuten eine Präsidentin Beyoncé. Und ich sag noch mal, dass Jack Price ein Mann ist, der die Welt zu einem verdammt viel schöneren Ort macht, weil: Beyoncé for best President. Leute, vergesst euer Kreuzchen nicht.

Da liege ich also mit einem neuen Handy in der Wanne eines Stundenhotels im Textilviertel und denke an Sex, weil die beiden Wörter Präsidentin Beyoncé bei jedem genau diesen Gedanken auslösen sollten.

Eingehende Textnachricht. Anders gesagt, SMS. Wer schickt so was eigentlich noch?

Und: Wer schickt sie an eine Nummer, die kein Schwein kennt? Außer Marketingabteilungen natürlich. Aber das ist kein Marketing.

HEY, PRICE.

Wer hat diese Nummer? Oh: Hi, Sarah.

Hi, Price. DU ELENDES ARSCHLOCH.

Hast du das Geld und den Kram gekriegt?

Ja, nett. Tx.

Ok.

Was machst du?

???

Mir ist scheißlangweilig.

Ja, kann ich mir vorstellen.

Fick dich, Price.

Das hast du schön gesagt.

Ich hab Angst und bin allein und langweil mich. Wahnsinn. Wie kann ich mich langweilen? Wenn ich rausgehe, werde ich umgebracht.

So viel SMS sind vielleicht nicht schlau.

Was machst du?

Mich am Sack kraulen.

Das mit dem Anthrax warst du, oder?

Weiß nicht mehr.

Dacht ich mir.

Sarah, ich weiß nicht, was ich dir sagen soll. Das ist echt nicht schön für dich, aber so ist es nun mal, und ehrlich gesagt wusstest du auch, auf was du dich mit mir einlässt.

Ich hab das Stockholm-Syndrom.

Willst du vielleicht zu den Dämonen? Die bringen dich um.

Ach, plötzlich willst du reden.

Nein, mach, was du willst, deine Entscheidung, aber du wirst sterben.

Oder du.

Was kannst du ihnen verraten, was sie nicht wissen?

Rein gar nichts. Außer mich vielleicht.

Tja, der Zug ist abgefahren.

Sagst du.

Sag ich.

Was machst du?

Was soll ich machen?

Soll ich dir sagen, was ich mach?

Ja, klar.

Akzeptierst du eine Multimedia-Datei: j/n?

Ich sollte das nicht öffnen, Sarah, könnte manipuliert sein.

Ich manipuliere mich hier auch selbst, Price.

Hast du mir gerade ein Nackt-Selfie geschickt?

Find's raus.

Ne, lieber nicht.

Tja, dein Pech, Price.

Ja.

Stockholm-Syndrom, Price.

Ja. Bye, Sarah.

Fick dich, Price.

Multimedia-Datei empfangen: j/n

n

Multimedia-Datei empfangen: j/n

nnnnnnnnnnnnnnnnnnnnnnnnnnnnnnnnn und n nicht j.
FICK DICH.

n

Sarah hat recht. Auf der Flucht sein ist blöd, selbst wenn man dabei in der Wanne liegen kann.

Später Vormittag, der Wodka ist offen, auf dem Tisch Schwarzbrot und Essiggurken. Irgendein undefinierbarer Schinken. Das Teehaus hat geschwärzte Wände und alte Eichentische, und in der Ecke raucht einer, blauer Rauch ringelt sich wie Tinte in Wasser.

Hey, Price! Essen Sie keinen Schinken?

Ich liebe Schinken, Volodya, nur heute nicht.

Ist guter Schinken. Selbstgemacht.

Ja, hab ich mir gedacht.

Trauen Sie meinem Schinken nicht?

Ist der Schinken, bevor er einer wurde, in einem Hilux in Neufundland falsch abgebogen und hat mit einem Messer zwischen den Zähnen an Ihre Tür geklopft?

Fuck, Price, das ist ekelhaft.

Fragen wird man ja noch dürfen.

So was Ekelhaftes hab ich noch nie gehört, echt. Das ist Ziege, okay? Stinknormale Bergziege, bisschen über kniehoch. Schwer zu räuchern. Da muss man viel rumprobieren, okay, weil man nicht zu viel Rauch will. Aber wenn's nicht genug ist, ist er nicht richtig haltbar. Ist eine große Kunst, Price, bin ich stolz drauf. Nicht auf irgendein Husarenstück wie Stalingrad.

An Stalingrad musst ich auch gerade denken.

Fuck, Price, sparen Sie sich das, okay? Wo ich geboren bin, ist jeder komplett besessen von Stalingrad, wie bei euch in Mississippi von Elvis. Weshalb ich auch nie wieder dorthin gehe. Kein Gequatsche darüber, ob ich besser als Saizew bin. Selbstverständlich bin ich besser als Saizew. Das Arschloch hat sich den ganzen Mist bloß ausgedacht. König, Duell in den Ruinen, alles Scheiße, verdammt noch mal. Scheiß auf Saizew, okay? Jetzt essen Sie endlich den Schinken. Ist Ziege.

Okay.

Okay.

Guter Schinken.

Sollte von dem Arsch sein, der einen Monat lang jeden Tag bei Joël Robuchon gefressen hat, bevor er nach Neufundland kam ... Kleiner Scherz. Jetzt im Ernst, Price, spucken Sie bloß den Schinken nicht aus, okay? Sie haben echt eine schlechte Meinung von den Menschen.

Sie sind ein böser alter Mann.

Ja, das bin ich. Darauf trinken wir! Akilles hängt am Haken.

Sicher. Was wird er tun?

Tun? Oh, Price, der Minifinne ist weich wie Kinderkacke. Er tut genau das, was Sie meinen. Er wird kommen und mir höflich sagen, dass ich ihn am Arsch lecken soll. Aber er wird keinem von unseren Gesprächen erzählen. Er weiß, dass sie dann wissen, dass er vor seiner Entscheidung gezögert hat.

Ja.

Noch alles klar zwischen uns?

Zwischen uns ist alles klar.

Der Schinken ist Ziege, Price, okay?
Okay.

Nicht mehr so viele Cops auf den Straßen. Die Anthraxangst lässt ein bisschen nach, nachdem klar ist, dass es gar nicht viel war. Nicht, dass irgendwer dieses beschissene Blenderkoks jetzt noch haben will, sicher nicht. Vielleicht werden sie es noch mal probieren, aber sie müssten kapiert haben, dass es Linien gibt und diese Linien von mir kommen. Damit hab ich fast schon gewonnen, weil es für die Seven Demons nur die eigenen Linien geben sollte, und das hab ich sie vergessen lassen. Klar, wenn sie mich umbringen, ist das eher eine akademische Erkenntnis, also noch keine Champagnerkorken knallen lassen.

Radiointerview mit Miss Nebraska. Wie sich rausstellt, ist sie ein großer Trump-Fan. Jeder, wie er's mag.

Red Kat Bonanza erholt sich gut und hat ungefähr fünfzig verschiedene Anklagen am Hals, darunter Besitz von allem und jedem und Sex mit einem siebzehnjährigen Groupie. Ich bin entsetzt, muss ich sagen, ehrlich entsetzt, dass Siebzehnjährige mit Rockmusikern vögeln. Schluss mit diesem Wahnsinn. Sonst wird unsere Kultur in einem Atomblitz enden, zu dem, wie wir alle wissen, Orgasmen von Teenagermädchen zwangsläufig führen.

Die Stadt kommt also langsam wieder zu sich, und das bedeutet, Zeit für mich, aus dem Quark zu kommen. Hi, ist da Marla? Hi, hier ist Rufus Agincourt. Ja, ich hab gemailt. Ja, genau. Ich wollte nur noch ein paar Einzelheiten besprechen, ja?

Hey, Rufus, hi, schön, dass Sie sich melden. Loving Sky Celebrations freut sich schon, Ihre Vorschläge mit Ihnen gemeinsam auszuarbeiten.

Danke, Marla. Also, ich möchte meinem Bekenntnis zu ihm wirklich laut und deutlich Ausdruck verleihen. Glauben Sie, dass ich ihn zu sehr unter Druck setze, wenn ich's wie angedacht mache?

Nein, nein, Rufus, ich finde das eine sehr romantische Geste, sehr, sehr romantisch, und so wie Sie das planen, wird er garantiert einen Luftsprung machen und sofort ja sagen.

Ja, so ungefähr stelle ich mir das vor. Aber was, wenn ich das Ganze missverstanden habe?

Das tun Sie absolut nicht, mein Lieber, es wird bestimmt alles gut, er wird hin und weg sein. So etwas Herzzerreißendes wie seine Mail, als Sie in Paraguay waren, habe ich in zwanzig Jahren als Hochzeitsplanerin nicht gesehen. Ich glaube ganz, ganz fest, dass Sie füreinander geschaffen sind.

Ja, okay, Marla. Okay, dann fangen wir an!

Okay! Sehr gut! Sie haben gesagt, es soll groß und laut und bewegend sein, oder, stimmt doch?

Ja, hab ich. Ich will, dass alle Welt aufhorcht, wenn er ja sagt.

Dann, Rufus, sollten wir uns als Erstes über Konfetti unterhalten, okay? Weil das Konfetti, das ein Paar auswählt, für alle weiteren Stylingentscheidungen grundlegend ist. Also, ich weiß, dass Ihr Partner – wie hieß er noch mal?

Tuukka. Er stammt aus Finnland.

Ach, wie schön! Da seh ich gleich vor meinem inneren Auge, wie er einen dieser Hundeschlitten steuert und Sie hinter einer Schneeverwehung verschwinden!

Genauso ist es, Marla, jeder einzelne Tag mit ihm ist eine Hundeschlittenfahrt.

Ach wie schade, dass Tuukka das jetzt nicht hört, aber NATÜRLICH, geht nicht, klar, weil Überraschung und so. Aber vielleicht wollen Sie mir ein paar seiner Lieblingsfarben verraten, hm?

Na ja, er mag Wasserblau, und wie heißt noch mal dieses andere Blau, ist so wie Himmelblau, aber ich glaube, es fängt mit S an?

Indigo.

Nein, eher mit S am Anfang.

Zyan?

Nein, das ist es auch nicht, es klingt irgendwie poetischer, irgendwie –

Ich lehn mich jetzt mal aus dem Fenster, Rufus, und sag einfach Coelinblau?

Ja, das ist es! Er liebt diese Farbe, er wollte das Wohnzimmer in seiner alten Wohnung in Coelin streichen lassen, aber der Vermieter bestand auf so minimalistischen Weißtönen.

Schön, schön. Und denken Sie da an das ganze Blauspektrum? Oder was halten Sie von kontrastierenden Einsprengseln, zum Beispiel Orange oder Gold?

Ach, das gefällt mir. Wir waren mal in so einer Jazzbar und da war alles Blau und Gold, wunderschön.

Okay, dann machen wir das, gut.

Das wär toll, vielen Dank. Und noch was. Ich würde

dem Ganzen gerne einen poetischen Touch geben. Zum Beispiel könnte ich kleine Gedichte auf Papierstreifen schreiben, die dann wie meine Liebe in einem Lichter- und Farbenmeer auf ihn niederregnen?

Ach, Rufus, wie entzückend. Nur ... Ja, okay, Rufus, das könnte ein Problem sein, weil wir hier nicht die Kapazitäten zum Befüllen haben. Aber vielleicht möchten Sie sich deswegen an unseren Zulieferer wenden? Wir arbeiten da mit einer sehr vertrauensvollen Firma an der Flussmündung zusammen. Sie befüllen alles für einen, nur kommen dann natürlich Zusatzkosten auf Sie zu.

Marla, die Kosten sind mir egal, ich will einfach meine Worte über ihn ergießen, etwa so wie Zeus seine Geliebten mit seinem Goldregen übergoss. Also, äh, das klingt jetzt ein bisschen porno, oder? Äh, also, wow, das soll es GERADE nicht sein!

Ich versteh schon, Rufus, mein Lieber, ich weiß genau, was Sie meinen, und ich bin auch schon ein großes Mädchen, also kein Grund zur Sorge. Ich maile Ihnen gleich die Nummer von unserem Zulieferer, da rufen Sie an und reden mit Matt. Er ist ein bisschen muffelig, aber ein echtes Organisationsgenie. Er wird Ihnen das Ganze erklären, und vermutlich bieten sie Ihnen sogar eine Do-it-your-self-Option an. Da können Sie die Ausführung übernehmen und online Treibstoff kaufen, und dann stecken Sie alles, was Ihnen in den Sinn kommt, in den Hauptausfuhrschacht. Wenn's eng wird, können Sie Ihre Freunde einladen, Krepppapierschnipsel zu schneiden oder so, und die reinstecken. Man darf den Schacht nur nicht zu voll stopfen, okay? Sie wollen Ihren Partner ja nicht mit einer klumpigen Riesenpapierkugel beschießen, oder?

Nein, Marla, das wäre schrecklich, weil er kürzlich ein Familienmitglied durch eine Kartoffelkanone verloren hat, also das wäre wirklich schrecklich.

Oh Gott, tut mir leid, dass ich das gesagt habe, ich wusste nicht mal, dass es noch solche Kanonen gibt. War das vielleicht in Europa?

Nein, nein, er hat bei so einem Reenactment mitgemacht, unten im Süden. Tuukkas Familie ist ein bisschen komisch, aber die heirate ich ja nicht.

Nein, natürlich nicht, aber trotzdem puh.

Ja, absolut.

Ich bin so –

Nein, Marla, bitte denken Sie sich nichts, es war dumm von mir, das überhaupt zu erwähnen. Ich werde mit Matt reden und melde mich dann wieder mit meiner Kreditkartennummer und so bei Ihnen. Und dann besprechen wir die nächsten Schritte, okay?

Okay! Und ich sag den Jungs, sie sollen die vergoldeten Drohnen polieren, damit sie richtig schön glänzen. Wenn dieses Konfetti vom Himmel fällt, mein Lieber, und Sie vor ihm knien, ja, das wird für Ihren Tuukka der allerallerschönste Moment seines Lebens werden, Sie werden sehen.

Ja, Marla, das glaube ich auch, das glaube ich auch.

Okay, Kumpel, Sie haben also schon Erfahrungen mit der Molekularküche.

Ja, hab ich. Allerdings eher auf bescheidenem Niveau. Will ich aber ändern.

Sehr gut, weil, es ist ja nicht jeder für diese Art Küche geschaffen. Ist mehr 'ne Wissenschaft.

Ja, weiß ich. Aber weil ich ja Forschungschemiker bin –

Ah, sehr gut, das war das Nächste, was ich fragen wollte. Mit diesem Zeug muss man ja extrem vorsichtig sein. Es ist nicht nur normal superarschkalt, es ist so superarschkalt, dass man's wie eine Kombi aus Napalm und Kettensäge behandeln muss. Im Grunde friert es jedes Körperteil ab, mit dem es in Berührung kommt. Da gibt's kein experimentierkastenlustiges Huch, meine Zunge bleibt ja an einem Eiswürfel kleben. Nein, es ist ab wie in Amputation. Und man muss tierisch aufpassen, dass das Zeug nicht mit was richtig Heißem in Kontakt kommt, mit siedendem Öl oder so. Da möchte ich jedenfalls nicht dabei sein. Aber als Chemiker sind Sie ja im großen Ganzen im Bilde.

Ja, bin ich, Cobb, ich bin genau im Bilde. Eine Zeitlang war ich undercover für Aluminium-Eisenoxidreaktionen verantwortlich. Sie wissen, was das ist, oder?

Jawoll, Sir. Klar weiß ich, dass das ein brandgefährlicher exothermischer Motherfucker ist.

Weiße Feuersäule, Cobb. Beim Militär nennen sie das Zeug Thermit.

Ach?

Ich bin also voll im Bilde.

Den Eindruck kriegt man, Dr. Agincourt.

Sagen Sie doch einfach Rufus.

Wie viel Flüssigstickstoff wollen Sie also?

Nicht übermäßig viel. Ich soll ja nur ein paar Spiegeleier schockfrosten?

Stimmt, okay. Dann lass ich mal zwei Halblitereinheiten für Sie bereitstellen. Und ich geh davon aus, dass Sie auch eine Sicherheitsausrüstung mit allem Pipapo wollen, ja? Wir haben diese silbernen Fäustlinge von der NASA, sind ziemlich flexibel, und selbstverständlich Zangen, was man eben so braucht.

Ja, das wäre ausgezeichnet. Und ich brauch eines dieser wirklich hochwertigen Thermosdinger, damit ich die Leckerei auf den Tisch krieg, ohne dass auf dem Weg der Kälte die Spitze genommen wird.

Geht klar, Mann, so transportieren wir unsere Sachen auch. Okay, aber ich muss Sie warnen, dieser ganze Kram ist nicht ganz billig.

Kein Problem, Cobb, ich bin sicher, dass es das wert ist.

Hi, Charlie, bist du da?

Hi, Chef, ich bin da und an einem Stück.

Sag bitte, dass du in Nova Scotia oder irgendeinem Scheißkaff bist.

Irgendein Scheißkaff, ja, Chef.

Nova Scotia wär ideal.

Ja, ne, klar, aber ne.

Okay, gut, Charlie, ich bräuchte was.

Spuck's aus.

Ist nicht ganz einfach, Charlie, und auch ein bisschen gefährlich.

Darf ich was fragen, Chef?

Ja.

Warst du das mit dem Anthrax?

Ja.

Herrgott, Chef, das war beinhart. In Ordnung. Oder noch eine.

Okay, Charlie, raus damit.

Es ist eigentlich mehr als eine.

Okay.

Krieg ich Geld dafür?

Ja.

Stirbt jemand dabei?

Ja.

Wird es ein übler Oberhammer?

Ja.

Kann ich hinterher darüber reden?

Klar, Charlie, immer vorausgesetzt, dass ich am Ende nicht sterbe und du dich nicht in Debatten mit Repräsentanten der Strafverfolgungsbehörden verwickeln lässt. Aber das ist ja fix ausgemacht.

Dann bin ich dabei. Wow, kann gar nicht glauben, dass das für dich überhaupt fraglich war.

Na ja, in der heutigen Zeit weiß ich nie.

Stimmt auch wieder, Chef. Und, was brauchst du?

Ich brauch so eine Art Juckpulver für Rechner. Damit musst du ein sicheres Netz hacken. Dein Juckpulver verstreust du dann so, dass es echt juckt. Benutzeroberfläche reicht, es muss gar nicht groß was kaputtmachen, nur richtig nerven. Uhren verstellen, Druckertreiber löschen. Viel Scheiß mit wenig Sinn und Verstand. Darf gern auch peinlich sein. Wenn du das Gefühl hast, dass du zu weit gegangen bist, musst du noch ein bisschen weitermachen, bis nichts mehr geht, und dann fängst du von vorn an.

Wie gut abgesichert?

Komplett. Frontend eines Systems, bei dem wahrscheinlich Poltergeist im Hintergrund läuft. Uh, Chef, mit Poltergeist ist es dicht, das kann man vergessen.

Du musst ja keine Daten sammeln oder so. Chaos auf der Oberfläche reicht völlig.

Kannst du mir einen lokalen Knoten geben?

Zum Beispiel?

So was wie ein verbundenes Telefon.

Ja, das ist machbar.

Tja, also, okay, vielleicht, also wenn ich einen –

(Jetzt kommen Wörter wie Hex und Portieren und so, keine Ahnung, wovon Charlie redet. Magie.)

Damit kämst du weiter?

Damit käm ich weiter, aber –

Es ist Karenina, und in ein paar Stunden muss die Luft für sie ziemlich dünn werden.

Die russische Schlampe, die einfach so die Seiten gewechselt hat? Boah, Chef, da schießt mir echt die Wut ins Genital.

Das ist gut, oder?

Besorg mir die Nummer. Die Macht wird mit mir sein, ja.

Um Tuukka zu finden, braucht man bloß Akilles zu folgen, und wo der ist, weiß ich eigentlich immer, weil zwischen ihm und Volodya dieses heiße platonische Naturburschen-Bonding abgeht, von dem Volodya meint, dass es zu nichts führt. Hierher kommt Sportsfreund Tuukka also zum Pumpen, und er mag sein Studio wirklich. Wirklich sehr. Und da! Jetzt macht er wieder diese irren einarmigen Sprungliegestützen, und danach wuppt er beim Bankdrücken schnell mal einen Flugzeugträger. Hach, was ist der groß und stark und stramm. Kann es sein, dass nur der Gedankenaustausch über gestemmte Gewichte noch bescheuerter ist als Koksgequatsche?

Aber hey, guckt mal, auf einmal sind wir am Südende eines Platzes, und da ist Marla, hier bin ich, und dort am Nordende beim Markt ist Tuukka, und sie weiß es, weil sie unsere Geburtstagsfotos kennt. Zeit für echte Romantik! Tuukka entdeckt mich und läuft auf mich zu, und ich lauf auf ihn zu, alles in Zeitlupe! Oooh, wie toll!, und da ist auch Marlas Videoteam, weil man nicht will, dass so ein intimer Moment nur auf YouTube überlebt, wär doch schade.

Und dann bleibt Tuukka in der Mitte beim Brunnen plötzlich stehen, weil: Was, verdammt noch mal, denk ich mir bloß, dass ich auf einmal aus Leibeskräften ICH LIEBE DICH brülle? Der Typ am Gemüsestand beginnt zu klatschen, und schon bleiben die ersten Leute stehen. Das ist ein ikonischer Moment für das 21. Jahrhundert.

Oh ja, das ist er.

Und genau zum richtigen Zeitpunkt kommen auch die Drohnen, diese kleinen Amorroboter, und die Band links von mir fängt an zu spielen, denn natürlich hab ich eine Band bestellt, Romantik ohne Musik, das ist doch nichts. Und weil wir modern, cool und ironisch sind, hab ich gedacht, das Romantischste überhaupt wäre eine Swingfassung von *Gangnam Style*, was auch Tuukka jetzt hört, statt der kleinen surrenden Amorrotoren, die immer näher kommen.

Dann klatschen alle, weil das einfach Großstadt ist, so ein Heiratsantragsevent, und obwohl Tuukka nicht den blassesten Schimmer hat, auf welcher Droge die Leute sein könnten, ist ihm doch klar, dass hier keiner davon ausgeht, dass er mich exekutieren wird – einschließlich mir, sonst wäre ich ja nicht gekommen. Aber richtigerweise denkt er, dass das alles extrem scheißseltsam ist. Allerdings ist Tuukka auch ein Sportsfreund mit einer speziellen Neigung, und das ist die Jagd. Nur dass er selbst gejagt werden könnte, hat er nicht auf dem Schirm. Er weiß zwar, Vorsicht ist die Mutter der Porzellankiste, aber wenn er mal Blut geleckt hat, denkt er nicht im Traum daran, dass unter roten Rosenblüten auch ein Bett aus Dornen sein könnte.

Also bleibt er stehen, ich gehe vor ihm auf die Knie, und Marla drückt einen Knopf, um Konfetti auf ihn regnen zu lassen, und –

Jetzt hört Tuukka endlich die Drohnen, und der linke Amor versprüht Unmengen an blauen und goldenen Konfetti, wie in den bescheuerten Halbzeitshows, und der zweite –

Verdammt, ist der schnell.

Ich sag's euch, das muss man gesehen haben, echt wow, das ist supermannschnell. Statt die Ladung flüssigen Stickstoff voll in die Fresse zu kriegen, reißt er gerade noch den Kopf zur Seite, und das Zeug pladdert auf sein Bein. Außerdem macht es in seiner linken Hand ein Loch, eiswürfelgroß, perfektes Whiskyformat, wenn man so ein puristischer Spießer ist, der unbedingt Eis im

Whisky braucht. Der vereiste Handwürfel löst sich heraus und plumpst auf den PLÖCK Boden. Augenblicklich verstummt der ganze Platz, so als würde man bei einer Dinnerparty zu dem Mann, der neben einem sitzt, laut und deutlich Klitoris sagen, während die evangelikale Südstaatenmatrone und die minderjährige Tochter seines Chefs den Hauptgang hereintragen. Nicht, dass ich das je getan hätte, schon gar nicht 1998 bei den Hendersons, das war nur ein dummes Missverständnis.

PLÖCK.

Eigentlich sind das ja alles Städter, die müssten einiges gewohnt sein, aber das hier ist auch für sie neu. Jetzt glotzen sie groß, verständlicherweise, denn was soll man sonst tun, wenn der absolut komplette Wahnsinn vor einem stepptanzt? Sie glotzen, bis irgendwer Scheiße sagt. Und zwar so, als ob er es auch meint und noch nie zuvor in seinem Leben etwas mehr gemeint hat.

Tuukka macht keinen Muckser.

Der verdammte Kerl macht nicht mal den Mund auf. Er schaut nur extrem angepisst auf sein Bein und versucht, sich wieder aufzurichten und hinzustellen, und verdammt unglaublich, was für eine verdammt unglaubliche Fuckscheiße. Zum Glück funktioniert sein Bein nicht mehr so richtig und –

PLÖCKPLÖCK.

Das muss ein ordentlicher Schnitz Quadrizeps sein. Tuukkas Studiotage liegen erst mal auf Eis, sozusagen, bis er eine scheißteure Muskel- und Nervenbahntransplantation kriegt. Ja, das geht wirklich. Ich würde sagen, so in sechs Monaten kann er wieder hinter mir herrennen, und neun Monate wird's schon dauern, bis er mich erwischen könnte. Aber Tuukka macht keinen Muckser. Obwohl überall auf dem Kopfsteinpflaster Tuukkawürfel liegen und die erste Taube daran pickt. Mann, Tuukka ist echt richtig angepisst.

Ich verpass ihm eins mit einer Dachlatte. Dachlatten hat man bei Drohnenkämpfen natürlich immer dabei.

Er knallt auf den Boden, und da ist auch sein Handy, hinter dem ich eigentlich her bin. Ich will's mir schnappen, aber das ist ein Fehler, weil Tuukka nicht nur stickstoffresistent ist, sondern auch dachlattenresistent. Also nee, echt jetzt? Der Kerl steht nicht wirklich wieder auf?

Jetzt darf man sich mich auch leicht beeindruckt vorstellen. Ich meine, ich hab ihn gerade mit einem alles kleinwürfelnden Todesstrahl verätzt, weswegen er auch nicht ausblutet – aber irgendwas spüren müsste er doch! Ich zieh ihm ein weiteres Mal die Dachlatte über. PLONK. Er geht zu Boden. Ich geb ihm noch eins auf die Rübe und denke, das sollte doch endlich reichen, außerdem ist eine Bullenherde im Anmarsch. Also, fuck you very much, wir sehen uns später, ich mach mich vom Acker. Doch Tuukka, dieser finnische Tundraterminator, bleibt. Einfach. Nicht. Liegen. Ja, gut, ich hätte ihn einfach erschießen sollen, okay, aber hinterher ist man immer schlauer. Machen Sie's erst mal besser, ja?

Dieser Granatenarsch. Der glaubt echt, dass er hier noch was reißen kann. Dabei sieht sein Gesicht da, wo ich ihn mit der Latte getroffen habe, aus wie Rührei. Das Biest sieht nicht mal, wohin es rennt. Was denkt der sich bloß?

Auf einmal hat er die Pistole gezogen und schießt Marla aus dreißig Schritt Entfernung in die Stirn. Das ist der Moment, in dem auch die Band ihr Blechgebläse abstellt und in Deckung hechtet. Ich verdrücke mich ebenfalls, ab in den Süden, weil die Kugeln das Konzert übernehmen. Klingt nach Maschinenpistolensolo, so schnell drückt der Kerl den Abzug. Wie viel Kugeln stecken heutzutage überhaupt in einer Pistole, fünfzehn? Nein, mich erwischt er nicht, danke der Nachfrage. Im Rennen höre ich nur eine Kugel, die schon an mir vorbeigepfiffen sein muss, als ich sie höre, weil sie dem Eisverkäufer vor mir gerade den Schädel weghaut. Der Hals klappt gleich mit ab, sieht aus wie ein PEZ-Spender. Ich dreh mich um und sehe Tuukka GEHEN. Was wirft dieser Typ ein? Er benutzt sein eigenes Bein als Prothese, mit meiner Dachlatte als Stützstrebe, am Knie abgebunden mit seinem Gürtel, verdammte Scheiße! Sie knickt aber unter seinem Gewicht ab. Doch mit dem anderen Bein ist er so schnell, dass er sich fängt und weiterläuft, genau wie eine halbzerdrückte Scheißspinne. Hoppel, hoppel, schlepp, schlepp, immer im Kreis um den Scheißbrunnen rum, der hört überhaupt nicht mehr auf zu hoppeln und schleppen. Dazu zielt Tuukka die ganze Zeit mit der verfickten Pistole auf mich, so als wäre sie mit einer Schnur an meinem Schädel festgebunden. Zwar sind seine eins fünfundachtzig auf knapp eins sechzig zusammengeschnurrt, aber er rennt immer weiter, diese beschissene Halbmatschspinne. Und er lädt dabei sogar nach.

Was. Für. Eine. Verdammte.

Aber okay, man muss zugeben, der Kerl hat Eier. Ernsthaft.

Er trifft die Brieftasche in meiner linken Manteltasche, ich spüre ein leichtes Ziehen, und jetzt ist darin ein Loch, das genauso gut in meiner Scheißniere hätte sein können.

Und dann bin ich aus der Schusslinie und unten in der U-Bahn, und wieder draußen, rauf und raus und auf und davon. Und ich renne und renne und renne, bis ich nicht mehr kann, und renne sofort weiter, sobald es wieder geht. Rückwärts, vorwärts, seitwärts, links, weil die ganze Stadt nach meiner Frankensteinvisage sucht.

Boah, Mann, aber okay.

Unentschieden, würde ich sagen.

Aber das war echt kein Spaß, und ich fühl mich selbst wie zermatscht und schwitze wie ein –

Dieser Hurensohn! Da fehlt glatt ein kleines Stück links an meinem Bauch. Kommt irgendwie ganz schön ungelegen.

Und wehtun tut's eigentlich auch.

Okay, umbringen wird's mich wahrscheinlich nicht. Ich bin zwar kein Arzt, aber eigentlich ist es ekelhaft, und bluten tut's auch.

Wär gut, wenn ich die Blutung stille. Das ist kein Problem, dafür gibt's Vorkehrungen. Ich weiß, wo ich das machen lassen kann. Wär aber auch gut, wenn ich mich kurz ein bisschen hinsetze.

Wär echt gut.

Jetzt steh auf, du Heckenpenner, oder das war's. Ja, du, ich rede mit dir. Mach deine verdammten Augen auf.

Werisnda?

Du, du Hasenhirn. Ich, deine schlauere Hälfte.

Ach so.

Du bist Jack Scheiß-die-Wand-an Price und kannst dich nicht so gehen lassen. Du hast keine Zeit, in dieser Kackgasse auf einem Haufen Müllsäcke zu liegen, sonst ist bald Schicht im Schacht. Steh auf, Hohlbirne.

Ja, okay, mach ich, gleich.

Nicht gleich. Jetzt sofort.

Okay, ich stehe.

Nein. Tust du nicht. Ich sag dir was, lass mich kurz –

Weißes Schmerzblitzen wie nie zuvor … Herrgott, hockt da wer auf meinen Eiern … Finger in der Tür … Biss auf die Zunge … Prügel … einer brüllt wie am Spieß.

Okay, Arschloch, wach?

Momentchen, muss nur schnell abkotzen, dann mach ich dich fertig.

Bin offen für alles, Kamerad, solange du deinen Arsch in Bewegung setzt.

Ich bin ein Volltrottel.

Stimmt. Und jetzt Abmarsch.

Okay, du gibst den Takt vor.

Ein Fuß vor den anderen, dann kommst du schon an.

Dank Poltergeist, dem Barmherzigen, bekomme ich auch ohne Termin medizinische Betreuung. Besorge mir etwas Cash und eine neue Bleibe, mach mich sauber. Dann einen Whirlpool, eine Jazzbar, einen neuen Anzug, einen neuen Look. Definitiv keine Absteigen mehr. Wenn ich abtrete, dann mit fünf Sternen.

Ich bestell einen Sarg in meiner Größe und lass ihn liefern. Übles Teil, mit rotem Samt ausgeschlagen und mit Riesenwummen und nackten Chicks verziert. So peinlich, dass man nicht mal tot drin liegen will. Deswegen sind auch eine Kaffeemaschine und eine Klingel für den Zimmerservice darin. Weil: Auf den guten Geschmack ist geschissen. Bei meinem Abgang wird es Jammern und Zähneklappern geben. Das wird ein Fest. Mit Unmengen von Angst und Peinlichkeit und Tiefschneepisten aus Koks. Ich werde wie Hendrix und Che auf T-Shirts gedruckt werden. Rockbands werden sich nach mir benennen, und das Mädchen, das deiner Mama in ihren Alpträumen als Schwiegertochter erscheint, wird sich meine Visage auf ihren süßen prallen Pfirsicharsch stechen lassen. Das ist wahre Unsterblichkeit: Generationen von Pornostars, Strippern, Groupies, Emos, Hipsterhasen und Rockrebellen werden auf den Knien um Tätowiernadeln betteln, nur damit sie mein Geist auf den Hintern küsst und sie von der Tinte mit meiner Seele drin berührt werden.

Wenn ich abtrete.

Aber nicht heute.

Weil ich geschäftlich zu tun habe, und wie jeder weiß, nehm ich das sehr ernst.

Ausgehender VoIP-Anruf: Standortverschleierung, verschlüsselt durch ein Schweizer System namens *Peut-être*, Weiterleitung über Poltergeist, das ganze Trallala. Wer das zurückverfolgt, kriegt digitalen Herpes, was Karenina aber gerade am Arsch vorbeigehen dürfte, weil –

Price? Bist du das, verficktes Arschloch?

Hi, Karenina. Sind wir jetzt keine Freunde mehr?

Price, das ist unterste Schublade, tiefste Grotte.

Ach, die Nachricht ist angekommen?

Du Scheißkerl! Du pinkelst mir ans Bein, nur damit ich vor den anderen wie ein Idiot dastehe. Weißt du, wie KINDISCH das ist, wie scheißschlappschwänzig? Hast du nicht mehr drauf, als mich dumm aussehen zu lassen? Du bist ein Kotzbrocken, sonst nichts. Es ist unprofessionell und hinterhältig, mich vor den neuen Kollegen als blöd hinzustellen. Und bringt überhaupt nichts! Das ist bloß stinkender Scheißdreck. Fick dich, alter Freund, fick dich!

Also, Schneewittchen, eigentlich wollte ich deinen sieben Zwergdämonen nur klarmachen, dass – Moment mal, wie stehen die Dinge überhaupt? Weil, ich meine, es waren einmal ja wirklich sieben, aber wie viele sind's denn aktuell? Vier? Plus eine Halbdämonin, wenn man dich dazurechnet. Wie läuft übrigens die Probezeit? Klappt alles so weit?

Das weißt du genau, Arschgesicht. Schlecht, weil du deinen Scheiß in mein System gehackt hast. Und deine alberne Schlampe Charlie kenn ich jetzt auch. Dazu gab's keinen Anlass, Price, weil wir Freunde sind. Gegner zwar auch, aber einander zu verachten und zu verarschen war nicht nötig. Verdammt, das war komplett überflüssig. Momentan stehen wir vielleicht auf verschiedenen Seiten, aber hinterher hätte man auch wieder befreundet sein können. Aber das kannst du jetzt komplett vergessen. Absolut Ende. Jetzt hast du mich wirklich an den Hacken, damit das klar ist, Price.

(Charlie hat mir eine Datei geschickt, und ich muss sagen, sie hat sich selbst übertroffen. Ich verstehe vollkommen, warum Karenina verschnupft ist. Immerhin tauchen auf ihren Bildschirmen und allen verbundenen Geräten kleine Bildchen auf, die, tja, nicht ganz jugendfrei sind. Jedes Mal, wenn die Dämonen ihre Handys anschalten, kriegen sie ein Bild ihrer süßen kleinen Mangateufelin, die von einem weißen Hengst in peruanischer Militäruniform ordentlich aufgebockt wird. Fast wie ein Einhornporno, Chuck-Tingle-Style. Klar, dass das kein gutes Licht auf ihre Systemadministratorin wirft, da ist das Vertrauen in ihre Fachkompetenz etwas erschüttert. Was nicht ganz unverständlich ist, aber auch ein bisschen unfair, weil wir sonst fast nichts anstellen konnten. Außer noch mit den Druckereinstellungen spielen, was Karenina vermutlich kaum juckt. Aber es trägt auch nicht zu ihrem Seelenfrieden bei, wenn die Drucker alle fünfzehn bis zwanzig Sekunden einen Selftest mit langsam steigender Geschwindigkeit durchführen. Laut Charlie völlig arhythmisch, und das nervt am meisten.)

Ich glaub ja, du bist bloß neidisch, weil sie noch keine dreißig ist, sich mit Computern auskennt und trotzdem jederzeit jemand zum Vögeln findet.

... Wie bitte?

Stimmt doch.

Jetzt hör mal zu, Price. Hör einfach mal zu und denk kurz nach. Bis jetzt, bis zu diesem Moment, hab ich dir nichts getan, oder? Neulich mit Tuukka hätte ich dich fast erwischt, und heute hättest du ihn fast erwischt. Gut gemacht, gratuliere. Aber wir beide wissen, dass du diesen Kampf nur so lange führen kannst, wie du Geld hast, und wenn ich sauer auf dich bin, und damit meine ich richtig scheißstinksauer, dann kann ich das ändern. Die Seven Demons können das. Sie wissen es nicht, also haben sie nicht dran gedacht, aber wenn du jetzt nicht sofort Kreide frisst und VOR MIR AUF DEINE VERDAMMTEN KNIE GEHST UND BITTEST UND BETTELST, DU VERDAMMTER DRECKSACK, DANN TRET ICH DIR DERMASSEN IN DEN ARSCH, DASS DU VON DEINEN HÄMORRHOIDEN NASENBLUTEN KRIEGST, VERSTEHST DU? VERSTEHST DU, PRICE, DU ELENDER WICHSER? VERSTEHST DU? ENTSCHULDIGE DICH BEI MIR, UND ZWAR JETZT SOFORT, ODER ICH –

Ja, ja, schon gut.

Price, was zum Geier ist das für ein Geräusch?

Ich furze ins Mikro, du armselige Schnepfe. Du weißt doch, warum wir befreundet sind? Weil du in mir jemand siehst, den du in deinen Glanzzeiten, als du noch scharf warst, fröhlich gebügelt hättest. Mehr nicht. Ich bin eine Art Trophäe. Meinetwegen. Du hast recht, das wär damals echt geil gewesen, nur dass ich da erst fünf war, es hätte also nicht geklappt. Aber wir können gern so tun, als ob, okay?

… Das war's, Price. Du bist geliefert.

Dann leg mal los, Karenina. Ich glaub aber nicht, dass du's draufhast. Übrigens: Grüß Tuukka von mir und sag ihm, sein Bruder ist jetzt wahrscheinlich schon tot.

Schweigen.

Es waren einmal zwei finnische Brüder. Also keine Freunde oder so, und auch keine Brüder an Orten, an denen nicht an vier Monaten im Jahr mindestens ein Meter Schnee liegt. Es waren Brüder, wie sie's früher einmal gab, wie Fels und Eis, Tag und Nacht. Für immer Brüder. Akilles konnte den lieben langen Tag mit Volodya darüber reden, dass er Tuukkas Platz einnehmen würde, verraten würde er ihn nie. Und umbringen erst recht nie. Niemals nie, genauso wenig, wie sich Tuukka je etwas nehmen würde, von dem er glaubte, dass sein Bruder es wirklich wollte, sei es ein Job oder ein Mädchen. Es war einfach klar, dass sich Tuukka eher vor den Zug werfen würde, als die Frau seines Bruders zu ficken oder so. Akilles hätte nur sagen müssen, Stopp, Bruder, das ist nicht okay, das ist mein Mädchen, an der liegt mir was, und Tuukka hätte sie mit so viel Respekt behandelt, dass es einem die Tränen in die Augen getrieben hätte. Und das wussten sie beide. Die Betthäschen, die sie sich teilten, wussten es. Alle wussten es.

Volodya wusste es. Und ich wusste es.

Deswegen hatten wir gar nicht vor, Akilles zu rekrutieren. Wir wollten nur, dass er's glaubte. Wir wollten, dass er mit Volodya, dem Scharfschützen, dem großen Stammesältesten, sprach und ihn kennenlernte. Wir wollten, dass Akilles diesen magischen bösen Dämonendaddy als sein großes Geheimnis hatte und eine Zeitlang für sich behielt. Wenn er eine Beziehung aufgebaut hatte, lag auf der Hand, was er tun würde, nämlich Volodya zu seinem Bruder bringen, damit er dieselbe magische Erfahrung machen konnte. Ein Geschenk für seinen Bruder in einer Sprache, die beide verstanden.

Volodya der Scharfschütze, mit diesem langen Koffer auf dem Rücken.

Ein Mann, der mit einem Gewehr tötet, mit einem Messer, mit bloßen Händen. Genau die richtige Ikone für einen halbirren finnischen Mordjunkie mit einem ultrabrutalen Beruf, der immer im Schatten seines Bruders steht.

Der Typ Mann, mit dem du säufst, weil er dich zwar wegen der Kellnerin abstechen könnte und wegen der Ehre umbringt und in einem fairen Kampf erschießt, aber niemals, weil er dir gerade dann Tetrodotoxin ins Glas kippt, wenn du beim Pissen bist. Der dir niemals ausgerechnet dann in die Augen sieht, wenn die Wirkung einsetzt, und sagt, dir ist nur schwindlig. Der dir niemals den Arm um die Schulter legt und dich stützt und zum Tisch zurückführt. Keine Grüße von Jack Price ausrichtet und sagt, dass es niemals Freundschaft war, nur Kriegslist. Der dir nicht das Herz bricht, während du stirbst.

Außer wenn es aus professionellen Gründen nötig wäre, wenn es zum Job gehören würde. Dann würde Volodya jedes einzelne davon tun.

Ich habe ihm eine große Menge Geld und andere geeignete Gründe gegeben. Es war ein Vertrag.

Die sieben Dämonen, also ehrlich. Nicht persönlich gemeint.

SMS-Eingang: Hey, Price.

Sarah.

Hi, Price, ich bin's.

Ja, Sarah. Grad kein günstiger Zeitpunkt.

Warum nicht? Hab gesehen, dass du schon wieder was absolut Abartiges getan hast.

Was denn?

Price, es wurde jemand am helllichten Tag mit einer Hochzeitskonfettitodesdrohne voll flüssigem Stickstoff angegriffen, und du glaubst, ich erkenn die Handschrift nicht? Wie soll man denn nicht glauben, dass das bestimmt dasselbe verrückte Arschloch ist, das letzte Woche jemand mit einem abgeschnittenen Kopf erschossen hat?

Ja, gut, ich geb zu, dass es moralisch gesehen gewisse Parallelen gibt.

Moralisch gesehen gibt es da verdammt große Parallelen, Price.

Ja.

Alles okay, Price?

Ich wurde angeschossen. Nicht sehr, nur ein bisschen. Tut weh, aber nicht schlimm.

Nicht schlimm?

Na ja, es ist sehr schlimm, weil ich angeschossen wurde und mir was wehtut. Es tut aber nur so weh wie, hm, ein verknackster Knöchel oder was anderes total Beschissenes, aber es geht vorbei. Ich werd schon wieder gesund.

Kannst du dich bewegen?

Ja. Tut aber weh.

Du Ärmster.

Was soll das jetzt?

Soll ich meine Schwesterntracht anziehen?

Klar, wenn's dir Spaß macht.

Bringt nur nichts, weil du mir nicht verraten kannst, wo du bist.

Nö.

Also könnte ich sie anziehen, aber du würdest es gar nicht sehen. Nur wenn du meine Fotos öffnest.

Ja.

Nur dann.

Sarah, ich weiß eigentlich nicht, um was es hier gerade geht.

Natürlich weißt du das. Ich bin ganz allein auf der Welt, ich hab Angst zu sterben, und ich weiß, dass du mich magst. Auf deine verkorkste Art warst du nett zu mir, und ich weiß, was du willst, auch wenn du sagst, dass es nicht stimmt. Psychologisch ist das dann doch nicht so schwierig.

Nein, vermutlich nicht.

Ist es nicht, und es nervt mich auch, aber deswegen hört es ja nicht auf, oder?

Auch wieder wahr.

Sag was.

Ich wünschte, ich könnte dein offenkundiges Bedürfnis nach Sex ausnutzen.

Das wünschte ich mir auch.

… Fuck.

Ja, gerne.

Fuck.

Ja. Sag's noch mal. Sag fuck.

Nein.

Mistkerl.

Nein, nein und noch mal nein.

Sag noch mal fuck, und ich zieh mich aus.

Tu's nicht.

Was?

… Zieh dich nicht aus. Lass deine Sachen an.

Okay.

Jetzt schick mir ein Foto.

Von was?

Von irgendwas, verdammt. Was du willst. Du hast ungefähr zehn Sekunden, ehe ich meine Meinung ändere.

Multimediadatei empfangen: j/n?

j.

Das Laden dauert ein bisschen, weil MMS, keine Mail. Und es dauert noch ein bisschen länger, bis ich begreife, was ich sehe. Ein Handgelenk. Ich erkenne die Uhr, eine dieser kleinen mit Gliederkette, das Zifferblatt fingernagelgroß. Sarahs Uhr. Schlankes Handgelenk, braun und stabil. Muskeln und Knochen. Die obere Hälfte der Hand ist sichtbar, nicht ganz bis zu den Knöcheln. Jeansstoff und Reißverschluss zu einem welligen V geöffnet, knapp überm Schambein ein wenig schwarze Spitze. Der Ansatz rasierten Schamhaars. Der Umriss von Fingern, die nach unten drücken.

Gefällt dir das, Price?

Oh ja.

Dann sag noch mal fuck, und wir sehen weiter.

Nein.

Mach schon, sag's.

Nein.

Ernsthaft?

Ja.

Du bist doch komplett verrückt, weißt du das? Völlig neben der Spur. Du wolltest es, und jetzt kriegst du's. Jetzt, hier, von mir. Und auf einmal zuckst du zurück? So ein bescheuerter Männerscheiß. Jagen, was man nicht kriegen kann, aber nicht nehmen, was man kriegt.

Ja. Ich muss jetzt.

Herrgott, ja. Okay, verschwinde. Mein Gott.

Manchmal hat man einfach so ein Gefühl. Ich steh auf und geh raus. Schau mich nicht um, ob jemand kommt. Vermutlich ist da nichts. Vermutlich ist es nur Sarah, mit Stockholm-Syndrom, genau wie sie gesagt hat. Und Karenina hat bekanntlich anderes zu tun. Sie ist wütend und setzt Himmel und Hölle in Bewegung, um irgendeinen Blödsinn zu machen. Sie hat keine Zeit für Kleinkram wie eine aufwändige Malware-Suche, die irgendwelchen SMS-Verkehr nach meinem Namen durchforstet. Schließlich sind neunzig Prozent aller SMS Werbung und automatisierte Kaufangebote, der ganze Scheiß zum halben Preis.

Aber manchmal hat man einfach so ein Gefühl. Irgendwas stinkt. Nichts wie weg.

TEIL 3

Der Morgen inmitten von Hochhäusern. Sonnenlicht fällt von der Seite in die Stadt, prallt von Gebäuden ab und nimmt den Ton braunen Rauchglases und Ziegelrots, grüner Flecken und von Stahl an. Durch eine seltsame Verwandlung von natürlichem Licht in künstliches wird jede Szenerie zum Interieur. Wer zum Henker will wirklich hier leben? An diesem Ort, der auf die Natur geschraubt ist wie eine Stahlbetonplatte auf ein fehlendes Auge?

Eingehender VoIP-Anruf: erkennbar eine Nummer der Tokioter Polizei. Verdammt, was soll das denn?

Hallo, Mister Price?

What the fuck?

Mister Price?

Ja, hier ist Price. Wer zum Teufel ist da? Niemand kennt diese Nummer.

Nun, Mister Price, ich habe diese Nummer von einer toten Frau, der sie mit einem Messer in die Stirn geritzt wurde, und deswegen würde ich auch gern wissen, what the fuck?

What the fuck?

Ja, genau das. Wer, bitte, sind Sie?

Ich bin professioneller Verbrecher, aber nicht so was wie die Mafia, sondern im Sinne von modern, digital, verteilt und disruptiv, Letzteres aber nicht in Tokio. Ich habe keinerlei Interesse an Japan, außer dass ich mal da war und es mir gut gefallen hat. Ich würde schon gern wiederkommen und mir die Stadt anschauen, aber nur als Tourist, okay? Absolut nicht geschäftlich. Nicht mein Revier, und außerdem habt ihr Japaner selbst ein ausgezeichnetes Kriminalwesen.

Auch eine gute Verbrechensbekämpfung, das darf ich Ihnen versichern.

Ja, auch das, obwohl man liest, dass sich bei euch viele Kriminelle selbst stellen, so als wär das was Kulturelles. Stimmt das?

Nun ja, in einem gewissen Maß schon, aber Sie dürfen die andere Personengruppe nicht vergessen, Mister Price, mit der wir uns befassen müssen, und die muss man durchaus ernst nehmen. Die hat fast so etwas wie eine eigene gewachsene Kultur und fühlt sich irgendwie als Teil der Gesellschaft, und diese Leute stellen sich nicht freiwillig.

Ja, kann ich mir vorstellen. Das ist, wie soll man sagen, eine gesellschaftlich vollintegrierte Kriminalität?

Das würde ich lieber nicht sagen, wenn einer der hiesigen Politiker auch nur in der Nähe ist. Die mögen diese Vorstellung überhaupt nicht, obwohl sie wissen, dass sie zu hundert Prozent zutrifft. Liegt an *honne* und *tatemae*, wie Sie vielleicht wissen, obwohl ich persönlich nicht glaube, dass die Diskrepanz von innerem Gefühl und äußerem Auftreten den Kern unserer Kultur ausmacht.

Ah, okay, verstehe. Also gut, nur ums noch mal zu betonen, ich bin – äh, Moment mal, diese Tote, war das zufällig eine Doktorandin in einer Spezialdisziplin der Mathematik?

Das ist eine höchst interessante Vermutung.

Das begreif ich mal als Ja.

Es ist mir leider unmöglich, dies gegenüber einem *gaijin* und Gesetzesbrecher zu kommentieren.

Das wäre wohl unpassend für Sie.

Ja, Mister Price. Sehr unpassend. Ich hoffe, Sie ziehen keine falschen Schlüsse aus meiner Bemerkung, dass ich Ihre Vermutung interessant finde. Das würde mich beschämen.

Ihre Bemerkung ist mir vollständig entgangen.

Wie beruhigend für mich.

Dürfte ich Sie nach Ihrem Namen fragen?

Ich bin Inspector Ando vom Public Security Bureau. Ando Hideaki. Das PSB ist eine Kreuzung zwischen FBI und der Anti-Terror-Einheit des NYPD.

Okay, Inspector Ando, für mich steht einem einvernehmlichen Gespräch nichts im Weg. Wir haben ja keinen unmittelbaren Interessenkonflikt, weil Sie innerhalb Japans operieren und ich nicht beabsichtige, je dergleichen zu tun. Blenden wir also einfach die offensichtliche Unvereinbarkeit von meiner Position mit Ihrer örtlichen Gesetzeslage aus?

Ja, ich glaube, das lässt sich einrichten.

Hab ich mir gedacht. Es ist also Folgendes passiert: Vor nicht allzu langer Zeit wurde die Lady, die unter mir gelebt hat, regelrecht exekutiert. Das gefällt mir nicht, weil es in meinem Gebäude passiert ist, das heißt, nicht meins im Sinne von Besitzer, ich wohne da nur. Aber so was macht einen nervös, das verstehen Sie doch?

Selbstverständlich.

Gut. Daraufhin hab ich mich in meiner Freizeit etwas umgehört. Normalerweise bin ich ein erstklassiger Kokaindealer mit einem modernen agilen Unternehmen. Meine Tätigkeit hat meist keinerlei Folgen, außer dass vielleicht mal ein Gerüstbauer etwas zu high ist und eine

Stange fallen lässt, was in der Öffentlichkeit verständlicherweise kleinere Panikreaktionen auslöst.

Gerüstbauer?

Eine Art Bauarbeiter. Die Metallstäbe für Außenarbeiten an Gebäuden anbringen.

Ah. Die Stäbe heißen hier Rohre, da besteht man drauf.

Echt? Vermutlich gibt's da eine internationale Gewerkschaft oder – ach egal. Okay, also, das ist mein Job, und der ist ruhig und profitabel. Anders als im Kino schert sich eigentlich niemand darum, und das Schlimmste, was dabei passiert, ist Männerwaxing. Aber klar, wenn Sie wollen, können wir diesen Teil auch überspringen.

Was für ein Glück.

Kein Problem. Also, irgendwann kommt raus, dass ein reicher Knabe aus irgendeinem Grund die Seven Demons anheuert, um mich auszuschalten.

Chikusho fuckaduck.

Ich – was?

Im Japanischen gibt es nicht viele Schimpfwörter, um Abscheu und Überraschung auszudrücken. Wir haben zum Beispiel keine Entsprechung für das englische *motherfucker*, das einiges auf den Punkt bringt.

Chikusho fuckaduck.

Das ist nicht ideal, aber es erfüllt den Zweck. Bitte fahren Sie fort.

Also kennen Sie die Seven Demons?

Ich bin vom PSB, Mister Price. Selbstverständlich kenne ich sie. Sie wissen sicher auch, dass ich, sollten Sie nach Tokio kommen, um Ihre Geschäfte hierher auszudehnen, am nächsten Tag bei Ihnen auf der Matte stehe.

Und Sie wissen sicher auch, dass das nicht so einfach

wäre, aber egal. Es geht also um die Seven Demons, die überall eine Menge Unruhe verursachen, und vielleicht war ich mit meiner Reaktion auf sie etwas forsch und hab die Sache etwas auf die leichte Schulter genommen, so dass sie jetzt wohl einen Tick zu extrem werden.

Extrem? Sie werden extrem? Verzeihen Sie, aber ich dachte, extrem ist das Hauptmerkmal der Gruppe?

Da haben Sie auch wieder recht, aber zum jetzigen Zeitpunkt sind sie vielleicht auch etwas emotional?

Weil Sie noch am Leben sind?

Das, und weil offenbar irgendwer Johnny Cubano mit einem abgeschnittenen Kopf erschossen hat und kurz darauf Li Dong-ha einem menschlichen Pürierstab begegnet ist und dann auch noch Akilles Mäkinen von seinem Ersatzpapa vergiftet wurde. Und unterdessen habe ich einen ziemlich harmlosen Stamm von Milzbranderregern in ihr Kokain gemischt, so dass es jetzt alle igittigitt finden, und Tuukka Mäkinens rechte Hand und seinen Quadrizeps zereiswürfelt. Das muss man aber als unentschieden werten, weil der Scheißkerl mich im Gegenzug ein bisschen angeschossen hat. Danach habe ich einer Freundin einen Bildschirmschoner auf ihre Telefone aufspielen lassen, auf dem ein Comicpferd ihr Logo penetriert. Jetzt wissen Sie, warum ich vermute, dass die Dämonen schon bessere Momente hatten.

Chikusho fuckaduck.

Das trifft's jetzt ziemlich genau.

Ja, gerade habe ich nur gedacht, ich wüsste, was es heißt. Verstehen Sie mich nicht falsch, Mister Price, ich bewundere Ihre Leistungen, aber wenn Sie je in mein Land kommen, werde ich dafür sorgen, dass Sie vor Ihrer

Ankunft im Hotel von einem Sattelschlepper überfahren werden. Einen diesbezüglichen Aktenvermerk habe ich eben angelegt.

Ich wär aber schon gern mal gekommen und hätte mit den Affen in den heißen Quellen gebadet.

Das ist in jedem Fall ausgeschlossen, weil es sich um ein Naturschutzgebiet handelt und sie Ihnen die Nase abfressen würden.

Ja, das würden sie womöglich.

Streng genommen sind es außerdem Makaken.

Oh, okay, man lernt nie aus. Ich schätze jedenfalls, dass die tote Frau eine Doktorandin mit speziellen Kenntnissen in Kryptografie war und als @LuciferousYesterGirl im Internet unterwegs war. Nun hatte sie wohl Besuch von ein paar Dämonen, die sie gefoltert haben, um an möglichst viele bis alle Infos über den Aufbau eines isländischen Darkweb-Dienstes namens Poltergeist zu gelangen.

Warum?

Weil ich darüber an Geld komme, ohne es unter irgendwelchen Matratzen verstecken zu müssen, und die Dämonen es satthaben, dass ich welches habe und damit schlimme Dinge veranstalte.

Und warum haben sie das nicht gleich getan?

Weil ziemlich viele Leute Poltergeist nutzen und es selbst für die Seven Demons ins Auge gehen kann, dabei erwischt zu werden, wie sie daran rummurksen, eigentlich wär's sogar ziemlich dämlich. Aber ich denke, ab einem bestimmten Punkt war das Karenina scheißegal. Schätzungsweise genau dann, als ich sie eine verschrumpelte Schnepfe genannt habe, die wahrscheinlich nie mehr gevögelt wird, und vielleicht hat sie ihren Freunden auch nicht in jedem Detail erklärt, wie sehr schlecht beraten sie sind, diesen Schritt zu gehen.

… Sie sind wirklich ein Monsterarschloch, Mr Price.

Godzillagroß.

Unglaublich. Also haben die Dämonen die Frau hier getötet, um an Sie ranzukommen.

Schätz ich mal.

Und sie haben Ihre Nummer hinterlassen –

Damit Sie mich anrufen und mir's sagen und ich weiß, dass sie mich bald an den Eiern haben.

Von dieser Karenina hab ich noch nie gehört.

Na, die ist auch noch Praktikantin. Sie ist eigentlich eine alte Freundin von mir, weswegen es vermutlich zusätzliche Irritationen gibt.

Wieso hab ich bloß den Eindruck, dass Sie das alles so wollten?

Nun, Inspector, wie Sie schon bemerkt haben, bin ich ein Arschloch. Für die Dämonen ist das ein Auftrag, aber für mich ist das ein heiliger Ruf, und ich bin happier als je zuvor.

Das ist traurig.

… Hm, ja, schätze, das ist es wahrscheinlich.

Danke, Mister Price.

Gern geschehen.

Kommen Sie nicht nach Japan, Mister Price.

Einverstanden, Inspector. Aber Sie sind bei mir immer willkommen. Es gibt ja nicht viele Menschen, mit denen ich wirklich offen reden kann.

Chikusho fuckaduck.

Ja, okay, dann alles Gute.

Goodbye, Mister Price. Eigentlich sollte ich Ihnen ja nicht viel Glück wünschen, aber irgendwie tu ich's.

Danke, Mann.

Kaffee, aber nicht bei Sunby, weil man besser an keinen Ort geht, an dem man schon mal war. Ich warte auf eine Lieferung, vermutlich die letzte über Poltergeist, also hab ich mir mehr bestellt. Das Knirschen im Geistergebälk ist schon zu spüren. Erste lokale Provider fallen aus. Aber das ist nur ein Wink mit dem Zaunpfahl, damit ich merke, wie sehr ich am Arsch bin. Flugzeit von Japan nach Island, plus Flugzeit von Reykjavik in den mittleren Norden, dazu die Zeit fürs Buddeln und Foltern, Datenbankknacken und Zusammensetzen der verhackstückten Infos. Aktuell sollte keine Gefahr bestehen, aber nach dieser Aktion hier wird es ernst. Bald brauch ich eine neue Geldquelle. Poltergeist dürfte eine Zeitlang nicht mehr zur Verfügung stehen. Ist jedenfalls anzunehmen. Das heißt, keine digitalen Kapriolen mehr: Jetzt geht's analog zur Sache.

Bericht in den Lokalnachrichten: Anscheinend mordet sich ein durchgeknallter humpelnder Muskelprotz durch die Stadt. Ein Kerl mit selbstgebasteltem Bein und viereckigem Loch in der Hand, der alle umbringt, die in einem Büroturm in Downtown gearbeitet haben, für eine Firma mit vielen internationalen Kontakten.

Dürfte mein altes Büro aus Kaffeezeiten sein.

Das sind dann wohl meine Kollegen von damals.

Und ja, das dürfte Tuukka sein, der alte Hoppelhase, der durch die Gegend eiert und alle vor Züge oder aus Häusern schmeißt und abfackelt. Der Typ ist echt ein Alptraum. Warum sollte es mich was angehen, wenn er brennende Broker von Dächern wirft? Ist das eine Botschaft an mich? Warum zum Henker soll mir das was ausmachen? Ich hab die Typen nicht mal gemocht, als ich mit ihnen gearbeitet habe. Das ist doch das Konzept, oder? Testosteron und Sieg. In einem Team gibt's kein Ich, aber in mir gibt's ganz viel davon.

Ich mochte keinen von den Typen, und am allerwenigsten das Arschloch, das nicht den Aufzug genommen hat.

Alles easy, mir geht's gut.

Später werf ich auf einem unbebauten Grundstück meine Kreditkarten, Telefone und alle Kleidung in eine Tonne. In einer mit Plane verhängten und überdachten Pissecke schlüpfe ich schnell in neue Klamotten. Und Abgang, Jack. Reisetasche. Ich geh in ein beschissenes Hotel in der Nähe des Flughafens, wo ein neues Gesicht nicht auffällt. Schön langsam geht mir das Bargeld aus. Der Strom versickert. Ich sitze bald auf dem Trocknen, also muss ich mir was einfallen lassen. Hier gibt's ungefähr fünfzig Absteigen, in denen niemand länger als eine Nacht bleibt und niemand einen Namen hat. Hier würde es auch dann keiner mitkriegen, wenn ich in eines zurückkäme, in dem ich schon mal übernachtet habe. Interessiert keinen: Leute kommen und gehen zu jeder Tages- und Nachtzeit, internationaler Luftknoten, Durchreise. Heute um Mitternacht geht ein Flug nach Tokio. Könnte mir einen Pass besorgen und hinfliegen. Vielleicht würde mir der PR-Fred nicht mal folgen. Der wird sich jetzt schon wünschen, dass er sich nicht mit mir angelegt hätte. Hat Spaß gemacht, aber wie wird das Endspiel? Mehr Spaß?

Ando hat sich allerdings ziemlich klar ausgedrückt. Gehe davon aus, dass er nicht doof ist. Er mag mich, aber nicht als Nachbarn.

Hm, womöglich steckt darin eine tiefere Wahrheit.

Der Scheißfernseher in meinem Scheißhotelzimmer läuft und – ho! – da kommen ja Nachrichten aus Island! Die schaffen es selten bei uns auf den Schirm, weil – na ja, Island. Im Wesentlichen gibt's da Björk und Vulkane und vor einigen Jahren auch Partyflüge nach London, falls sich noch jemand gern dran erinnert, aber das ist jetzt passé. Die Kacke muss wirklich am Dampfen sein, wenn Island aus seinem Nachrichtennirvana auftaucht. Als Reykjavik das Epizentrum der Finanzkrise war, hat das gerade mal gereicht, dass die Medien den Stadtnamen richtig buchstabiert haben. Hingeschickt haben sie deswegen keinen.

Jetzt schon.

Jetzt hat Island Explosionen und Gangster, und das ist natürlich medienaffin, also schwärmen die Reporter aus.

Scheint so, dass jemand mit einer Scheißlaune dorthin ist, eine humorlose Russenoma und ein Typ mit einer Stimme wie ein echter weißer James Earl Jones, und dieses Duo erzeugt eine Art entropischen Negativstrudel in der hippen isländischen Hackerszene. Es gab Tote, Explosionen und viel Gebrüll und Geschrei. Island hat nicht mal vierhunderttausend Einwohner, und die haben generell keinen besonderen kriminellen Drive. Die meisten der Leute dort haben je nach Saison unterschiedliche Jobs. Als ich da war, hab ich eine Tour mit einem Bestatter gemacht, der auch Reiseführer und Jäger war. Er hat mir unter anderem ein Hochsicherheitsgefängnis gezeigt, das in etwa so groß wie ein Heuschober war und achtzig Insassen hatte. Die meisten von denen hatten gerade mal eine Person umgebracht, und das auch nur in einem Eifersuchtsanfall im Suff. Das soll nicht heißen, dass es in Island keine seltsamen Gestalten gibt, aber der Pool krimineller Talente ist relativ klein und die Anzahl in Frage kommender Irrer mit den entsprechenden körperlichen Fähigkeiten relativ gering. Vermutlich müssen sie das bei Bedarf outsourcen.

Und dann fing gestern das Hinterland an, in die Luft zu gehen. Ich kann mir gar nicht vorstellen, wie verdammt cool das ausgesehen haben muss, und ich find's wirklich schade, dass ich nicht da war. Millionen von Euro an geheimer Hardware in flüssigkeitsgekühlten unterirdischen Serverfarmen brechen am frühen Morgen durchs Eis und rauschen ab in die Lavaströme, ein regelrechter Napalmmorgen, oder *Apocalypse Now* unter der Mitternachtssonne. Männer und Frauen, die für Offshore-Unternehmen arbeiten, werden von dieser tobenden Russenoma aus ihren Privatbunkern gezerrt und in den Vulkandampf direkt aus dem verdammten Erdkern gestellt: zweigeteilt von einer Kraft irgendwo zwischen Tsunamiwelle und Laser.

Karenina lässt es wirklich krachen, und ich muss zugeben, dass ich ein leicht ungutes Ziehen in den Eiern spüre. Sie geht dermaßen in die Vollen, dass ich eine psychoskrotale Reaktion merke. Ist so bei mir.

Meine Hände zittern. Hätte den Aufzug nehmen sollen. Alles gut. Durchatmen. Alles gut.

Ich fühl mich momentan nur ein bisschen abgelehnt: aus Tokio ausgeladen, in Island gejagt und so. Würde so gern jemand mein Herz ausschütten. Aber ich habe nur mich.

Alles gut. Durchatmen. Alles gut.

Hätte den Aufzug nehmen sollen.

Ziehe mich für einen Termin an. Schwarzer Anzug. Dazu weißes Hemd, echte Manschettenknöpfe. Hab seit Kaffeezeiten keinen Anzug mehr angehabt. Teurer Fetzen. Natürlich bar bezahlt, mit echten Scheinchen. Also, wenn man sein Geld in einer Tasche mitschleppt, muss man auf seine Ausgaben achten, weil: Wenn's weg ist, ist's weg. Ernüchternder Moment. Aber besser als bescheuerte Zahlen auf dem Bildschirm. So hält man sein ganzes Leben in der Hand.

Klar, Topthema beim Meeting mit Mr Driskol die neue Einnahmequelle für mich. Driskol war ein Termin auf der Liste, die ich aus Lindens Büro geklaut habe. Stinkreicher Typ, nicht mehr jung und ein Drecksack aus Tradition. Ererbtes Vermögen, ursprünglich aus dem Sklavenhandel, dann Spekulationsgewinne während der Großen Depression, in letzter Zeit vor allem Waffen- und Ölgeschäfte. Ich habe viel gelernt, als ich Mr Driskol durchleuchtet habe, insbesondere, dass die Leute sich so lange mit mottenlöchrigen Sicherheitskonzepten aus dem zwanzigsten

Jahrhundert durchmogeln, bis ein Arschloch wie ich daherkommt. Driskol geht zu Mr Linden, weil er gelegentlich von Interessenverbänden kommunistischer antiamerikanischer Ökoverschwörungsspinner aus Ländern wie Venezuela verklagt wird, denen es nicht zu blöd ist, gegen das Niederbrennen von ein, zwei Dörfern durch seine Ölförderfirmen zu protestieren, obwohl er persönlich nicht das Geringste mit solchen Sauereien zu tun hat. Privat vergibt er viele Stipendien an junge Frauen mit einer sehr speziellen körperlichen Konstitution, mit denen er dann vor oder nach dem Diplom für ein paar Monate eine engere Beziehung hat. Kurz gesagt, Sugardaddy Driskol ist ein Gelegenheitsvölkermörder mit eigener Geliebtenzucht. Was, wenn man's genau nimmt, eigentlich – ach, lassen wir das.

Ein schwarzer Straßenpanzer kommt mich abholen. Mr Driskol mag es eben traditionell. Innen liegen Zigarren in einem in die Tür eingebauten Humidor. Maybach, ultraluxuriös, superteuer. Nett. Lange Fahrt, deswegen plaudere ich mit dem Chauffeur.

Hallo, mein Name ist Price.

Hallo, Mr Price.

(Die Stimme klingt wie ein Türklopfer an einem Burgtor. Toll.)

Arbeiten Sie schon lang für Mr Driskol?

Fast mein ganzes Leben.

Ist er nett?

Hm, schwer zu sagen. Ganz unterschiedlich.

Unterschiedlich?

Seine Launen und Meinungen und so. Ich denke, alle Reichen sind so.

Vermutlich.

Darf ich fragen, was Sie von Mr Driskol wollen?

Ich habe einen geschäftlichen Vorschlag. Ist etwas kompliziert. Import-Export.

Etwas Illegales, Sir?

Wie kommen Sie denn darauf?

Das ist der Wagen für illegale Geschäfte, Sir. Für die legalen hat Mr Driskol einen anderen Wagen. Den dunkelblauen, Sir. Der schwarze Wagen ist für illegale Geschäfte. Manchmal kommt es aber auch zu einer Verwechslung.

Heute passt's.

Das habe ich mir gedacht, Sir.

Er macht also illegale Geschäfte?

Er macht Geschäfte, Sir. Die Gesetze der Menschen bedeuten ihm nicht viel.

Ist er religiös?

Ich glaube, er hat eine Art spirituelles Empfinden, aber im herkömmlichen Sinn ist er's wohl nicht.

Und es stört ihn nicht, wenn Sie so reden?

Ich würde sagen, nein, Sir.

Sie sind Mr Driskol, oder?

Wodurch habe ich mich verraten, Mr Price?

Ich weiß nicht, Mr Driskol. Ich schätze, ich hatte einfach Glück.

Sollen wir uns irgendwo hinsetzen und reden, Mr Price? Ich habe da ein Haus gleich um die Ecke, wo wir uns ungestört unterhalten können.

Au ja.

(Drücke ihm eine Pepperbox leicht an den Hinterkopf. Niedliches Pistölchen.)

Was machen Sie da, Mr Price?

Zu meinem Bedauern ist unser Geschäft von etwas anderer Art, als ich Sie habe glauben lassen, Mr Driskol.

Mr Price, wenn Sie mich erschießen, bekommen Sie nur einen winzigen Teil meines Vermögens, das kann ich Ihnen versichern. Einhunderttausend in bar, mein Notgroschen im Haus. Vielleicht eine Million, wenn Sie von mir die Kontodetails erfahren, aber das dürfte aufwändiger werden. Wenig kosteneffizient, weil Sie deutlich mehr bekommen könnten. Wenn Sie dann noch bedenken, dass ich in spätestens einer Woche vermisst werde, scheint das insgesamt ein recht überflüssiges Unterfangen.

Tja, leider arbeite ich immer allein. Außerdem habe ich aktuell einen Liquiditätsengpass, so dass mir die einhunderttausend und die zeitweise Nutzung Ihres Hauses und Ihrer Identität sowie dieses wunderbare Fahrzeug schon prima weiterhelfen. Plus: Ich glaube, Sie überschätzen die öffentliche Aufmerksamkeit für Sie, Mr Driskol. Sie haben sich gut vor den Augen der Welt verborgen und Ihr Leben durch eine ganze Reihe von Vorsichtsmaßnahmen geschützt, so dass Monate vergehen dürften, bevor jemand Ihr Verschwinden bemerkt. Aber ehrlich gesagt, ich brauche nicht mal eine Woche, Sugardaddy.

Sie sind ein Moralist, Mr Price. Wie deprimierend.

(Okay, wenn's für Sie angenehmer ist, tun wir einfach so, als würde ich Daddy in den Keller sperren, mit Whisky und Pornos, und später wieder freilassen. Aber glauben Sie bloß nicht, dass ich das wirklich tu.)

Das Fernsehen tut so, als sei eine Epidemie ausgebrochen, die bescheuerte Broker aus Häusern stürzen lässt. Und auf YouTube hört man sie sogar schreien, bis sie unten aufschlagen. Man kann nirgends hingehen, ohne Leute darüber reden zu hören. Und in jeder Bar läuft die Glotze.

Meine Hände zittern vier Stunden lang, eine Ewigkeit. Ich krieg diesen verfickten Fred nicht aus dem Kopf.
Fick dich, Fred.
Fick.
Dich.
Ich brauch einfach einen Kaffee. Die Bar im Regent Heights hat eine eigene Röstung, die ist so kräftig und intensiv, dass man damit in die Zukunft sehen kann. Und dank Mr Driskol bekomme ich auch eine eigene Suite.

SMS-Eingang.

Hey, Price, du sinnloses Arschloch.
Hallo, Sarah.
Was machst du?
Ich trage den Anzug eines Toten und trinke eine Prophezeiung aus einer Tasse, die so groß ist wie dein Mund.
Möchtest du vorbeikommen und gleich aus meinem Mund trinken?
Gern.
Wirklich?
Ja, tu ich. Fuck. Tun wir's. Wo bist du?
Ernsthaft, Price?

Hab ich doch gesagt.

Fuck.

Ja, das ist der Plan.

Dann komm endlich, oder muss ich dich holen?

Eins von beiden wird wohl passieren.

… fuck, ja.

Wo bist du?

Verdammt noch mal, ich weiß gar nicht, ob das wirklich du bist. Was, wenn es die anderen sind?

Du hast immer gewusst, dass ich auf dich stehe, und immer so getan, als würdest du's nicht wollen. Trotzdem tust du's, weil die Welt plötzlich Kopf steht und du hoffst, dass unten jetzt oben ist. Aber bevor du diese Tür aufmachst, willst du sichergehen, dass ich kein fauler Sack bin. Denn wenn du's tust, gibt's Flecken auf deiner guten weißen Seelenweste, und dafür muss es dann schon absolut hammergeil sein. Wenn du mal deinen Enkeln erzählst, dass du mit einem Massenmörder und Drogenhändler mitten in einem Verbrecherkrieg in die Kiste gestiegen bist, dann musst du schon sagen können, es war einfach hammermäßiger Sex.

Sarah sagt: So ein arroganter Arsch kannst nur du sein.

Sie sagt mir, wo ich sie finde. Ich nehme Driskols Wagen, falls wir ein Bett brauchen.

Apartmenthaus, nicht sehr hoch. Beste Wohnlage. Wie zum Teufel ist sie da drangekommen? Vielleicht hat Sarah einen Sugardaddy aufgegabelt?

Stelle das Auto auf dem Parkplatz unter dem Haus ab.

Es gibt einen Aufzug zum Erdgeschoss. Einen großen Aufzug, tolles Design. Voller Spiegel. Darin ich in den Neunzigern. Wie ich am Telefon hänge und Kaffee verkaufe. Wie ich am Telefon hänge und sage:

Nimm den Aufzug.

Möglicherweise bin ich jetzt doch ein wenig angespannt. Ein bisschen gestresst.

Dieses Treffen ist keine gute Idee, aber ob es deswegen schon schlecht ist? Das ist genau, was Fred will, er will mich aus dem Konzept bringen, weil mein Konzept funktioniert. Und deswegen sollte ich mich auch nicht ablenken lassen und mein Ding weiter durchziehen. Aber ich bin auch nur ein Mensch. Früher oder später braucht man einfach jemand, ein Lächeln, weil man ist, der man ist, und sich nach anderen Menschen sehnt. Das lässt sich einfach nicht verdrängen, und wenn man's versucht, packt's einen erst recht. Dann macht man noch mehr und noch schlimmere Fehler als diesen hier. Also sucht man nach Wegen, die Regeln zu brechen, ohne dass es einem schadet, und kommt hinterher wieder in die Spur. Wahrscheinlich schadet es mir auch nicht. Es sei denn, Fred hat Dusel oder Tuukka nimmt meine Witterung auf. Es sei denn, Karenina groovt sich wieder ein.

Fick dich, Fred.

Oder besser: Sarah ficken, dann Fred töten.

Ich habe den Kaffee im Blut, der einen in die Zukunft blicken lässt. Dazu Feuer und Wut, Angst und Lust.

Kaffeesex, ich komme.

Hätte ich ihr vor der Abfahrt bloß gesagt, sie soll auch welchen trinken.

In der ersten Etage gleich die erste Wohnung. Schon im Flur vergoldetes Geländer und Stuckdecke. Wie in einem Museum oder einem Bordell im Vatikan-Stil, oder beides zusammen. Dicke Teppiche auf dem Boden, die Wandvertäfelung mit Art-déco-Intarsien. Oder ist das Jugendstil? Jedenfalls wie Elfen aus einem Elfenfilm.

Da ist die Wohnungstür. Holz. Sieht echt teuer, echt alt, echt cool aus. Sexy. Die Politur riecht lecker. Stell mir Sarah vor, die das Holz poliert. Wie ihre Hände über die glatte braune Fläche streichen. Kreisbewegung. Eine Wange auf dem Holz.

Ich packe den Messingtürklopfer. Klopf, klopf, Sarah.

Die Tür öffnet sich einen Spaltbreit. Ich sehe Haut. Ein Auge, groß, weit offen. Als sie zurücktritt, blitzt kurz eine Brustwarze auf: silbriges Rosa und sehr stramm. Blasser als gedacht. Aus dem Augenwinkel ein Negligé aus schwarze Spitze. Die Uhr. Die Tür geht auf.

Trete ein. Höre, wie sie zuschnappt. Dreh mich um.

Die Frau Doktor sagt: Schauen Sie Ihre Hand an.

Ich schau meine Hand an. Seltsames Blau auf der Handfläche, fast wie Druckerfarbe. Scheiße, der Türklopfer war präpariert.

Sie sagt: Das ist eine Lösung von –

Muss ich unbedingt wissen, wie das heißt?

Hätte mir zwar gefallen, es zu sagen. Aber eigentlich ist es nicht nötig.

Werde ich dran sterben?

Wenn ich es zulasse, ja.

Versteh ich nicht.

Oh doch.

Ich –

Wenn Sie mich töten, Mr Price – wenn Sie irgendwas tun, das ich nicht will, dann werden Sie von innen aufgefressen, unter grausameren Schmerzen, als Sie sich vorstellen können. Das ist die eine Option. Aber von mir aus muss das nicht sein. Es ist nur meine Rückversicherung für dieses Treffen.

Wo ist Sarah?

KLATSCH. Mitten ins Gesicht. Wunderbar ausgeführt, wie ich gesehen habe: geschmeidige Körperdrehung, das Vorschnellen, mit Kraft. Ich hab Blutgeschmack im Mund, meine Wange brennt. Was für eine Frau.

Wie ungehörig, Jack. Sehr, sehr ungehörig. Sarah ist weg. Frederick hat sie. Seit Tagen schon. Ich habe natürlich ihr Telefon. Unsere Korrespondenz hat mir viel Spaß gemacht, sie war aber auch frustrierend. Mehrmals wollte ich es Ihnen sagen. Ich war nicht sicher, ob Sie den Kontakt unterbrechen würden oder nicht. Was hätten Sie getan?

Weiß nicht.

Schauen Sie mich an, Price.

Ich schaue. Die Frau Doktor ist schön. Ich trete näher. Sie lächelt und tritt einen Schritt zur Seite, als könnte ich an ihr vorbei zum Fenster laufen und sie müsste mich fangen. Sie drückt ihre Brust ein wenig heraus, ihr ganzer Körper strafft sich. Das sieht wirklich sehr gut aus.

Price, Sie haben überhaupt nicht mit Sarah telefoniert.

Nicht seit Fred versucht hat, sie wegzuschaffen, und sie nicht da war. Sie haben immer mit mir telefoniert. Und ich mit Ihnen.

Oh.

Ja.

Warum?

Weil Sie mir gefallen. Ihr Geist hat etwas Ästhetisches. Sie haben meinen Hund nicht getötet. Warum nicht?

Er ist süß.

Fred hätte ihn getötet. Sie haben Ihren Bullenbuddy getötet und mit seinem Kopf Johnny Cubano erschossen. Was mit Li Dong-Ha passiert ist, ist mit das Schlimmste, was ich je gesehen habe. Und für Ihr wandelndes Rasiermesser war das noch übler. Davon dürfte er sich nie mehr erholen.

Na ja, richtig toll fühl ich mich deswegen nicht.

Exakt. Sie sind überhaupt kein Soziopath. Sie erleben die Welt wie ein ganz normaler Mensch, aber gleichzeitig unterliegt Ihr Handeln keinerlei Beschränkungen. Genauso wie meins.

Echt keine?

Nicht die geringsten. Sie interessieren mich. Sie sind eine Anomalie. Sie sind attraktiv. So etwas begegnet man nicht so oft.

Ihre Arme schlingen sich um meinen Nacken. Ich spüre ihr Becken an meinem, wie sie sich an mir reibt, auf und ab, auf und ab. Eine Hand auf der glühenden Wange, zärtlich über das Brandzeichen ihrer Wut streichend. Mir läuft das Wasser im Mund zusammen. Ich spüre ihren Atem auf meiner Wange und mache ein Geräusch, bei dem es nicht mehr zum Wort reicht.

Oh ja, sagt sie. Genau das.

Mögen Sie Kaffee?

Ich trinke ihn andauernd, Price, zu jeder Tages- und Nachtzeit.

Ihre Lippen auf meinen. Schmale Lippen, die sich in etwas Unwirkliches, Unglaubliches öffnen und das keine Zurückhaltung kennt: Komm. Komm rein. Komm, komm, rein. Jetzt.

Sie tritt einen Schritt zurück und nimmt meine Hände, bewegt sie auf und ab. Führt sie an ihre Brüste, nimmt sie wieder weg und legt sie um sich herum. Ich hebe sie hoch, und ihre Beine umschlingen mich, klammern sich an mich. Sie stöhnt, als meine Finger sie berühren, presst sich gegen mich, stöhnt und löst sich von mir.

Sie führt mich ins Schlafzimmer.

Das Bett ist riesig. Keine Decken darauf, nur ein Leintuch, riesig, weiche Baumwolle, keine Seide. Das Zimmer ohne einen einzigen persönlichen Gegenstand, nicht mal Kleidung. Der Raum dient nur einem Zweck.

Frau Doktor steht am Fußende des Betts und lässt ihr Negligé fallen. Ich knie mich hinter sie, lege die Hände auf ihre Hüften, presse den Mund in die Senke über ihrem Hintern. Sie schiebt ihn mir entgegen, und ihr Geruch überspült mich. Ich spüre sie, bis in die Fingerspitzen. Ich knabbere an ihr, und sie wölbt sich in den Biss.

Stopp.

Okay.

Sie zieht einen Alukoffer unter dem Bett hervor. Klickklack. Er springt auf.

Dranmachen. Hier.

Es ist ein weißes Plastikquadrat, drei mal drei, auf der einen Seite Klebefolie. Sie nimmt meine Hand, schlingt den zugehörigen Arm um ihren Körper, schiebt ihn sich auf den Bauch. Dann zurück. Und sie beugt sich vor, Neunziggradwinkel. Zeigefinger auf dem Steiß.

Hier.

Ich folge.

Jetzt ausziehen und umdrehen.

Unter ihren Blicken ziehe ich mich aus. Ich bin bandagiert, und sie zischt missbilligend. Tuukka, du Vollpfosten. Ich spüre das Plastikquadrat über mein Rückgrat kratzen, dann ein kurzer Druck: Es klebt. Ihre Hand findet meine Eier, greift zu, lässt wieder los. Ich drehe fast durch.

Keine Angst, Price. Ich versprech's. Vertrauen Sie mir etwa nicht?

Nein.

Ich meine das nicht abstrakt. Natürlich nicht abstrakt. Ich meine hier und jetzt. In diesem Zimmer.

Warum sollte ich?

Warum haben Sie meinen Hund nicht getötet?

Ja, warum nicht?

Weil Sie wussten, dass wir wieder zusammenkommen würden. Hier, jetzt, so.

Ich wollte Sie rekrutieren.

Sie lacht. Es ist das dreckigste Geräusch, das ich in meinem ganzen Leben gehört habe. Oh. Ja. Rekrutier mich. Ich will rekrutiert werden. Ehrlich. Re-kru-tiert.

Immer und immer wieder. Und wieder. Re-kru-tier mich, bis ich nicht mehr kann. Nicht. Mehr.

Sie lacht noch einmal. Dann klettert sie aufs Bett und tastet, bis sie ein Kabel findet. Stecken Sie mich an.

WAS?

Stecken Sie mich an, Price.

Experimentalsex?

Ach, Schwachsinn. Ich weiß genau, was passiert, glauben Sie mir. Also: Vertrauen Sie mir?

Ja.

Ich clippe das Kabel an das weiße Klebequadrat.

Drehen Sie sich um.

Ich gehorche. Es ziept ein bisschen, als sie den Clip festschließt. Nichts weiter.

Jetzt einen Schritt zurück, Price. Gut so.

Sie macht sich an dem Alukoffer zu schaffen. Ich höre ein Pfeifen, Surren, wie von einem Dynamo.

Jetzt. Berühren Sie mich.

Sterbe ich dann?

Würde Ihnen das viel ausmachen?

Sie beugt sich zurück.

Eigentlich nicht. Ich trete einen Schritt vor und strecke die Hand aus.

Ich spüre ein Bitzeln. So muss sich Cola in einem Strohhalm fühlen. Von meinen Fingerspitzen laufen blaue Lichtbögen zu ihr. Sie schnappt nach Luft, grinst.

Ja, Price.

Fuck, Sie sind doch verrückt.

Ja. Bewegen Sie die Hand.

Ich tue es. Blitze tanzen über ihren Bauch, und sie windet sich.

Ja. Höher.

Der Blitz erreicht ihren Brustkorb, ihre Brüste. Hinauf bis zu den Lippen. Sie grinst wie ein Boxer.

Ja. Küssen Sie mich, Price, oder trauen Sie sich nicht?

Ich beuge mich vor und spüre, wie sich alle Spannung auf meinen Mund konzentriert. Meine Kinnstoppeln stehen stramm.

Von meinem zu ihrem Mund: Blitzen. Ich sehe, wie sich ihre Pupillen schlagartig weiten, dann schließen. Mit jedem Blitz. Meine Lippen brennen, als wäre ich eine Woche in der Sonne gelegen.

Näher. Nur den Mund. Jetzt.

Meine Lippen auf ihren, und das Blitzen ist weg. Etwas anderes passiert, es ist, ich weiß nicht, Wahnsinn oder Magnetismus oder Raserei. Wieder höre ich ein Jaulen und kann nicht aufhören. Ich ertrinke in ihr. Ich kann nicht mehr atmen, weil es nur noch den Kuss gibt, nichts anderes. Sie bringt mich um.

Wir trennen uns.

Sie müssen schon aufpassen, Price, das kann einen umbringen. Noch mal.

Ich schüttle den Kopf und trete zurück. Sie faucht, bis ich beide Hände in drei, vier Zentimeter Abstand über ihren Körper gleiten lasse. Mund, Schultern. Nacken. Bis ganz nach unten.

Oh, Mann. Mann! Ja, Mann! Ich will. Oh, oh. Fuck, ich will. Das zahl ich dir heim, Price. Ich zahl dir das heim. Fuck, du kommst jetzt sofort, fuck, HER.

Sie lässt ihre Hand auf einen Punkt mitten auf dem Bett gleiten, zwischen ihre Knie. Ich folge.

Frau Doktor sieht mich an, hat sich auf die Lippe gebissen. Sie atmet schwer. Ich habe in meinem ganzen Leben noch nichts Beängstigenderes gesehen. Und nichts Schöneres.

Verdammt. Ich bin verliebt.

Es wird wehtun, sagt sie. Es wird wehtun, und dann – na, Sie werden's erleben. Vertrauen Sie mir. Langsam. Kommen Sie her.

Ich folge.

Als ich aufwache, bin ich allein. Ich fühle mich, als hätte ich in einem Solarium übernachtet. Auf meiner Hand ist kein Fleck mehr, dafür bin ich sonst voller Flecken, die weder einen medizinischen noch einen wissenschaftlichen Ursprung haben. Mein Nacken und meine Schultern sind mit den Abdrücken ihrer Zähne übersät. Mein Rücken fühlt sich wund an.

Ich will es wieder tun. Sofort.

Aber ich muss wohin.

Im Aufzug nach unten warte ich, dass meine Hände zu zittern anfangen. Aber nichts. Mich beschleicht das Gefühl, die ganze Sache bedeutet nichts Gutes für die zukünftige Beziehung zu meiner Ex-Anwältin. Aber wie heißt es doch: Wenn Gott eine Tür schließt, öffnete er ein elektrosexuelles amoralisches Menschenversuchsmörderköniginnenfenster.

Ich denke an meinen Arschlochfreund, der die Treppe genommen hat. Es nervt, aber es ist kein abgrundtiefer Sturz aus großer Höhe. Es ist nur der tote Arschlochfreund. Ich spreche seinen Namen aus. Er hieß Peter, und manchmal mochte ich ihn nicht. Meistens. Schnüff.

Geheilt durch Elektroschocktherapie. Muss man sich mal vorstellen.

Aber genug getrödelt. Ab, an die Arbeit.

Kleines Memento für Billy, ihr wisst schon, den großen, der davon gelebt hat, Gerüstrohre an Hauswänden festzumachen, während er auf dem Peruanischen Hengst galoppierte, und den Fred in totaler Missachtung der guten alten Gerüstbauerkunst erschossen hat. Genau, der Billy. Jetzt will ich, dass mir sein Bruder einen großen Gefallen tut, deswegen muss ich bei ihm Seelenmassage betreiben. Genau, bei Rex, der im Abbruch arbeitet und sich sein Bewusstsein auch gern durch die Nase erweitert. Klar, ist auch irgendwie pressluftbehämmert, aber was soll's, ist so auf der Welt. Den Menschen kann man ihre Menschlichkeit einfach nicht austreiben.

Klingelingeling.

Hey, Rex, Price hier. Mein Beileid, Mann, dein Bruder war klasse. Nein, hab ich nicht – oder vielleicht, doch, ein oder zwei Eimer voll könnt ich noch haben – ja, hab ich. Reiner Zufall, Mann, ja. Dein Bruder war echt groß, Rex, und ich – tja. Also, ich kann mir denken, dass es im Moment echt hart ist für dich, da täte ein bisschen Blasser Peruaner schon gut, der bügelt die Unebenheiten erst mal weg. Ich bring's dir, Rex. Persönlich. Na ja, nicht direkt, nicht ich selbst, aber du wirst sofort wissen, dass es von mir ist. Aber echt, das mit Billy tut mir echt leid. Nein, ich war noch nicht bei den Jungs von #reibungslos, im Moment geht das einfach nicht – Scheiße, jetzt mal ehrlich, wie soll man denn einem Typen sein tiefstes, herzempfundenes Beileid aussprechen, wenn der gerade die Eier in einer Schüssel warmem Wachs badet? Ja, Rex, ich lass es von einem Fahrradkurier bringen, nein, gleich sofort, kein Rumgeeier. Hey, eins noch, Mann, kann ich dich um was bitten? Ja, die Details folgen später, sag nur schnell noch mal, wie der Ausblick von den Dächern des Triangle ist, muss supergeil sein, oder? Ich hab da eine wirklich Zuckersüße an der Leine, die ich ein bisschen beeindrucken will, und ich denke, genau so ist es, du hast es. Okay, dank dir, halt nach dem Kurier Ausschau, Kumpel, bye.

Was für ein Kindskopf ich bin. Jetzt schmiede ich schon wieder Pläne.

Okay, jetzt mal durchschnaufen. Im Hafen, am Wasser stehen, durchschnaufen und den großen Schiffen nachschauen, die ihre Fracht was weiß ich wohin bringen, an unvorstellbare Orte mit Gerüchen und Geräuschen, die man schon auf der elementarsten menschlichen Ebene nie gerochen und gehört hat, die aber zu einer bunten, lebendigen Welt gehören, die ganz anders ist als die eigene. Dem brennenden Kohlenwasserstoff nachschnuppern und in den großen Maschinen die paläolithischen Geister erkennen, die Fron und das Leid hinter der Industrie spüren, die der Erde das Blut aus den Eingeweiden saugt und pumpt und sprengt. Das Wasser riechen und wissen, dass festes Land auf diesem Planeten etwas Besonderes ist. Aufblicken in den unendlichen Himmel und wissen, dass Planeten im Universum etwas Besonderes sind, unendlich weit voneinander entfernt und von Gesetzen geschützt, die kein Krimineller und nicht mal Einstein überwinden kann, und dass unser Universum selbst nur ein Scheißbläschen in einem Riesenschaumbad an Universen ist. Und trotzdem passiert so viel unfassbare Scheiße, auch jetzt, in diesem Moment. Das ist unser erstaunliches wahnsinniges Leben. Selbst wenn wirklich alles, alles scheiße ist, bleibt man ein Zellhaufen und Elektrizität unter einer Hauthülle und kann gehen und reden und spürt irgendwie den ganzen Rohstoff um einen herum, der auch schon das Ejakulat von Sonnen ist, und das ist atemberaubend, Mann, das ist –

Mein Gott, Frau Doktor, was zum Teufel hast du mit meinem Kopf angestellt?

Der Kaffee am Hafen sieht aus wie Schweröl. Schmeckt auch so: Schlamm aus den Schrottbohnen der Kaffeekönige von Lima und Nairobi. Zu früh von den Sträuchern gerupft, billig verhökert, in Industrieöfen viel zu heiß und hart geröstet, damit sie vor ihrem endgültigen Tod in einem Brühautomaten falsche Reife vorgaukeln. Beschreibt doch auch den Zustand der Welt, oder? Rote Plastiktischplatte mit Metallrand. Ich höre ein Pfeifen.

Schichtwechsel. Apropos: Was macht eigentlich Fred? Karenina schleppt ihm jetzt mein Geld an. Mein schönes Geistergeld, abgezogen von Poltergeist, und auch das aus Panama und von Grand Cayman. Er hat's immer noch nicht kapiert: Wenn ich frisches brauche, kann ich's auch klauen. Driskols gibt es wie Strand am Meer. Die weltumspannende Bruderschaft der Schweinepriester gedeiht prächtig. Außerdem brauch ich nicht viel, um ihm Probleme zu machen. Und gar keins, um zu verschwinden. Die Welt ist groß und rund, Karenina, und ich bin nicht wie du. Ich habe keinen Apparat, ich bin eine Idee, kein Konzern. Und im Hinblick auf Ruhm und Ehre hab ich sowieso schon gewonnen. Ich bin der Typ, der aus den sieben vier Dämonen gemacht hat. Ich bin der Mann, der Johnny Cubano mit einem abgesäbelten Kopf erschossen hat. Ich weiß, dass du nicht aufgibst, aber du müsstest langsam kapieren, dass ich dein Image in den Arsch gefickt habe.

Karenina, Tuukka, Fred. Und die Frau Doktor, aber wer kann schon sagen, was die im Sinn hat. Die spielt ein ganz eigenes Spiel.

Wo ist Sarah? Hat Fred sie tatsächlich, wie die Frau Doktor meinte, oder ist sie untergetaucht?

Na ja, ein bisschen vergessen hab ich sie schon, als ich den Hammersex mit dieser Mördergöttin in Weiß hatte. Interessieren würd's mich aber trotzdem, ob sie okay ist. Nur weil sie mich auf das moralische Niveau von Kaugummi auf Asphalt drückt – klar, ist aus ihrer Sicht auch verständlich –, heißt das nicht, dass ich nichts für sie empfinde. Am Ende geht's um Sarah. Ich mag sie so sehr, wie ich überhaupt jemand mag.

Es geht aufs Ende zu. Es kommt näher. Die Sache läuft. Der Sack wird zugemacht. Außer meinem, der ist immer noch ziemlich elektrisiert, danke der Nachfrage.

Fenster innen beschlagen. Pfeife bläst zum Schichtwechsel. Schlechter Kaffee.

Und ich sitze nicht mehr allein am Tisch.

Der Mensch hat ein Gesicht wie eine Kinderzeichnung. Alles Nötige ist drin und ungefähr an der richtigen Stelle, aber gekonnt kann man das nicht nennen. Auf dem Kopf Stahlstoppeln wie aus einem Schwarzenegger-Film aus den Achtzigern, die tarngrüne Phase. Er schaut etwas missbilligend drein, muss ich sagen, als ob er nicht zu hundert Prozent von meinem Charme und meinem eklektischen Lebensstil überzeugt ist. Macht fast den Eindruck, als hätte er ein paar präzise Anmerkungen dazu und denkt gerade darüber nach, wie er sie mir einigermaßen schonend beibringt. Allerdings könnte der Unmut sich auch gegen diese blöde Winztasse Kaffee richten, diesen Fingerhut zwischen Daumen und Zeigefinger, den er vorsichtig hin und her schaukelt, als wär's sein Erstgeborenes. Dann schnuppert er daran, trinkt, seufzt und sagt mit meiner vollsten Zustimmung:

Enttäuschend.

Er hat eine Stimme wie der dänische Koch, wenn Mörderclowns dem dänischen Koch die Kehle durchschneiden würden. Ich sage:

Ja, toll ist er nicht.

Mr Bates, würden Sie bitte gehen und bei der nächsten Brühung aufpassen? In meinem Koffer ist etwas Zibetkatzenkaffee.

Gerne, Mr Friday.

Und, Mr Bates.

Mr Friday?

Bitte reinigen Sie die Maschine vorher gründlich mit klarem Wasser. So als wären Sie Jonathan Morgenstern Price.

Mr Bates ist nicht besonders groß, aber niemand, den ich unüberlegt zum Kaffeeholen schicken würde. Die beiden sind nicht nur Kollegen, sondern Freunde, aber das heißt nicht, dass sie nicht auch Profis mit speziellen Fähigkeiten sind. Ich frage lieber nicht, wie sie mich gefunden haben. Ich sage: Sie sind also Mr Friday.

Wirklich Morgenstern?

Ja.

Ich habe einen Schwager in Oslo, der heißt auch so.

Vielleicht sind wir ja verwandt?

Genetisch betrachtet sind wir wohl alle irgendwie verwandt.

Möchten Sie mich Ihren Freunden vorstellen?

Aber natürlich. Den Namen von Mr Bates kennen Sie ja schon. Der etwas kräftigere Herr dort ist Mr Overlook. Und die beiden Herrschaften, die auch die Tür im Auge behalten, sind Ms Quint und Mr Dorie.

Ich drehe mich um. Overlook ist Fridays Doppelgänger, was das Schrankwandformat betrifft. Quint ist eine schlanke ältere Frau, ein Prachtexemplar aus dem skandinavischen Typenbuch – irgendwo zwischen fünfzig und achtzig. Sie sieht aus wie Didi Fraser, wenn Didi ohne Make-up ausgekommen wäre und nach dem Abstillen nur noch rohes Bärenfleisch gegessen hätte. Sie ist schon auf den ersten Blick eine ziemlich beunruhigende Erscheinung und betont das noch zusätzlich – vielleicht weil sie nicht aus Versehen für eine Touristin gehalten werden will –, indem sie auf der Schulter einen Alufischhaken trägt, mit dem Fischer widerspenstigen Haien das Hirn herauspulen. Das ist ein ziemliches Statement, das farblich nicht recht zu den Pastelltönen der diesjährigen Herbstmode passt, aber doch eine gewisse Ausdruckskraft hat. Und da ist Dorie. Dorie ist ziemlich behaart. Wahrscheinlich eine Abart der kleinen Trolle mit riesigem klaffendem Popoloch, in das Schulkinder aus unerfindlichen Gründen Buntstifte stecken sollen, so als hätte das keine hocheigenartigen psychosexuellen Konstellationen zur Folge.

Ja, ich verstehe, das ist wirklich schlau.

Freut mich.

Bates wie Psycho, Overlook wie Hotel, Friday wie Freitag der dreizehnte, Quint wie der Weiße Hai und Dorie wie Findet Nemo.

Es stört Sie nicht, dass auch Dorie auf dieser Liste steht, Mr Price?

Aber nein! Ganz im Gegenteil! Da werden in der ersten Szene zweitausend Kinder samt Mutter verspeist, und danach macht sich ein sagenhaft traumatisierter Vater auf die Suche nach seinem letzten Kind. Und als einzige Begleitung durch diese kannibalistische Wildnis hat er eine halbdemente Ex-Flamme. Trotzdem wird er neunzig Minuten lang ausgelacht. Das ist die abgefuckteste Düsternis, die ich in meinem Leben gesehen habe.

Mr Dorie breitet die Hände aus, als wolle er sagen: Ich hab's doch gesagt.

Mr Friday sagt: Mr Dorie, ich bin nicht sicher, ob es ein gutes Licht auf einen wirft, wenn man sich im selben mentalen und emotionalen Wahrnehmungsfeld wie Mr Price bewegt.

Also, was kann ich für euch guten Leute tun?

Wir sind wirklich gute Leute, Mr Price.

Niemand hat das Gegenteil behauptet.

Nein, aber ich habe, tja, den Eindruck, dass wir dies von Anfang an klarstellen sollten, weil Sie überwiegend sehr schlechten Umgang pflegen.

Stimmt auch wieder.

Und Sie selbst sind natürlich auch ein schlechter Mensch.

Ja, vermutlich. Nein, ich ganz sicher. Manchmal wünsche ich mir zwar fast, es wär anders, aber in der eigenen Geschichte ist jeder der Held mit Gewissenskonflikten, oder?

Nein, Mr Price, das glauben Sie nur, weil ihre Kinoerlebnisse auf unterkomplexen Hollywood-Quatsch beschränkt sind, während es da, wo wir herkommen, eine reiche Tradition an filmischer Introspektion und Selbstbefragung gibt, was ein wesentlich ganzheitlicheres Verständnis von Identität ermöglicht.

Oh, okay, klingt toll. Aber ich habe den Eindruck, das ist nicht der Grund, warum Sie zu mir kommen, oder?

Korrekt. Eigentlich bin ich überhaupt nicht zu Ihnen gekommen.

Ach nein?

Nein.

Puh, das höre ich gern. Ich fand nämlich, dass ich doch ganz schön im Zentrum der Aufmerksamkeit stehe.

Meine einzige Aufgabe hier ist die moralische und emotionale Unterstützung für Ms Quint, die kürzlich eine familiäre Tragödie erlitten hat.

Mein aufrichtiges Beileid.

Ms Quint spricht kein Englisch. Das ist der zweite Grund, warum ich hier bin. Ich werde Ihre Anteilnahme übersetzen. Allerdings bezweifle ich, dass sie Ihnen glaubt. Sie ist nicht sehr überzeugt, dass Ihr Tun in dieser Sache hilfreich war, Mr Price.

Aber sie ist nicht wegen mir hier.

Nein. Das ist sie nicht. Sie sind mehr oder weniger nur der Türöffner für die Gespräche, die sie zu führen beabsichtigt. Ein Mittel zum Zweck.

Das kommt mir durchaus gelegen. Ich bin sowieso vor allem ein Ermöglicher, das ist genau mein Ding. Ich freue mich, wenn ich ihr behilflich sein kann.

Hm, das dürfte nicht ganz der Wahrheit entsprechen. Sie sind eine sehr spezielle Spielart des narzisstischen, hochfunktionalen Soziopathen. Ich würde zu gern bei Ihnen einen Gehirnscan durchführen, während Sie unter Druck Entscheidungen treffen. Das wäre sicher sehr aufschlussreich für die Erforschung abnormer kognitiver Prozesse. Wären Sie dazu bereit?

Ich kenne jemand, der das liebend gern für Sie übernehmen würde, obwohl sie wohl nicht mit Ihrer Einschätzung konform gehen würde, dass ich ein Blödmann bin.

Sie meinen bestimmt die liebe Frau Doktor, Mr Price. Ich denke, man kann nicht umhin, ihren Blick auf absonderlichen kriminellen Wahn als einzigartig anzuerkennen, auch als einzigartig kenntnisreich.

Außerdem hat sich vor Kurzem etwas ergeben, weswegen sie nicht mehr ganz objektiv ist, jedenfalls im wissenschaftlichen Sinn.

Ich glaube, ich hätte sowieso keinerlei Forschungsdaten aus ihrer Hand übernehmen wollen. Ich bin zwar sicher, dass sie absolut korrekt wären, aber dennoch gibt es bestimmte Linien, die man nicht überschreiten sollte.

Hab ich auch schon gehört.

Mr Price, ich kenne Ms Quint schon mein ganzes Leben. Wir sind in derselben Stadt aufgewachsen, und ich kannte ihren Ehemann, ehe er zum Sterben an seinen Geburtsort zurückgekehrt ist. Ich bin der Pate ihres Sohnes.

Dann stehen Sie sich wirklich nahe.

Das tun wir, in der Tat. Obwohl ich nicht der Pate ihres anderen Kindes bin, weil meine Frau zu jener Zeit schwanger war und wir bezüglich der Familienverhältnisse keinerlei Unklarheiten haben wollten. Wenn ich Pate gewesen wäre, hätte sich manches vielleicht anders entwickelt, und wir beide würden gar nicht miteinander sprechen.

Was machen Sie eigentlich beruflich, Mr Friday?

Ich bin ein Advokat der Individualrechte. Ein Unternehmer in Sachen Privatsphäre.

Ms Quint kommt zu uns an den Tisch und setzt sich. Mr Bates bringt vier Tässchen Kaffee. Er ist noch zu heiß zum Trinken, deswegen sitzen wir nur da und schauen ihn an. Ms Quint zieht aus ihrer linken Tasche ein echtes Foto eines hübschen europäisch-japanischen Mädchens, das ein Universitätsdiplom in Händen hält. Im ersten

Moment erkenne ich sie nicht, weil meine Telefonnummer nicht in ihre Stirn geritzt ist, aber dann klingelt's: @ LuciferousYesterGirl.

Mr Friday sagt: Ich bin Poltergeist, Mr Price. Wir alle sind Poltergeist.

Ach, Karenina. Ich wusste, dass es zu Komplikationen kommen würde. Ich wusste, wenn du richtig angepisst bist, dann übertreibst du und trittst jemand auf den Schlips. Ich wusste, dass du dich mit Poltergeist anlegst, weil das die Mauer zwischen dir und mir war. Aber ich hätte schon gedacht, dass du nicht komplett hirnlos mit Vollkaracho gegen diese Mauer rennst.

Ich hätte gedacht, dass die allergischen Reaktionen eher aus dem kriminellen Bereich kämen. Irgendeine hiesige Mafia. Oder vielleicht sogar der FSB oder was Internationales.

Denn es hätte dir doch klar sein müssen: Poltergeist ist ein Werkzeug. Er ist neutral. Er existiert und existiert immer weiter, weil alle möglichen Leute weltweit und aus allen Bereichen von Politik und Justiz das wollen. Dort verstecken sich Whistleblower vor Unternehmen, Unternehmen vor Steuerbehörden, Politiker vor Journalisten und Journalisten vor Diktatoren. Dort lassen Agenten die Hosen runter, dort machen böse Buben ihre Buchhaltung. Man latscht doch nicht einfach nach Mordor und schaltet die Klimaanlage aus.

Karenina, Liebste. Selbst voll heiligem Zorn und Hass

auf mich hätte ich gedacht, dass du ein bisschen umsichtiger bist. Dass du dich erst mal schlaumachst, mit wem du dich anlegst.

Ehrlich, Schatz, das hätte ich von dir erwartet. Ich hätte gedacht, dass ich dich zur Ablenkung ein bisschen kitzle und währenddessen Fred erledige, und wir dann weitersehen. Aber du bist den Leuten gleich mit dem Arsch ins Gesicht gesprungen. Du hättest dir jemand anderen vorknöpfen können. Du hättest sie leben lassen können. Die Leiche nicht auch noch signieren müssen. Wenn du nur die Hardware in die Luft gejagt hättest, hätte man darüber reden können. Alles wär beim Austausch verschärfter diplomatischer Noten geblieben.

Aber nein.

Und jetzt ist's, wie es ist.

Du hast verkackt, Karenina. Massiv. Du hast ganz monumental verkackt.

Sie haben Ihren Kaffee ja gar nicht angerührt, Mr Price.

Nein, Mr Friday, da haben Sie recht. Ich schätze, ich schulde Ihrer Freundin hier eine Erklärung.

Ja.

Werden Sie – oder halt, Sie sagten vorhin, ich bin ein hochfunktionaler Soziopath, nicht? Ist es überhaupt wichtig, was ich jetzt sage? Also, wenn ich zum Beispiel sage, es tut mir leid, das habe ich nicht gewollt, interessiert Sie das dann? Oder möchten Sie nur wissen, was los ist, und bringen mich dann sowieso um?

Sie können sagen, was Sie wollen. Ich weiß nicht, wie uns das dann emotional berühren wird, das wäre Kaffeesatzleserei.

Okay. Übersetzen Sie, was ich sage, direkt für Ms Quint?

Ich würde Ihnen sehr empfehlen, vorsichtig zu formulieren. Es wäre für keinen von uns gut, wenn Sie sie aufregen.

(Ach, fick dich, Honk. Glaubst du, ich bin druckbehämmert? Ich seh doch, dass sie ihren Spazierfischhaken mithat, dazu drei wandelnde Werwölfe und ihren Yeti. Ich hab schon kapiert, dass man bei ihr besser gut Wetter macht.)

Okay, versteh ich.

Dann nur zu.

Ms Quint, ich bin dafür verantwortlich, was mit Ihrer Tochter passiert ist. Ich habe eine Frau namens Karenina bis aufs Blut gereizt. Ich kenne sie gut, und dieses Wissen habe ich auf ganz miese Weise ausgenutzt. Ich wollte sie zur Weißglut bringen, damit sie einen Fehler macht, und das hat sie getan. Ich konnte mir nur nicht vorstellen, dass sie einen solchen Bockmist baut. Ich hätte gedacht, dass sie Ihre Organisation wirtschaftlich schädigt und die Serverfarmen angreift. Nicht im Traum hätt ich dran gedacht, dass sie tut, was sie getan hat. Ich hätte aber dran denken sollen. Ich hätte es mir denken sollen. Und ich hätte es können, wenn ich richtig nachgedacht hätte, denn was ich zu ihr gesagt habe, war ein Stich ins Herz. Wir waren befreundet, und ich wusste genau, wie ich sie treffe.

Friday macht nordische Geräusche. Klingt wie Wetterbericht in Zeitlupe. Quint hört mit ausdrucksloser Miene zu. Dann sagt sie etwas. Wieder das Wetter.

Friday: Sie meint, in einem internationalen Kontext, zum Beispiel im Hinblick auf die Genfer Konventionen, wäre es in der Tat möglich, Sie dafür zu belangen, dass Sie etwas nicht bedacht haben, es aber hätten tun können, wenn Sie in einer Führungsposition gewesen wären. Da Sie die Handlungen dieser Frau aber nicht unmittelbar steuern konnten, kann man Sie auch nicht für die Geschehnisse zur Verantwortung ziehen, oder nur insofern, als Sie einer Kultur der Gewalt Vorschub geleistet haben. Aber das trifft weder auf Sie allein zu, noch reicht es aus, um Ihnen einen Strick daraus zu drehen. Sonst müsste sie ja die ganze Welt aufhängen.

Wetterverschlechterung. Schlimme Stürme vor Helsinki. Friday lauscht.

Friday: Sie hat diese Option zwar ernsthaft erwogen, aber das wäre offensichtlich unverhältnismäßig, jedenfalls wenn man rational darüber nachdenkt. Dessen ist sie sich bewusst, und deswegen hat sie die Option verworfen. Ich möchte anfügen, dass auch wir uns vehement dagegen ausgesprochen hätten.

Wetter.

Friday: Ms Quint würde gerne wissen, warum Sie diese Karenina derartig verletzen wollten.

Na ja, sie hat vor Kurzem einen Job bei einem kleinen unabhängigen Unternehmen angetreten, und zufälligerweise hat dieses Unternehmen den Auftrag bekommen, meinen Rückzug aus einer gewissen Diskussion herbeizuführen. Ihre Haltung in Bezug auf meine fortgesetzte Lebendigkeit war, könnte man sagen, stark voreingenommen, also habe ich mich gewehrt. Ich hatte gedacht, dass sie sich den Unmut eines Ihrer, na ja, substantielleren Kunden zuziehen würde, etwa den eines aggressiven Geheimdienstes, und ich dadurch die Zeit hätte, an ihr vorbei zu operieren.

Friday: Dann nutzen Sie also unseren Dienst?

Aber natürlich.

Also, um es zusammenzufassen: Diese Karenina, die bei der Verfolgung ihrer von einem Wirtschaftsunternehmen diktierten Ziele, zu denen die Herbeiführung Ihres Ablebens gehört, ebenfalls auf unseren Dienst zurückgreift, wollte demnach den von Poltergeist zur Verfügung gestellten Schutzraum dadurch umgehen, dass sie Ms Quints Kind gefoltert und ermordet hat?

Tja –

Sie brauchen nicht zu antworten, Mr Price. Die Lage ist eindeutig.

Ms Quint: fragendes Wetter.

Mr Friday: erklärendes Wetter.

Ms Quint: dramatischer Wettersturz.

Friday: barometrische Bestätigung des Wetters.

Ms Quint: absolutes Walkürenhöllenrittwetter mit tosendem Harpyienorkanbrüllen!

Friday: tröstliche Umarmung.

Ms Quint: trübes Spätherbstwetter.

Friday: Schweigen.

Eigentlich ist es nun im ganzen Raum sehr ruhig, weil auch die Kaffeemaschine die Geräuschproduktion eingestellt hat. Draußen in der Bucht wendet ein riesiges Schiff mit langsamem TSCHUGGTSCHUGGTSCHUGG. Dort eine Möwe, die sich wegen irgendwas fürchterlich aufregt, aber das tun diese Viecher doch immer. Mehr nicht. Das sind die einzigen Geräusche außer dem donnernden Sturzbach an Tränen, den Ms Quint auf die Brust ihres großen Freundes niederprasseln lässt. Mr Bates und Mr Overlook haben nun auch den Gesichtsausdruck von Schrankwänden. Mr Dorie sieht aus, als sähe er eine Formschnitthecke. Keiner sieht so aus, als möchte man kein sehr guter Freund von ihm sein.

Schließlich hört Ms Quint auf. Sie geht zu genau derselben Stelle wie zuvor zurück und beginnt zu sprechen.

Friday: Mr Price, sie würde gerne wissen, ob diese Karenina Sie noch immer töten möchte.

Ja, das tut sie. Und ihre Freunde möchten das ebenfalls.

Friday: Kareninas Freunde sind Ms Quint egal. Dies ist eine Sache zwischen zwei Frauen.

Ja, okay, das ist es eigentlich immer. Ich meine, das ist so was wie der Knackpunkt, aber ich muss zugeben, dass auch ich sie am liebsten umbringen möchte.

Friday: Ms Quint fragt, ob Sie vielleicht so nett wären, sich zu exponieren?

Äh –

Ms Quint: steife Brise.

Friday: peinlich berührtes Wetter.

Ms Quint: Wo bleibt der Wetterbericht?

Friday: Entschuldigen Sie, bitte, ich hab mich schlecht ausgedrückt. Ich habe kein unsittliches Exponieren gemeint, nur dass Sie sich Karenina zeigen sollen.

Okay.

Sie tun das also, und wenn Karenina Sie holen kommt, dann werden sie und Ms Quint die Angelegenheit offen diskutieren.

Wird es dann zu einer Art Wiedergutmachung kommen? Zu einem Gentlewomen's Agreement, so in dem Sinn, dass Sie sich am Ende umarmen und ich für Karenina zum Abschied freigegeben bin?

Friday: fragender Blick.

Ms Quint: Fischhakenblick.

(Stille. Ein Fischhaken ist ein respekteinflößender Gegenstand. Wir sehen ihn alle eine Weile an. Schließlich habe ich das Gefühl, es wäre Zeit, etwas zu sagen.)

Oh, alles klar, Friday, Übersetzung überflüssig. Okay, also, ich mach's. Aber würden Sie im Gegenzug vielleicht auch was für mich tun?

Mr Price, es scheint, dass wir Ihnen schon den Arsch retten.

Nur einen kleinen Gefallen. Für Profis wie Sie bestimmt ein Klacks.

Das wäre?

Können Sie ein Haus verschwinden lassen?

Ausgehende SMS:

Hey.

Bist du da?

Hallöli.

Ja, Price, was denn?

Bist du das?

Ja, das bin ich. Was willst du?

Wollt mich nur mal nach meiner Anwältin erkundigen.

Du weißt, mit wem du sprichst, oder?

Ja, das ist das Handy meiner Anwältin, also –

Ah, gut, verstanden. Okay. Hi, Price, ich bin's, Sarah! Krass, jeden Tag Einhörner und Ponys und Joghurt.

Wie gesagt, wollte nur mal fragen, wie's geht.

Das ist süß.

Ist es nicht.

Doch, es ist süß, wie verknallt du bist.

Ich bin nicht verknallt.

Jeden. Tag. Joghurt. Und Weizenkeime. Wüstenbeifuß zur Karmapolitur für die Wohnung. Eine biologisch abbaubare Yogamatte, Price.

Ich bin nicht verknallt. Das ist, sagen wir mal, eine rudimentäre Anwandlung von Pflichtgefühl.

Du und Pflichtgefühl? Seit wann das?

Scheiße, was weiß denn ich. Sagen wir mal, dass es nichts bedeutet und nur ein loses Ende meiner Hirnwindungen ist und ich einfach fragen muss.

Na gut, wenn du's wissen willst, ich – ich, Sarah, deine Anwältin, deren Handy dies ist –, also ich bin gerade noch ausgebüxt, ehe die bösen Buben kamen, und kein Mensch weiß, wo ich bin, nicht mal dieses Weibsstück, diese Doktorschlampe mit dem Wahnsinnskörper. Hast du bemerkt, wie scharf diese Frau ist, Price? Die ist viel schärfer als ich. Dass sie im selben Universum wie ich lebt, ist echt einschüchternd, und die Vorstellung, dass ich mal gedacht haben könnte, ich gehöre zur selben Spezies wie so eine, ist ziemlich absurd.

Na ja, ja.

Wenn ich auch nur ein bisschen was in der Birne hab, dann bin ich schon halb in Australien, Price. Glaubst du, dass ich was in der Birne hab?

Ja.

Solltest du auch. Bevor ich gleich für alle Zeiten aus deinem Leben und nach Australien verschwinde, darf ich dir vielleicht einen kleinen Rat fürs Leben geben, so im Vorbeigehen?

Sehr gerne.

Also, solltest du, rein hypothetisch natürlich, mit einer Person Sex haben müssen, die nicht ich, deine Anwaltssarah mit der biologisch abbaubaren Yogamatte, bin, dann solltest du die Betreffende nicht nach ihrer Meinung über meine Lage fragen. Denn möglicherweise findet sie's unhöflich und hat schon einige Zeit investiert, um etwas über meinen genauen Verbleib rauszukriegen. Insbesondere wenn diese Person, ach, ich weiß nicht, zum Beispiel unfassbar scharf und echt scheißgefährlich ist.

Ja, das wäre wirklich nicht schlau, ich werd daran denken. Darf ich dir eine fachliche Frage stellen?

Na klar.

Also, es geht um folgendes juristisches Problem, rein theoretisch natürlich, aber ich möchte, dass du sehr genau darüber nachdenkst, du ganz persönlich. Ich will wirklich wissen, was du davon hältst und niemand anderes. Also, angenommen, du hattest kürzlich mit einer Person eine gründliche, richtig tiefschürfende juristische Diskussion, bei der du auf einige echt bemerkenswerte und interessante Dinge gestoßen bist, und nehmen wir weiter an, die betreffende Person sucht nach einer Lösung für ein bestehendes Problem, zum Beispiel in Verbindung mit kürzlich getätigten Auslandsgeschäften, und deine Kollegen haben dazu eine bestimmte Meinung, aber dein Gesprächspartner, mit dem du vor kurzem diese intensiven und, wenn wir ehrlich sind, wechselseitig befriedigenden Verhandlungen geführt hast, ist der Meinung, dass du eine, wie soll ich sagen, subjektiv distanziertere Perspektive auf jegliche in nächster Zeit zu ergreifende Maßnahmen einnehmen sollst, weil das ganzheitlich betrachtet von Vorteil sein könnte: Hättest du damit ein ethisches Problem?

Bist du noch da?

Hallo?

Hallo?

Nein, Price, würde es nicht.

Moment mal, ich hab keine Ahnung, was das bedeutet. Bist du noch da?

Sämtliche. Sirenen. Auf der Welt. Jagen hinter mir her. Treiben mich vor sich her. Es regnet Cops, ganze Sturzbäche davon, wie bei diesem Scheißhurrikan Katrina. Treiben mich in meinem Auto vor sich her. Ich fahre gern. Hammerstarker Kaffee mit schwedischem Zibetkatzenturbo als Krisenblocker. Ich zieh Schwedenschwaden hinter mir her. Ich fahr, fahr, fahr. Die Cops kommen.

Und damit meine ich, tja, eigentlich: alle.

Auf. Der. Welt.

Das passiert, wenn eine Nordmännin mit Fischhaken einen bittet, sich zu exponieren, und man ja sagt.

Unter der Unterführung durch. Fühlt sich sicher an, weil: Unterführung. Oben haben sie nämlich einen Hubschrauber in der Luft, glaubt man's? Einen Hubschrauber,

Himmelherrgott, und wahrscheinlich nicht nur einen. Einfach überflüssig. Diese ganze Scheiße ist so was von überflüssig, eine Riesenzeitverschwendung für alle. Kein Mensch braucht diese massive negative Energie. Was hab ich überhaupt getan?

Unterführung fühlt sich nach Mauern und Burg an, nur kann man da nicht bleiben, man muss wieder raus, und nach dem Rauskommen sind da noch mehr Cops. Mann, das ist wie ein Cop-Konvent oder eine von diesen Filmszenen, die heute aus dem Computer kommen und in denen alles ein bisschen zu perfekt aussieht. Die Unterführung ist einfach zu kurz. Viel zu kurz. Kurzes Flackern, und schwupps, schon läuft der Film weiter. Ich zähle bis drei und sehe die ersten Cops hinter mir auftauchen.

Ach du heilige Scheiße, haben die viele Waffen! Und sind die sauer!

Ich habe getan, was Poltergeist wollte. Ich hab eine Bestellung über einen vermeintlich sicheren Server aufgegeben, von dem sie wussten, dass Karenina ihn gehackt hatte.

Und sie hat mit dem Finger auf mich gezeigt und gesagt:

ANTHRAX.

Was auf einer Ebene total unfair ist, weil ich wirklich sehr umsichtig war, was den Erregerstamm angeht. Ja, ausgesehen hat's vielleicht wie ein Terrorangriff, dabei war es ein total gezielter Schlag und eine Kriegslist. Aber okay, manchmal muss man einfach die Hand heben und sagen, ja, das geht auf mein Konto.

Sämtliche Cops auf der Welt, voll im Aggro-Modus, und ich in meiner winzigen Blechbüchse mit gar nicht mal soooo viel Vorsprung: Ich kann nur hoffen, dass ich aus der Kiste nicht komplettzerdengelt wieder rauskomme. Grauer Asphalt, weiße Linien – normalerweise bin ich ja für weiße Linien, aber nicht solche. Heilige Scheiße, ich in einem Auto. Ich fahre sogar und gebe die Gejagter-auf-der-Flucht-Nummer wie ein echter böser Bube, dabei kann ich das gar nicht. Überhaupt nicht. Das ist nicht meine natürliche Umgebung, das sind Fähigkeiten, die man normalerweise least, wenn man sie braucht. Was weiß denn ich von Hochgeschwindigkeitsrennen? Was ich davon weiß, stammt aus den zwanzig Minuten *Grand Theft Auto*, bis mich der Quatsch gelangweilt hat. (FUCKIIEE! KREUZUNG! FUCK, FUCK – uff, überlebt.)

Jetzt rein in die kleinen Straßen, lauter verrückt schmale Einbahnstraßen, alles staut sich wie vor einem Boygroup-Konzert, verdammte Gassen und sogar Plätze, wo sie über der Fahrbahn Wäsche aufhängen, da könnten sie sich von Fenster zu Fenster gleich die Pasta rüberreichen. Die Gebäude flitzen trotzdem rasend schnell vorbei, fast wie in einem horizontalen Vertigo, Mannomann, hätt ich nur den verdammten Aaa – nein. Nein, alles okay. Okay. Einfach geradeaus, immer geradeaus.

Die Wände kommen immer näher. Aber die kleine Importkarre passt durch. Bei den Bullenschlitten, Crown Victoria oder so, wird hinterher der Lack ab sein, aber auch sie kommen durch, und nicht nur in dieser Gasse, in fünf Gassen parallel hinter mir, ein verdammter Cop-Tsunami, als ob's von Hokusais großer Welle auch eine Polizei-Comic-Version gäbe.

Das wird nicht gut ausgehen. Sie verteilen sich, kreisen mich ein, spielen ihre Überzahl aus, stecken mich in eine Kiste. Eine kleine Kiste auf einem Bildschirm. Sie stecken mich in eine Kiste, und die wird immer kleiner. Sie kriegen mich, ich werde sterben, und dann machen sie einen Internet-Meme aus mir. *Die Ballade von Bleifuß Jack*, mit Nerven aus Stahl, der mit Glanz und Gloria in einem billigen koreanischen Kleinwagen mit Lachgaseinspritzer und umweltschonenden Leichtlaufreifen in Rauch aufging. Ho, jetzt aber hurtig, Signora Oma mit dem Olivenölkanister, das ist leider eine fußgängerfeindliche Situation.

Hey, Jack, pass auf, wo du hinrollst. Schau in den Rückspiegel (SCHAU BLOSS NICHT IN DEN RÜCKSPIEGEL). Ich seh das Triangle in der Skyline, dicke dumme Turmarchitektur, aber trotzdem irgendwie eindrucksvoll, und davor ein Räuber-und-Gendarm-Großaufgebot. Unfassbar viele Cops. Ein verdammter Aufmarsch, eine Cop-Flut, fuck you very much. Und das da hinten ist, da bin ich fast sicher, das Arschloch Tuukka auf einem Motorrad, und der daneben in dem beknackten Beiwagen ist garantiert Fred, er hat einen langen Koffer auf dem Rücken und bestimmt schon ein Zucken im Finger, falls Karenina plötzlich sentimental wird. Er muss nur seine alte Barrett M82 rausziehen und mir einen roten Punkt zwischen die Augen malen. Ja-ha, der gute Fred ist Romantiker, der Hoffnung und gute Gelegenheit nie auseinanderhält. Ja, das ist gut für die Motivation. Und Gaspedal durchdrücken. Ja. Ja, das heißt Nein, aber Ja.

Nur bin ich nicht Steve McQueen. Klar, ich kann aufs Gas und auf die Bremse steigen, und beim Zustand der Straßen hier in diesem Land kann man davon ausgehen, dass die Reifen bei ungefähr zwanzig km/h zu quietschen anfangen, aber das jetzt ist anders, es ist wow, was für ein Glück, dass sich die Karre um die Kurven schwingt wie eine Stangentänzerin. (Oh, ScheiSSSe, ein Bus, ScheiSSe, ScheiSSe, puh, fuckseidank, alles okay.)

Das muss ich wohl auf meine Kappe nehmen, die Entscheidung für diese südostasiatische Designphilosophie. Ja, und auch dass ich ein ziemlich lässiges, das heißt vergleichsweise wenig ansteckendes Anthrax auf die Bevölkerung losgelassen habe. Gut, das hat aber auch niemand außer Red Kat Bonanza erwischt, und ich hab gelesen, dass er seine Trommelstöckchen wieder halten kann.

Nur wenn ich jetzt was auf meine Kappe nehme, wird mir auch gleich der Kopf abgerissen, dazu braucht es nicht mal mehr Fred, weil das hier keine knuffigen Wachtmeisterwichte von früher sind. Das sind die menschlichen RoboCops von heute, mit Panzer und Monsterwumme Kaliber .50, die dafür sorgen, dass die Nachrichten heute Abend spannend werden. Und sie sind einfach überall, auch in der Luft, und von Kopf bis Fuß auf Hightech eingestellt. Während ich nur ein Kerl in einem Auto bin.

Auf dem Armaturenbrett ist dieser Superturboraketenknopf, den ich auf gar keinen Fall drücken darf, aber er sieht sekündlich besser aus.

Immer schön an die Anweisungen halten, Jack.

An die Anweisungen halten? Weiß irgendwer, wann ich mich das letzte Mal an wen oder was gehalten habe, das keinen silbernen Tanga und Absätze mit Fischen drin anhatte?

Ich muss allerdings zugeben, dass ich vorneweg bin und nicht tot, was gut und vermutlich geplant ist. HO-

HO-HO-HOOOO, ehrlich gesagt, die Sache macht schon auch Spaß. Warum nicht auf den Bürgersteig rauf und ein paar Parkuhren umnieten, wie sie's in Filmen immer – JA SCHEISS DIE WAND AN! SPINN ICH! sind die Dinger groß, die eben wäre smöff durch die Windschutzscheibe gerast und hätte mich aufgespießt wie eine Cocktailkirsche. Nein, lieber nicht noch mal.

Gut, scharf rechts, und nur noch auf zwei Reifen, aber das ist okay, ist total okay. Herrgott, das ist überhaupt nicht okay. Wenn sie mich erwischen, brummen sie mir dafür mehr Jahre auf als für die Morde, mehr als für das ganze Koks. Das ist komplett asozial, selbst für meine Verhältnisse.

Ich frag mich, wo die Frau Doktor ist. Kriegt sie das alles mit? Komm schon, Frau Doktor, das muss doch irgendwie attraktiv sein. Wenigstens ein bisschen. Dieses Komplettirre muss Ihnen doch irgendwie gefallen.

Ich frage mich, ob dieser verdammt abgedrehte Sex für sie auch eine Art Rubikon war.

Frage mich, ob sie's noch mal machen will.

Konzentrier dich, Jack. Halt dich einfach an die Anweisungen, dann wird alles gut.

An die Anweisungen halten? Weiß irgendwer, wann ich mich das letzte Mal an wen oder was gehalten habe, das keinen silbernen Tanga und Absätze mit Fischen drin anhatte?

Eine große rote Ziegelwand baut sich vor mir auf, scharf nach links, und wir sind wieder auf den breiten Straßen. Breit und gerade wie eine Landebahn. Auf der großen roten Wand steht was, gemalte Reklame vielleicht. Michael's. Michael's Konserven. Schon uralt. Ging

1932 pleite. Die Schrift ist noch da, aber jetzt ist es nur eine Lagerhalle. Und genau das ist der springende Punkt. He, Frau Doktor, schauen Sie zu? Würd mir echt gefallen. Ich glaube, wir zwei sind noch nicht fertig miteinander.

An die Anweisungen halten, Jack.

Das ist der springende Punkt. Das ist der springende Punkt. Mein Gott, scheiße! Fünf.

An die Anweisungen halten, Jack.

Vier.

Objekte im Spiegel sind näher, als sie scheinen.

Drei.

An die Anweisungen halten. An die Anweisungen halten. Zwei.

An die Anweisungen halten. Schöne Grüße an Mike, den Konservenkönig im Himmel oder in der Hölle. Eins.

An die Anweisungen halten. An die Anweisungen halten.

Ich tu's.

Irgendwer zündet eine Bombe unter meinem Arsch. Die kleine Koreanerkarre ist plötzlich ein Kampfjet.

Der Booster ist aus und ich außer Sichtweite. Hab ungefähr eine Minute zum Durchschnaufen. Lass die Karre ausrollen. Wir sind, wo wir sein sollen. Zeit, über ein paar Zäune zu klettern. Verdächtiger zu Fuß unterwegs, die Guten auf dem Vormarsch.

Alles wie geplant. Durchschnaufen. Warte, bis sie dich warten sehen.

STEHENBLEIBEN, JACK PRICE, SIE SIND VER…
Das ist Französisch und heißt Jack, lauf.

Fakt ist: Weder Flucht noch Verstecken ist eine Option. Weil: Wohin denn? Schon mal einen Film gesehen, wo sie jemanden mit einem Hubschrauber und mehreren Autos verfolgen? Weniger geht nicht, das ist das absolute Minimum, und das absolute Maximum ist jetzt. Und der Typ, der zu Fuß unterwegs ist, das bin ich. Das war's dann.

Das müsste es sein. Wenn es auf der Welt gerecht zuginge, müsste es das sein.

Jetzt kurz mal rauszoomen und die Satellitenperspektive einnehmen: die Erde als strahlend blaue Murmel sehen. Und jetzt näher, erst auf die Stadt, dann auf das Viertel, dann die Straße. Jetzt sieht man mich, so wie der Generalstab mich sieht. So wie mich Karenina sieht. Fällt Ihnen was auf?

Genau. Die Karte stimmt nicht mit dem Gebiet überein. Eigentlich passt sie überhaupt nicht.

Aus irgendeinem Grund funktioniert der Dateneingang zum Hauptsystem nicht richtig. Manche Daten sind schlicht falsch, manchmal lässt das Zeug bloß ein bisschen auf sich warten. Die Polizeileitung ist möglicherweise überlastet, oder die Überwachungskameras und Geldautomaten speisen Schwachsinn ein. Das nennt man den Nebel des Krieges, Mann, und wenn man hochklassige Gerätschaften einer Stresssituation aussetzt, kommt etwas erster Güte raus, aber eben Schwachsinn erster Güte. Egal also, ob man in Falludscha oder bei sich daheim ist: Man braucht Deckung aus der Luft, und da ist der Mann im Heli dein bester Freund. Kareninas bester Freund. Das Teil ist der letzte Schrei und hat allen Scheißchichi, Satelliten-Echtzeit-Uplink, Breitband-Liveverbindungen, Frequenzumtastung und und und –

Und vielleicht hat sie ja gedacht, sie wüsste, dass jemand wie sie oder Charlie Netzwerkequipment knacken kann, und deswegen dichtet man den Scheiß einfach noch mehr ab, bis keiner mehr reinkommt, und damit ist alles prima, alles läuft. Man dichtet das Zeug so gut ab, bis man selbst nicht mehr rankommt, weil es dann sicher keiner mehr knacken kann. Und dann ruft man jemand an, der die Hacker hackt, der für sie wie Kryptonit ist, der selbst sogar einen Crypto-njet-Griff hat, das ist doch leicht zu verstehen?

Klar, wen man dafür anruft, oder?

Mr Dorie.

Karenina verfolgt mich also gerade, und sie macht das ganz hervorragend. Sie hat meine Nummer. Sie hat mich über Satellit auf Wärmebildkamera und sieht mich in Echtzeit auf der Umgebungsüberwachung. Sie dirigiert die ganze Show von ihrem Chefschlitten aus und spielt mit mir, als wär ich eine Maus im Labyrinth. Wie mit Zauberkräften riegelt sie Straßen ab, indem sie mit dem Finger schnippt, und lässt die Maschinerie den Käfig, in dem ich mich bewegen kann, immer kleiner machen. Ich kann spüren, wie's langsam eng wird. Seh meine Möglichkeiten flöten gehen, und das macht mir eine Scheißangst. Runter in die U-Bahn oder weiter auf der Straße, links, rechts, wo ich hinschaue, sehe ich Cops, und sie haben Gewehre, und Karenina kommt, und was soll ich sagen, sie wird mich kriegen.

Würde mich kriegen.

Ach, Karenina. Du hast es komplett verbockt.

Die Stadt gehört jetzt Dorie. Mein Käfig wird immer kleiner, aber gleichzeitig werden die Wände immer dünner und weniger. Es gibt Berichte über Unruhen in der Nähe des Kraftwerks, und die halbe Taskforce wurde deswegen abgezogen. Weitere Männer stecken noch wegen der Wartungsarbeiten rund um die Independence Plaza im Stau. Angeblich ein Fernwärmeleck, aber vielleicht ist es auch Gas. Karenina verliert ihre Truppen und merkt's nicht mal. Und als sie sich den Ort für den Showdown ausgesucht hat, wusste sie nicht, dass in diesem Bereich eine Crosstown-Baustelle ist – aus irgendeinem Grund war's nicht auf der Karte. Vielleicht ein Stau bei der Dateneingabe? Wo wir gerade von Systemversagen sprechen, vermutlich ist einer in der Zulassungsstelle heute nicht rechtzeitig zur Arbeit erschienen. Die Gewichtsbeschränkung auf der Behelfsbrücke gilt aber trotzdem, und das heißt, der Panzer kann nicht drüber, nur der Chefschlitten. Karenina ist weiter voll bei der Sache, checkt alle Daten und sieht auf dem Bildschirm, dass alle ihr folgen. Der Panzer bestätigt: Alternativroute gefunden, praktisch kein Zeitverlust. Nur dass die Besatzung plötzlich einen Stoppbefehl erhält. Und Befehl ist Befehl.

Und Karenina rast weiter, weil sie ja immer noch alle Cops der Welt gleich hinter sich hat. Sind ja auf ihrem Bildschirm.

Hinten an der Crosstown-Baustelle haben Fred und Tuukka ihr Motorrad stehen gelassen und gehen zu Fuß weiter. Fred trägt seinen langen Koffer wie einen Billard-queue. Sie haben alle Zeit der Welt. Plaudern. Karenina hat ja alles im Griff. Sie wird mich erwischen. Die beiden machen sich keine Sorgen. Echte Dämonenlässigkeit: Man deutet mit dem Finger auf was und lässt es sterben, befehligt Armeen und steht auf einem Berg Leichen. So soll es sein. Sie haben's im Griff. Wenn bald auch die Leerstellen im Organigramm gefüllt sind, wird die Welt vergessen, dass es mal nur vier Dämonen gab, und der Name Jack Price wird auf der ewigen Loserliste ganz oben stehen.

Ich weiß das, weil ich es alles auf meinem Handy sehe. Von dem Karenina nicht weiß, dass ich es habe.

Weil es unsichtbar für sie ist, wie vieles andere. Ich zum Beispiel, der jetzt summend die Straße entlangläuft: Mm mm mm hmm hmm hmm hmm. Hat fast was von einer Hymne. Wie auf dem Telefon in Mr Lindens Büro. Oder ein kleiner Kaisermarsch. Eigentlich gar nicht so schlecht, finde ich.

Sie lebt jetzt in Dories Zauberreich, in dem nichts mehr real ist. Das Gesichtserkennungsprogramm, das sie laufen hat, sagt ihr, dass ich in einem ungarischen Imbiss hinterm Tresen kauere. Immer mehr Cops bleiben hinter ihr zurück, aber ihr Transponder versichert ihr, dass sie noch alle da sind, nur ein Fingerschnippen entfernt. Sie ist die Spitze eines Speers, und der bohrt sich von mei-nem Hals runter bis zum Arsch. Direkt vor ihr ist ein SWAT-Team, das gleich die Tür aufbrechen wird.

Nur leider, Karenina. Schätzchen. Das alles gibt's über-haupt nicht. Du bist kein Speer, Liebes, du bist nur du in deinem Chefschlitten, und alle anderen sind an der Albuquerque links abgebogen. Selbst der Heli ist weg. Systemversagen, Motorprobleme, komplett im Arsch, aber irgendwie hat sie diese Nachricht nicht erreicht. Irgendwie bekommt sie die ganze Zeit denselben Feed. Wenn sie nicht so auf mich fixiert wäre, wüsste sie das. Das Geräusch in der Luft würde ihr abgehen. Sie würde hochsehen und einen verwaisten schwarzen Himmel sehen.

Es ist nur noch sie, von allen verlassen, ganz allein. Nur sie und ein Fahrer auf dem Weg dorthin, wo die Straßen eng und kurz werden.

Fünf.

Vier.

Drei.

Zwei.

D orie knipst das Licht aus.

Er knipst den Strom in der ganzen Osthälfte der Stadt aus.

Er knipst das Telefonnetz und die Notrufsysteme aus.

Es ist finster wie im finstersten Mittelalter. Auf dem Wasser draußen springen die Schiffsbeleuchtungen an, Notstrom. Ein Boot der Küstenwache tuckert los, sucht nach Antworten. Findet keine.

Drei Kilometer weiter hinten kapieren Fred und Tuukka, dass was im Busch ist, und stürzen los: Struwwelpeter und sein Trollfreund. Viel zu weit weg, um eingreifen zu können, selbst wenn sie wüssten, worauf zum Teufel sie zusteuern.

Und schon sind wir in der Thunfischkonservenfabrik. Riecht nach billigen Menthol-Orangen-Pastillen. Ernsthaft. Wer rechnet mit so was? Der große dunkle leere Raum sieht aus wie ein riesiges Männerklo, nur dass da komisches Roboterzeug von der Decke hängt. Also ein Männerklo, in dem Alien-Autopsien vorgenommen werden, und damit vermutlich doch kein Klo. Also eher ein Sektionsraum für Aliens, der allerdings nach Tic-Tac riecht.

Man sollte doch annehmen, dass es hier nach verfaultem Fisch riecht. Hat es sicher auch, aber jetzt ist es sauber, klinisch rein, geradezu furchterregend. Der ganze Bereich ist komplett funktional, die Einrichtung aus einem Stück vakuumgeformtes Plastik. Nach Feierabend schließen sie die Türen und drücken einen Knopf, und orangenparfümierte Industriebleiche regnet runter und sprenkelt jeden Quadratzentimeter der Oberfläche ein, und dann wird das Ganze abgespült und fertig. Der Flüssigmist fließt ab, wird gefiltert, die Chemikalien recycelt, und schon ist alles wie neu.

Ich schätz mal, dass es zu einer kleinen Debatte kommen wird. So war das auch, als ich Miss Quint und ihre Freunde getroffen habe. Es wurde geredet und geredet, vielleicht sogar ein bisschen mehr, als man eigentlich will. Die Situation ist wie gehabt, außer dass Dorie nicht dabei ist, weil er und ich, na ja, wir haben grad zu tun. Mr Bates gibt den Butler, Mr Friday den Dolmetscher. Ms Quint steht mitten im Raum. Eine kleine Debatte scheint fast unvermeidlich, man muss sich ja darüber austauschen, was eigentlich passiert ist, das könnte durchaus stürmisch werden, eine echte Schlechtwetterfront, und danach Tränen und Versöhnung. Davor fürchte ich mich sogar ein bisschen, denn was, wenn Miss Quint die Skandinavierin in sich entdeckt und sie zu einem Konsens kommen oder sich sogar zu mögen beginnen? Im Grunde bin ich zwar schon für Ausgleich und Gerechtigkeit, aber in diesem Kontext scheint es mir etwas fehl am Platz.

Und schon kommen Karenina und ihr Fahrer, ganz lässig mit Mantel und Degen, weil sie wissen, dass vor ihnen schon ein SWAT-Team da war und alles durchgecheckt hat. Und sie wissen, dass hinter ihnen die ganze verdammte Kavallerie anrückt. Auf ihren Apparaten ist das auch so. Selbst der Heli fliegt demnach noch über uns, obwohl sie keinen Funkempfang mehr haben, seit sie hier drin sind.

Bates schüttelt dem Fahrer die Hand. Hey, habt ihr den Typ erwischt? Nee, Mann, draußen ist es total finster. Scheiß Geisterstadt.

Karenina tritt ein. Sieht mich nicht. Die Augen blitzen, und Quint übernimmt die Führung, auf einmal ganz führungsstilvoll, weil ihr der gesamte Poltergeist zu Diensten steht. So was merkt man einfach.

Karenina sieht Quint an. Quint sieht Karenina an. Langes Schweigen.

Und Karenina hat nicht die allergeringste Ahnung, wer Quint ist. Nichts bitzelt zwischen ihnen. Nicht ein Wiedererkennungsfunken. Es passiert: nichts.

Sie sieht sich um, sieht mich.

Price? Ich an deiner Stelle würde auf Knien um mein jämmerliches Scheißleben –

Quint seufzt und rammt ihr den Fischhaken in die Schläfe, ansatzlos. Ohne ein Wort.

Karenina gibt den Löffel ab.

Quint sieht auf ihre leere Hülle runter, zuckt mit den Schultern. Sieht zu Friday: Wetterbericht.

Friday: Tja, ja, zumindest daran erinnern wird man sich können, denke ich.

Wir gehen einer nach dem anderen hinaus. Bates schließt die Tür und drückt einen grünen Knopf, auf dem steht:

REINIGUNG.

TEIL 4

Quint schenkt mir ihren Fischhaken. Wenigstens glaub ich, dass es ein Geschenk ist. Vielleicht meint sie auch nur, ich soll die Mordwaffe verschwinden lassen. Friday hat nämlich das Zimmer verlassen, und an ihrer Miene kann man viel nicht ablesen. Jedenfalls drückt sie mir den Haken in die Hände à la Hier, nimm, ist deins, und ich nehm ihn, weil meine Hände Affenhände sind und Affenhände so was machen. Sie sieht mich lange an. Ich sehe sie an. Am Haken, dem zerkratzten dritten Zacken, hängen ein paar kleine, aber vermutlich unverzichtbare Funktionselemente von Kareninas verinnerlichten Erfahrungen. Denk mal, er ist von Generationen von Haien oder so zerkratzt, nicht von einem Schädelteil, aber ehrlich gesagt, man weiß es nicht. Vielleicht wüsste es Frau Doktor, wo sie auch sein mag.

Friday kommt rein, und natürlich gibt's wieder Wetter, weil diese Leute ja nichts tun, ohne drüber zu quatschen. Man kriegt das Gefühl, dass irgendwo ein Ingmar Bergman oder Tarkowski drinsteckt. Aber das sind bloß Vermutungen, weil ich nämlich kein einziges Wort verstehe.

Quint: Regen kommt, hol die Schafe von der höher gelegenen Weide.

Friday: Ja, mach ich, aber ein Bock hat eine Erektion.

Quint: Natürlich hat er das, es ist ja ein Bock. Mach's trotzdem, im Westen liegt schon Nebel auf den Hängen. Es wird wahrscheinlich schon vor dem großen Bärenfurz anfangen zu regnen.

Friday (zu mir): Quint sagt, dass Sie ein mickriger Mann sind, und sie ist traurig.

Ja, okay, gut, wahrscheinlich bin ich echt ein bisschen –

Nein. Sie meint, dass Ihr Leben mickrig ist. Außer Ihnen ist da nichts. Ihr Leben berührt die Welt nicht wirklich, und wenn Sie abtreten, wird das fast niemand mitkriegen, und das findet sie traurig. Sie sind ein mickriger Mann, und sie sagt, es wäre besser, wenn Sie ein bisschen was auf die Hüften kriegen.

Ja, ja, diesbezüglich hatte ich schon einen Plan. Da war diese Frau, aber wie sich zeigt, mag sie mich nicht besonders, und tot ist sie wahrscheinlich inzwischen auch. Kürzlich hab ich gedacht, ich krieg Nachrichten von ihr, aber – ach, egal, und okay, ich bin mickrig, schon verstanden.

Quint sagt, dass in Ihnen ein leerer Sack ist, den Sie mit Liebe und Kindern füllen sollen. Sie hat alle Straßen der Welt bereist und kennt Traurigkeit und kennt Freude, und jetzt hat sie eine Frau umgebracht, und das war letztlich keine große Sache. Das Universum wird es gar nicht bemerken. Nur wir. Sie sagt, Ihnen soll nicht dasselbe passieren.

Das hat sie alles gesagt?

Nein. Sie hat mich nach dem Taxi zum Flughafen gefragt. Ich dachte nur, es würde Ihnen guttun und Sie gehören zu der Art Männer, die einen Rat in übersetzter Form besser abkönnen. Stand in einem Ratgeber, den ich mal gelesen habe.

Hä?

Jetzt sind Sie verwirrt. Mr Price: Es ist egal, woher diese Worte stammen. Vielleicht stammen sie von einem großen Dichter aus meinem Land. Vielleicht wurden solche Dinge einmal zu mir gesagt. Vielleicht stammen sie von einem Motivationsposter, das der Sohn meiner Schwester neben einem Porträt von Chris Hemsworth an der Wand hängen hat. Es ist egal, wo sie herkommen, wenn Sie sie für wahr halten.

Klar, gut, aber –

Warum haben Sie einen Fischhaken mit dem Hirn Ihrer Freundin in der Hand?

Gehört das zu diesem Grundsatzding?

Nein, ich bin ehrlich ein wenig konfus.

Da sind wir Brüder, Sie und ich. Wir beide.

Und das war's. Ein vierrädriges Understatement kommt und bringt sie zum Flughafen, und sie sind weg. Goodbye, Poltergeist. Aber auch Hallo, Poltergeist, weil die Maschinen neukonfiguriert an einem anderen Ort wieder anspringen. Der digitale Widerstand des Nordens ist stark, und irgendwie waren sie schon immer überzeugt, dass sie sich im Krieg befinden.

Eines Tages kamen sieben Dämonen in die Stadt und übernahmen einen Auftrag. Muss so was wie die Generalprobe für ihre neueste Rekrutin gewesen sein. Ohne den blassesten Schimmer zu haben, wem sie da auf den Schlips treten.

Ja, gut, hatte ich auch nicht.

Jetzt sind noch drei Dämonen übrig, und einer von ihnen hoppelt wie eine Krabbe. Eine ist erschreckend ohne Ende, und einer ein Sniper.

Drei Dämonen und ich.

Erinnert sich irgendjemand, wie das alles anfing? Interessiert das überhaupt wen?

Ich putz das Hirn meiner Freundin vom Fischhaken. War schlau von Quint, ihn mir zu schenken.

Geht alles auf meine Kappe.

Fast alles.

Fast.

Immer schön einen Schritt nach dem anderen. Man macht immer schön einen Schritt nach dem anderen, weil wenn man stehen bleibt, dann stirbt man, und wem ist damit schon gedient?

Man macht einen Schritt nach dem anderen. Aber damit allein lebt man noch nicht, das heißt nur, man ist nicht tot. Wenn man gewinnen will, muss man es in sich spüren, man muss lieben, wofür man lebt. Deswegen macht man nicht nur einen Schritt nach dem anderen, man schaut auch in den Spiegel und sieht sein Gesicht und sich selbst, grinsend. Sein eigenes Grinsen. Dann zieht man einen Anzug an. Schlüpft in seine italienischen Kalbslederstiefel, und dann, mein Freund, dann macht man einen Schritt nach dem anderen. Das ist dein Leben, Mann, und du verdienst es dir mit jedem Schritt.

Wenn man einen Schritt nach dem anderen macht, dann muss man das schon mit Stil machen.

Also bin ich jetzt hier, mit Stil, unter den Schlauen und Glücklichen, den Reichen und Schönen. Scharfes Partyvolk, das Party macht, ohne allzu viele Gedanken an guten Geschmack zu verschwenden. Was dann immer die besten Partys sind.

Gold und Spiegel und ein Licht, bei dem man sofort an Sex denkt. Dazu Ambient, absolut passende Musik. Die Tanzfläche abgekapselt, so dass es im restlichen Raum schummrig genug ist. Hemmung heißt das Lokal, die es natürlich niederreißen will, deshalb hat das Logo ja auch einen Strich durch die Mitte. Total lustig. Man kriegt hier ausgefallene, teure Drinks, die scheiße schmecken. In diesem Club verbringt Sean Harper den größten Teil seiner abendlichen Freizeit, also praktisch jeden Abend. Er hat einen Stammtisch. Hier lädt er ein, hier balzt er, hier verführt er. In einem Hinterzimmer bettelt er Spenden für seine Lieblingsprojekte zusammen, in einem anderen hält er Reden, dann kehrt er zu seinem Tisch zurück und entspannt ein bisschen, so als wäre er Sinatra, wenn den noch einer kennt. Jedenfalls sieht er genauso aus. Genauso mickrig. Als wär er noch viel mickriger als ich.

Und, erinnern wir uns noch an Sean? Schon, oder? Sean gehört der Laden, in dem ich zum ersten Mal dem Hund der Frau Doktor begegnet bin. Sean ist die kleine Pissnelke, die aus irgendeinem unchristlichen Grund die Seven Demons angeheuert hat, was ich krummgenommen habe, und das wiederum hat dazu geführt, dass wir so weit gekommen sind. Aber aus irgendeinem Grund ist Sean nur eine Randfigur.

Und genau darum geht's. Darum dreht sich alles.

Weil darin hat Sean recht. Er ist dieser reiche Schnösel, der irgendwelchen Wohltätigkeitsquatsch macht und mit Geld um sich wirft, für das er nie einen Finger hat krumm machen müssen. Es ist ihm einfach so in den Schoß gefallen, praktisch direkt auf den Pimmel. Und trotzdem bringt er nichts Anständiges auf die Reihe.

Sean Harper hat Didi Fraser wegen nichts umgebracht. Sie hat ihn zwar blöd angemacht, und das hat er sich gemerkt, aber deswegen hat er sie nicht umgebracht. Er hat sie umgebracht, weil es ihm plötzlich cool vorkam. So was hatte er noch nie getan und dachte, es könnte ihm Spaß machen. Drücke ich mich verständlich aus? Er hat sie umgebracht, weil es seine einzige Tat war, die womöglich Folgen hatte, und diese Folgen waren ich. Und als ihm das plötzlich Angst machte, hat er gekniffen. Er hat sich eingebildet, die Seven Demons anhcucrn zu müssen, weil er sich auch mal ganz gangstermäßig böse fühlen wollte und es endlich mal um was anderes gehen würde als seine Kleinheit. Dabei ist Sean letztlich nur ein richtig dummer kleiner Wichser, und das weiß er auch. Nur deswegen wollte er einen Mord begehen, und deswegen hat er, als die Sache aus dem Ruder lief, beschlossen, dass das der Moment seines Lebens war, so der Moment, ab dem Sean ein Böser wurde. Didi Fraser war nicht Teil eines großen Ganzen. Sie war Teil eines Plans, größer dazustehen, doch der ließ Sean immer nur weiter schrumpfen und schrumpfen. Und das kommt dann am Ende raus.

Draußen wartet sein Fahrer. Der Mann kann's kaum erwarten, bis die Schicht zu Ende ist und er heimkann, zu seiner Familie. Da ist der Türsteher. Der Mann ist gerade erst eingewandert, picobello, gepflegt, voller Energie.

Stellt euch vor, was die beiden aus Sean Harpers Leben machen würden. Verdammt, was Didi Fraser daraus gemacht hätte. Sie hätte sich ein stadiongroßes Megafon besorgt und den Mond angeschnauzt.

Sean dagegen ...

Ich bin hergekommen, um ihn zu töten, aber warum eigentlich? Er lebt sowieso kaum. Er ist belanglos, und alles, was er mit seinem Leben getan hat, ist es auch. So dass die von ihm beauftragten internationalen Mietkiller, die mich ausschalten sollen, vergessen haben, dass er ihr Auftraggeber ist, und er auch.

Das alles ist so belanglos, dass es der Wahnsinn ist. Reinstes schwedisches Arthouse-Kino.

Aber so ist es nun mal.

Draußen stehen zwei Typen von mir mit einer riesigen Holzteekiste und einem Haufen Verpackungsmaterial, die halten das für eine Guerilla-Kunstaktion. Was es ja irgendwie ist.

Die endgültige Entscheidung vertage ich erst mal.

Geht ein Spitzel zu einer Beerdigung. Da sagt der Priester zu ihm: Hallo, mein Freund, du kommst zu früh, aber Heimgehen lohnt sich jetzt auch nicht mehr.

Ja, muss man kurz drüber nachdenken, bevor man's versteht.

Jedenfalls bin ich es, der zur Beerdigung geht, nur dass es eine Totenwache ist, eine Gedenkfeier. Mein guter Billy wurde nämlich schon vor einer Woche unter die Erde

gebracht, aber hier wabert immer noch der Odem des Todes, überall lassen Leute die Köpfe hängen, weil der Tote
einer von uns war und ein lustiges Haus. Und da ist einer
meiner Botenjungs, der ein Päckchen für Billys Bruder
Rex abgibt, weil Koks nie schläft.

Billys Haus: waschmittelbleich, katalogneu und auf
alt frisiert. Man kann bauen, wie's einem gerade einfällt,
und trotzdem kommt immer Epochenallerlei raus. Warum, Mann, warum? Aber so war mein Kumpel, für gute
Architektur hatte er einfach kein Näschen, schätz ich. Da
drüben sind Billys Kids, mit einem weinenden und einem
lachenden Auge und deswegen mit Schuldgefühlen. Wie
zum Henker soll man auch mit Trauer und Sterblichkeit
umgehen, wenn man acht ist? Und da ist Billys Frau, süß
und sexy, aber genauso seltsam und verquer wie er. Lange schlanke Beine und taillierte Cowboybluse, und sie
tut so, als wüsste sie nichts von den Stripperinnen, weil:
Na ja, Männer sind eben so, von so was spricht man lieber nicht bei solchen Gelegenheiten. Aber was weiß ich
schon von normalen Menschen.

Seltsam, aber ich hab gerade den Eindruck, dass jeder Mann hier perfekt getrimmte Körperbehaarung hat,
und das macht es mir nicht leichter, mich in die richtige
Stimmung zu bringen.

Billys Frau sagt: Hey, Jack, nett, dass du gekommen
bist. Ich bin immer noch einfach nur traurig.

Hi, Laurie. Ich weiß echt nicht, was ich sagen soll.
Weiß man denn, wie's passiert ist?

Es heißt, es waren Terroristen, Jack, aber ehrlich, ich
weiß nicht.

Ich umarme Laurie, und dann geh ich rüber zu den

Erdnüssen. Wenn man Rex sucht, findet man ihn bei den Erdnüssen. Selbst wenn der Rex, den ich suche, gar nicht im Haus oder in der Stadt ist, immer gibt es einen Rex, der Erdnüsse knabbert und dabei ein Gesicht macht wie einer, der weiß, dass er fünf Mundvoll früher hätte aufhören sollen, aber gerade jetzt nicht kann, er ist gefangen in der Salz-Fett-Bier-Salz-Fett-Bier-usf.-Schleife, und am Schluss wird er mit komplett verknoteten Darmschlingen heimgehen.

Hey, Rex.

Hey, Price.

Tut mir leid wegen Billy.

Ja, tja, das ist der Lauf der Welt, Mann.

Das ist der Lauf der Welt, aber auch der von Arschlöchern.

Ja, genau. Die haben heute Morgen meinen Jahresauftrag gestoppt. Sagen, sie hätten die Formulare verschmissen. Jetzt kann ich nur meine Eier schaukeln. Dauert mindestens eine Woche, sagen sie. Was stellen die sich eigentlich vor, was ich in der Zwischenzeit mache. Mir den Arsch plattsitzen?

Auf der Flurkommode liegt ein Päckchen für dich, Rex. Vielleicht tröstet dich das ein wenig. Solltest du nur nicht in Gesellschaft öffnen. Ist eher was Spezielles, fürs Büro mit den Jungs. Verstehst schon.

Ja, Mann, laut und deutlich, und wow, danke, wird den Jungs bestimmt übern Berg helfen. Bisschen Druck ablassen.

Kein Problem. Geht übrigens aufs Haus, Rex. Aber denk dran, dafür brauch ich was von dir, hab ich ja schon gesagt. So eine-Hand-wäscht-die-andere-mäßig.

Ja, klar, Mann, ist doch selbstverständlich.

Ich bräuchte vielleicht noch was anderes als nur den Zugang.

Von was reden wir da?

Na ja, Rex, wir reden davon, dass ich mir was von eurem Zeug leihen muss, und offen gestanden, kann sein, dass du's nicht zurückkriegst.

Fuck, Price, das klingt aber eher nach dein Finger und meine ganze Hand.

Ja, weiß ich, Mann, ist aber für einen guten Zweck. Ich bin ehrlich mit dir, weil ich richtig viel von dir halte, Mann. Es hat nämlich auch mit dem traurigen Anlass hier zu tun.

Mann, die Terroristen? Du willst gegen die was unternehmen?

Ob ich gegen die was unternehmen will? Ich hab gegen die schon Zeug unternommen, das geht in unser Liedgut ein. Von hier bis Boston, von hier bis ins verfickte Abbottobad werden sie den Knall hören von dem, was ich unternommen hab. Und dem, was ich unternehmen werde. Es wird wie ein kalifornischer Feuersturm sein, es wird brennen und brennen, bis alles in Schutt und Asche liegt. Gestern hab ich mit einem Typen vom japanischen FBI gesprochen, okay? Ich hab mich mit einem von den beinharten Schwerstgewichten aus der panskandinavischen Verheimlichungs-IT-Branche zusammengesetzt, und dazwischen immer wieder mit einem ziemlich internationalen Darth-Vader-Team auseinandergesetzt. Und gestern hab ich eine getroffen, die an dieser ganzen trostlosen Sache beteiligt war, das heißt, mit ihren Kooperationspartnern war die Lady eine der Hauptverdächtigen, und ich hab gesehen, wie sie einen Fischhaken in ihr Bewegungszentrum gekriegt hat, und jetzt treibt sie in der Sickergrube einer Fischfabrik am Ufer und schwappt mit den Fischschwänzen rum, Mann. Also, ja, ich tu was. Für Billy und für mein Land tu ich was.

Wow, Mann.

Ja, Rex.

Wow, Mann, das ist ja voll krass, echt, irgendwie patriotisch und so.

Ja, das glaub ich auch, Rex. Ich glaube, das ist der große patriotische Kampf der Jetztzeit, und wir sind die Colonial Marines, wir ficken die Rotröcke und die beschissenen Space-Aliens und alle anderen Ärsche, die uns dieses feindliche Universum noch entgegenwirft. Wir zeigen's ihnen, Rex. Wir zeigen ihnen, was es bedeutet, wenn man sich. Mit. Dem. FALSCHEN. Scheißkerl. Anlegt. Ist doch wahr.

(Rex macht eine Art Hillbilly-Jodler, der wie Kriegsgeheul klingt. Ich krieg das nicht hin, aber bei Rex funktioniert es, weil er so ein brutal hässlicher Riesenfleischberg ist und nach Erdnüssen und Bier riecht. Aber gleichzeitig ist das natürlich nicht ganz der richtige Zeitpunkt, und deswegen schauen plötzlich eine Menge Leute zu uns her, und Rex sagt: Sorry.)

Ich sag nur: Urschreitherapie, Mann. Das Beste, was man tun kann, wenn man trauert. Kommt außerdem grad an der Westküste wieder, ist da drüben aktuell der letzte Schrei. Rex, ruf mich an, ja? Gibt einiges für uns zu tun.

Okay, Jack. Hey, Jack, macht's dir was aus, wenn ich Captain zu dir sag?

Nein, Rex, von mir aus gern, aber ich verrat dir ein

Geheimnis. Im Untergrund bin ich inzwischen Colonel. Apropos: Darf ich mir einen Handsprengzünder ausleihen, ich meine, jetzt gleich? Für den Rest schick ich dir eine Liste, aber sonst brauch ich für heute nichts, nur das Ticktackteil mit dem roten Lichtlein, bei dem die Leute immer ganz panisch werden.

Oh, Shit, ja, klar, Mann, kriegst du. Danke, Colonel Price, Sir.

Rühren, Rex. Wir leben in einer Demokratie.

Ausgehende SMS:

Hi, Doc.

Price.

Sieht aus, als wär was Schlimmes passiert.

Ja, sieht so aus.

Und Sie hatten die Finger nicht im Spiel.

Nein, ich hatte anderes zu tun.

Wissen Sie, wenn Sie so reden, kann ich nicht sagen, ob Sie genervt die Augen verdrehen oder gefühlig einladend sind.

Was willst du denn?

Wie Erwachsene miteinander reden.

Gott, wir sind keine achtzehn, sag bloß nicht, hier geht's –

Nein, um Himmels willen, nichts Berufliches.

Gut. Also?

Zuerst muss ich wissen, ob Sie was anhaben.

Natürlich hab ich was an, Price, es ist Mittag.

Sie sind kein bisschen nackt und sitzen in keiner Hobbyfolterkammer und tun so, als würden Sie ertrinken, und es geht Ihnen keiner ab?

Was? Nein. Das ist ja krank, Price. Außerdem arbeite ich.

Ich hätte gedacht, dass Sie so Ihre Freizeit verbringen.

In meiner Freizeit gehe ich ins Kino und esse Sushi. Ich lese gern, aber keine Sachbücher. Ich habe einen ausgeprägten Sinn für Humor, den die meisten Leute allerdings nicht verstehen.

Ach, echt? Geht mir genauso.

Price. Bitte.

Okay. Ich würde gerne eine Verabredung treffen, um was zu besprechen.

Das alles kannst du mir auch jetzt sagen.

Ich will nicht unhöflich sein oder Ihre Bedeutung für mich und mein Leben schmälern, aber mit Ihnen will ich nichts besprechen.

Ist nicht dein Ernst.

Doch, Doc, ist es. Ich will mich mit Fred zusammensetzen und die ganze Situation entzerren. Ich hab ihm sogar ein Geschenk gekauft.

Du bist doch nicht bei Trost.

Er ist Scharfschütze, deshalb hab ich ihm eine Wassermelone gekauft. Scharfschützen mögen Wassermelonen, oder, so als Zielgruppe?

Du bist wirklich nicht bei Trost.

Das ist mittlerweile allgemein anerkannt, ändert aber nichts daran, dass es schmerzt, es aus Ihrem Mund zu hören, so als wär's was Schlimmes. Kommen Sie schon, Doc, tun Sie mir den Gefallen.

… Gut. Ich schick dir eine Adresse. Eine Stunde.

Und ziehen Sie sich um Himmels willen was an. Ich bin ein anständiger Mann, nicht vergessen.

Fick dich, Price.

Ebenfalls, Doc.

… Fick dich.

Das. Selbe. Zurück.

Fick. Dich. Noch. Mal.

Eindeutig genervt und eindeutig nicht nackt in einem irren Sexzimmer. Die Frau Doktor wartet vor einem Restaurant, und Sie müssten hören, wie ich das sag: Res-tohrang. Weil genau so ist das Teil. Ein Prachtexemplar italienischer Schnöselbuden, der Typ lederbestuhlte Bräsigkeit. Dabei ist es zu neu, um authentisch zu sein, und für den heißesten Scheiß ist es zu alt. Es ist einfach da, und ich muss es schon zillionenmal gesehen haben und war nie drin. Ist nicht mein Stil, und je genauer ich es mir anschaue, desto klarer wird, dass es der Stil von niemand ist. Es ist nur dazu da, dass sich Leute treffen können, die sich nicht treffen wollen. Stille wabert zwischen dem grüngoldenen Dekor und dem tonnenschweren Besteck, und in die dicken Samtvorhänge zwischen den Sitznischen ist ein Entspannungsbefehl eingewebt. Hierher geht man mit seiner Frau nach der Scheidung. Hierher geht man mit der Geliebten, um ihr Baby kennenzulernen. Wahrscheinlich gehen auch die Typen von der UN hierher, wenn jemand in Afghanistan einmarschiert ist, und nur deshalb läuft der Laden noch. Hier kannst du rumbrüllen, ohne dass es wer hört, außer dem Sommelier.

Für komplett an die Wand gefahrene Situationen wie die hier haben sie ein Hinterzimmer.

Tuukka wartet im Auto. Er war eigentlich nicht zum Meeting geladen, weil wenn ich ihn sehe, denke ich an das scheußliche Geräusch seines schockgefrosteten Beins, als er versucht hat, damit zu gehen, und das komische Teil rausgefallen ist. Und das macht nicht gerade Appetit auf Terrine, ist doch so. Die Frau Doktor hat alles niedergeschrieben, weil sie eben genau ist.

Fred. Hi, Fred.

Mr Price.

Fred sieht nicht so aus, wie er aussehen sollte, jedenfalls nicht, wenn man ihn von Nahem sieht. Man wünscht sich irgendeinen physiologischen Hinweis auf das ureigenste Wesen des Typen, so was wie eine dicke, fette Narbe, oder dass aus seinen Nüstern Rauchwölkchen kommen. Schließlich ist Fred der Oberdämon, und das sollte doch Spuren hinterlassen, aber nein. Fred sieht ein bisschen dämlich und ein bisschen verärgert aus, so als käme er wegen mir zu spät zum Tubakonzert seiner Tochter, und ist sauer, weil er dieses Tubakonzert insgeheim am liebsten verpasst hätte, sich dann aber in sein Schicksal gefügt und beschlossen hat, hinzugehen und auch schon so weit war wie alle Eltern, die jeden aus einer Tuba rausgepressten Furz mit beschissener biologischer Selbstverständlichkeit lieben müssen, und deshalb grollt er jetzt dem Scheißleben, dass er nicht hinkann.

Schauen Sie mal, ich hab Ihnen eine Melone besorgt.

Was?

Eine Melone. Als Geschenk.

Was soll ich mit einer Melone?

Ich dachte eben, weil Sie Scharfschütze sind, dass –
nein, vergessen Sie's, ich behalt sie. Herrgott, keiner
weiß mehr Traditionen zu schätzen. Hören Sie mal, Fred,
ich will, dass Sie genau zuhören, okay, damit's später keine Missverständnisse gibt.

Okay. Weiter im Text.

Weiter im Text? Fred, was zum Fuck soll so ein Scheiß-
spruch? Aber okay, egal, schauen Sie sich das Ding in
meinen Händen an. Sie wissen, was das ist?

Das ist ein Fernzünder für eine Bombe.

Stimmt, nur dass das Ding im Moment nicht ganz so
fern ist. Das ist meine Lebensversicherung. Ich drück da
tausendmal drauf und nichts passiert. Dann drück ich auf
eine bestimmte Art drauf und es passiert was. Mein Plan
ist, dass Sie und ich hier gleichzeitig rausgehen. Sie wählen Ihren Ausgang, egal welchen, dann kommt es zu keinen bedauerlichen, aber kurzlebigen Meinungsverschie-
denheiten. Okeydokey?

Wenn ich versuche, Sie umzubringen, haben Sie die
Möglichkeit, uns alle umzubringen.

Und wenn Sie es schaffen, drück ich nicht mehr auf
das Knöpfchen, und dann –

Ich verstehe.

Bumm.

Danke für die Erläuterung.

Ich hielt es für das Beste, Sie das wissen zu lassen, bevor Sie den widerlichen Scheißdreck abziehen, den Sie
sich ausgedacht haben.

Ach so. Eine Strategie gegenseitiger Abschreckung,

was natürlich aus den 1970er Jahren stammt, als Sie geboren wurden.

Bin eben ein Kind meiner Zeit, Fred. Wir gehören alle zur Atomgeneration. Wussten Sie, dass ich auf dem Land aufgewachsen bin? Wie es der Teufel wollte, gab's da ein Atomkraftwerk. Einmal haben sie in der Schule einen Geigerzähler vorgeführt, und die Sachen im Klassenzimmer, die am meisten gestrahlt haben, waren die alte Armbanduhr des Chemielehrers, die er von seinem Daddy hatte, und ich. Und später hab ich gelesen, dass die Leute aus meiner Gegend nach ihrem Tod offiziell als Giftmüll klassifiziert werden.

Ach ja?

Nein, Fred, das ist Schwachsinn, aber Sie haben's mir erst geglaubt.

Ja. Ja, das ist wahr. Darf ich mir zur Abwechslung eine Bemerkung erlauben, Mr Price?

Bitte, gern.

Danke. Ich war gespannt auf unser Treffen heute, Mr Price. Gespannt, weil Sie mich faszinieren. Ich hatte nicht vor, Ihnen etwas anzutun. Dafür ist morgen noch genug Zeit.

Was wird denn morgen passieren?

Morgen werden Sie sterben. Aber wie gesagt: Mich hat wirklich interessiert, ob Sie der Mann sind, den ich mir vorgestellt habe. Und natürlich sind Sie es.

Ich kann Ihnen nicht folgen, Fred.

Dann will ich es kurz ausführen, Jack Price. Sie haben mich im Verlauf unserer bemerkenswerten Bekanntschaft gelegentlich als PR-Fritzen bezeichnet. Das ist nur halb richtig. Ich habe im Bereich Public Relations gearbeitet, ja, aber auch für das Militär, und hier sowohl als Solo-Sniper als auch im Bereich der psychologischen Kriegsführung. Studiert habe ich allerdings Verhaltensökonomik und Psychopathologie. Das heißt, ich bin Wissenschaftler, und als solcher untersuche ich, wie Leute ökonomische Entscheidungen treffen unter besonderer Berücksichtigung der Funktionsweise von Geist und Gehirn bei Menschen, deren mentale Aktivität – das heißt ihr Denken – außerhalb der normalen sozialen Bandbreite liegt. Eine Zeitlang habe ich sogar als Freiberufler für die Profiler-Einheit des FBI in Quantico gearbeitet. Ich muss sagen, ich habe sehr gerne Profile von Serienmördern erstellt, auch wenn man sich leider, leider eingestehen muss, dass das, was man als Bauchgefühl bezeichnen könnte – also die qualitative und symbolische Einschätzung, wie sie in Film und TV meistens dargestellt wird –, weit weniger akkurat ist als die Modellierung von Rohdaten. Auch wenn bei diesen Modellen schlussendlich eine kleine Gruppe sehr intelligenter Leute die richtigen Vermutungen anstellt und Wissen über die Bevölkerung im Allgemeinen in Theorien des Besonderen übersetzen muss.

Als ich sagte, dass ich nicht folgen kann, meinte ich nicht, dass Sie dasselbe auf Bullshit erzählen sollen, Fred.

Sie stellen sich offenbar gerne dumm. Allerdings ist Ihr funktionales Intelligenzniveau tatsächlich sehr hoch. Sie sind ein extrem intelligenter Mann mit fast keinen Hemmungen oder Selbstbeherrschung. Ich vermute, Sie halten sich für weitgehend frei von emotionalen Bindungen an Gegenstände, Besitztümer, Ihren Beruf, Ihre Wohnung oder anderes, was die meisten Menschen wertschät zen, wie Haustiere, Freunde und Familie. Sie machen dafür die Folgen Ihrer seltsam verschobenen Erfahrung mit einem grauenhaften Terrorakt durch einen Stellvertreter verantwortlich. Er war tatsächlich traumatisch für Sie, aber er ist nicht der Ursprung, sondern vielmehr der Moment, an dem Sie Ihren bösen Geist aus der Flasche ließen. Man könnte auch sagen, dass es eine Entschuldigung dafür war, endlich der zu sein, der Sie schon immer sein wollten – und dann kamen wir. Wir ermöglichten Ihnen, sich von den Resten Ihrer Empathie zu befreien und sich wie ein Monster zu verhalten, während Sie das Gefühl hatten, keine andere Wahl zu haben. Aber Sie hatten immer die Wahl, und Sie hatten immer emotionale Bindungen. Das wissen Sie, egal wie sehr Sie sie bekämpfen. Sie sind verdammt. Am Schluss werden Sie den Helden spielen, weil Sie müssen. So sind Sie, und untergründig waren Sie das schon immer. Sie sind ein Mann, der Ausreden braucht, Mr Price. Sie brauchen Gründe, um Ihre Gewissensbisse zu unterdrücken, und diese Gründe haben Sie gefunden. Aber dabei haben Sie auch Schritte unternommen, um die Leute zu schützen, die Ihnen etwas bedeuten, aber diese Leute wurden immer weniger, und gleichzeitig traten sie immer deutlicher hervor. Ich glaube, Sie haben erfahren, dass noch Liebe in Ihnen ist. Dass noch Menschlichkeit in Ihnen ist. Und ich denke, dass Sie, als Ihnen das klar wurde, für jemanden wie mich noch um einiges verletzlicher geworden sind. Egal was Sie mir bei diesem Treffen sagen wollten, ich will Ihnen Folgendes sagen: Wenn Sie sich heute schlafen legen, wird es das letzte Mal sein. Morgen werde ich Sie anrufen und Ihnen ein Angebot unterbreiten, das Sie annehmen werden. Sie werden sich dafür entscheiden, Ihr ziemlich hohles, wenn auch ereignisreiches Leben aufzugeben im Tausch für die Beendigung des Leids all derer, die Ihnen etwas bedeuten. Das werden Sie tun, denn trotz allem besitzen Sie ein Gewissen. Und ich nicht, wie Sie wissen.

Boah, Fred.

Mr Price.

Darf ich jetzt, oder kommt noch was?

Bitte, sprechen Sie.

Ja, okay, Fred. Sie wissen, dass Sie den Auftrag bekommen haben, mich umzubringen, weil Sean Harper eine verrückte Oma ermordet hat, die aussah wie eine Explosion in einer hässlichen, abgewrackten Farbenfabrik, oder?

Ich weiß von Didi Frasers Tod.

Okay, gut, dann entgeht uns allen offenbar der Sinn dieser Scheißübung, was? Was ich sagen will: Wir sind doch beide der Meinung, dass diese Sache zwischen uns mittlerweile rein gar nichts mehr mit Didi zu tun hat?

Ja.

Aber es ist offiziell Ihr Grund dafür, hier zu sein. Ich bin nämlich überzeugt, dass Sie, selbst wenn Sean Sie abziehen würde, meine Gedärme immer noch gerne mit einer Zitronenpresse aus mir rausquetschen würden. Aber offiziell haben Sie einen Auftrag, was?

So in etwa.

Na dann, Fred, so sieht's aus: Sie haben Sean vergessen, aber ich nicht. Dabei hab ich mich nie auch nur einen Scheiß für ihn interessiert, aber wenigstens weiß ich, was Gewissensbisse sind, auch wenn ich ehrlich keine Ahnung hab, ob ich welche habe. Dafür hab ich eine Ahnung, wie die Welt funktioniert, nämlich folgendermaßen: Entweder stehen Sie jetzt auf und ziehen sich nackt aus, gehen raus und laufen bis zur Grand Central Station und brüllen JACK PRICE HAT MICH INS KNIE GEFICKT. Oder ich werde morgen, wenn Sie anrufen, Sean in die Fresse schießen und dann zweimal in die – äh, Moment, das ist falschrum, oder? Man fängt mit der Brust an, oder, und ballert sich dann aufwärts? Scheißegal, Fred, Sie haben schon kapiert. Ich werde Sean auf langweilige, aber effektive Weise töten. Und ich weiß, dass Ihnen persönlich das ziemlich schnuppe ist. Aber ich schätz mal, dass ich Ihr Image schon ziemlich ramponiert hab, und wenn ich jetzt noch Ihren Auftraggeber über die Klinge springen lasse, dann sind Sie am Arsch. Noch können Sie Ihren Dämonentrupp wieder aufbauen, das ist nicht ganz unmöglich, aber wenn Sean stirbt, wird Ihnen keine Sau mehr was zutrauen. Die Seven Demons werden zerstört sein, bis irgendeiner die Marke übernimmt, und das wird kommen, Fred, ganz sicher. Ich hab gehört, dass Volodya, der Scharfschütze, in der Stadt ist und seine Fühler ausstreckt. Verdammt, selbst Tuukka könnte glauben, dass es an der Zeit für ein neues Management ist, er muss im tiefsten Inneren ziemlich unzufrieden sein. Selbst die liebe Frau Doktor denkt sich vielleicht, dass sie zu Ihrem gönnerhaften graugezwirnten Bleicharsch bye-bye sagt. Sie hat so ein wildes Flackern in ihren Augen. Wie auch immer, Sie sind erledigt. Warum fangen Sie nicht schon mal mit dem Strip an. Fred?

Mr Price, ich bin mir nicht ganz sicher, ob ich mitgekriegt habe, was ich von diesem Deal haben soll. Ich habe den Eindruck, Sie möchten so oder so Schimpf und Schande über mich bringen.

Kein Scheiß, Fred? Tu ich das? Tja, schätz mal, da haben Sie recht. Oopsie. Was soll ich sagen, ich bin kein arschglatter Profi wie Sie. Ach, wo wir gerade dabei sind, ich war unten am Hafen, und da hab ich was gefunden, von dem ich ziemlich sicher bin, dass es Karenina ist, aber offen gestanden kann man das bei einem Oberschenkelknochen nicht so genau sagen. Jedenfalls hab ich gedacht, dass Sie ein Erinnerungsstück an sie haben sollten.

Price …

Ja, Fred, so geht's. Du hast Temperament, ich hab Temperament, und Schnaps ist Schnaps. Lassen Sie mich also eins klarstellen: Sie haben mit sieben Dämonen angefangen. Jetzt sind's noch zweieinhalb. Wissen Sie, was das ist? Das ist der Preis. Das ist der Preis, Sie blödarschiger Schwachmat. Haben wir uns verstanden?

Ich werde mich morgen melden, Mr Price. Schlafen Sie gut.

Ja, du auch. Oh, Moment, war das gerade so was wie: Der Schlaf ist der kleine Bruder vom Tod? Hach, und ich mach jetzt deinen coolen Abgang kaputt? Tut mir echt sorry.

Ausgehender verschlüsselter VoIP-Anruf:

Hey, Rex?

Bist du das, Price? Colonel?

Ja, Rex, ich bin's. Sieht so aus, als ging's bald los, Kumpel. Alles gut bei dir?

Yessir, alles gut, Sir.

Und du hast alle informiert?

Yessir, hab ich. Hab's allen gesagt, Sir.

Das wird 'ne ziemlich heiße Nummer, Rex. Die Konsequenzen haben wird, Rex, da will ich dir gar nichts vormachen.

Nein, Sir, ich weiß. Aber das sind Freiheit und Vaterland wert, Sir.

Gott segne dich, Rex.

Danke, Colonel.

Sms-Eingang:

Na, das war aber groß und stark und männlich.

Hat's Ihnen gefallen?

Du hast dein Arschlochsein zur Waffe gemacht.

Weiß ich.

Faszinierend.

Sind Sie gerade in Ihrer Nackttodschreckenskammer?

Ich bin in gar keinem Zimmer.

Ich weiß, was Sie getan haben. Auf welcher Seite stehen Sie eigentlich, Doc?

Ich bin stinksauer auf dich, Price.

Warum?

Weil du daherkommst und was wirklich lächerlich beschissen Blödes machst, widerlich und geisteskrank, und das direkt vor meinen Augen, und dann verschwindest du einfach.

Na ja, ich dachte eben, dass ich tun sollte, was Fred gesagt hat, und meinen letzten Nachtschlaf auf Erden genießen.

Du hast noch zwölf Stunden und die willst du verschlafen? Wer zum Teufel bist du und was hast du mit Price gemacht?

Wenn Sie's so sagen, dann nein, will ich nicht. Aber Sie haben mir nicht geantwortet.

Beantworte du mir lieber was.

Was denn?

Woran war die Fernzündung befestigt?

Was war das blaue Zeug an meiner Hand?

Biologisch abbaubare Mikrofilmsuspension eines modifizierten CRISPR/Cas9-Genveränderungstools.

Wäre mir nicht gut bekommen, schätz ich.

Nein. Woran war die Fernzündung befestigt?

An nichts.

Idiot.

Ach, ficken Sie sich.

Endlich!

Ich spiel keine Spielchen, Doc.

Ich auch nicht. Du wirst gleich deine Klingel hören, Price, und ich rate dir aufzumachen, sonst tret ich nämlich deine Scheißtür ein.

Dann erschieß ich Sie.

Willst du deine letzte Nacht echt allein in einem kalten Bett verbringen, während im Flur eine tote Frau liegt, die eigentlich nur Sex mit dir wollte?

Moment, ist das ein Angebot?

Mach die Scheißtür auf, Price. Ich kann dich riechen. Komm, hol mal Luft.

Das ist verrückt. Okay, ich bin da.

Luft holen. Aber vorsichtig. Am Anfang wirst du nichts merken, aber dein Körper wird wissen, dass ich hier bin. Du wirst Flashbacks haben, weil Geruch und Gedächtnis eng miteinander verbunden sind.

Ich spür nichts.

Doch, tust du.

Nein, tu ich … Fuck.

Ja, Price.

Fuck.

Ich werde jetzt Sex mit dir machen.

Sie können hier einbrechen und mich vergewaltigen, aber Sie werden mich nicht dazu bringen, es zu genießen.

Und wie ich das werde. Mach die Scheißtür auf.

Morgen des letzten Tages. So oder so. Statt Schlaf Kaffee und Sex. Die Frau Doktor kennt sich aus. Wie ich mich fühle? Lebendig. Verletzlich. Sauber wie nach dem Duschen. Was ich nicht getan habe. Frisch wie nach dem Schwimmen in einem See. Wie neugeboren. Oder zumindest neu getauft. Ich gehe eine breite Straße entlang, auf beiden Seiten Bäume, so weit das Auge reicht, als wäre man gar nicht in der Stadt, jedenfalls nicht so, wie man sich in dieser Stadt fühlt. Verdammt, sag ich jetzt etwa, dass ich glücklich bin, ein ganz normal glücklicher Mensch und kein Mann, den man von der Leine gelassen hat, der fürchterliches Zeugs tun darf? Anscheinend hat Fred doch irgendwie recht. Vielleicht habe ich mich in den vergangenen Tagen weiterentwickelt, und Elektroschocks, Sex und panskandinavische Fischhakenpartys haben in mir irgendwas Menschliches geweckt. Ich war ein Gejagter und wurde von den Dämonen für tot erklärt, und trotzdem bin ich noch da. Vielleicht begreife ich diesen Ort deswegen ein wenig besser, so als hätte ich eine Wandlung durchgemacht: Statt mich jeden Tag von der alten Stadt zu verabschieden, begrüße ich nun das Leben in der neuen. Wer weiß, vielleicht bin ich wirklich zu Hause angekommen.

Ja, finde ich auch überraschend.

Kleines Wortgefecht in den Nachrichten: Hey, Kumpel, stell das mal lauter. Was quasseln die da?

So 'n Hausüberfall, läuft auf allen Kanälen.

Ist das eine neue Show? Das Remake, wo sie –

Ne, Mann, ist echt. Schaut aus, als wär in der Stadt 'ne Epidemie ausgebrochen, bei der die Leute aus ihren Häusern gezerrt werden. Einfach aus dem Haus auf die Straße gezerrt.

Und dann?

Tja, das weiß niemand. Aber das sind alles Mandanten von dieser einen Frau.

Welche Frau?

Keine Ahnung, Mann. Woher soll ich das wissen? Diese Frau eben, die ihre Zulassung verloren hat. Die entlassen wurde oder was weiß ich. Sie ist Anwältin.

… Es geht los.

Siebenundfünfzig Leute. Der Drecksack hat siebenundfünfzig Leute aus ihren Häusern auf die Straße gezerrt und in aller Öffentlichkeit umgebracht. Eine reife Leistung, alles wegen Sarah.

Wegen mir hat er das nicht getan. Er weiß ja, dass mir das egal ist. Immer egal sein wird. Ich kann Menschen ganz normal mögen. Vielleicht kann ich mich sogar verlieben, aber wenn's hart auf hart geht, heißt es du oder ich. Ich oder alles andere auf dem weiten Erdenrund. Die Frau Doktor tickt genauso. Sie kann alles genießen, was wir zusammen erleben, aber wenn's drauf ankommt, wird sie mir die Rübe wegpusten. Danach wird sie traurig sein, vielleicht sogar für länger. Sie wird mich – wie sagt man da? – in ihrem Herzen bewahren.

Aber sie wird mir die Rübe wegpusten, weil wir nun mal so gestrickt sind.

Ich würde ihr vermutlich in den Hals schießen, macht sich in der Erinnerung einfach besser. Aber Schusswaffen sind sowieso nicht mein Ding, zugegeben, also weiß der Henker, wie das ausgehen würde. Am Ende ballere ich ihr bloß das Ohr weg, und dann müsste ich noch mal. Aber ich würd's tun, letzten Endes.

Mein Gott, der Sex ist unfassbar gut. Ich muss gerade daran denken. Ihre Kurven, ihre Bisse.

Außerdem hat sie diese anatomische Karte. So was sollte in jeder Schule hängen. Das ist –

Egal. Wo war ich gerade? Ach ja, Sarah.

Sarah.

Sarah ist es nicht egal, und deswegen hasst sie mich und hält mich für ein Monster. Gerade weil es ihr was ausmacht. Was, wenn man zu Sarah sagt, dass sie die Wahl hat? Dass sie zu einem kommen kann oder dass man erst ihre Mandanten umbringt, dann ihre Kollegen, und danach macht man mit ihrer Familie weiter – was dann? Völlig egal, wie weit sie weg ist: Wenn sie das erfährt, kommt sie. Und wenn ich komme, können sie sie laufen lassen, weil: Na ja, wenn sie mich haben, ist sie wertlos, eine x-beliebige Frau.

Und wenn ich nicht komme, können sie erst freundlich sein und sie dann immer noch töten.

Oder vielleicht brauchen sie irgendwann eine Anwältin, die aus dem letzten Loch pfeift und mit der sie in der Welt des Verbrechens eine stabile Beziehung aufbauen können. Ist als Einstieg gar nicht so ungewöhnlich. Sie können Druck auf sie ausüben, und das weiß sie, und damit ist sie Gold wert.

Puh, in meinem jetzigen Zustand hab ich so ein seltsames Bedürfnis, mich hinzusetzen und über alles nachzudenken, die Dinge im Kopf irgendwie geregelt zu kriegen, aber darum geht es nicht. Darum geht's überhaupt nicht.

Das Ganze ist einfach ein Wahrnehmungsproblem.

Ja, ein Wahrnehmungsproblem. Noch eins.

Die Seven Demons sind die unerreichbaren Oberpriester des gesamten kriminellen Universums und der ganzen Welt. Nur heute nicht mehr: Komm, zeig mir doch mal auf deiner Puppe, wo Onkel Jack Leos Kopf hingeschossen hat. Ich hab sie erwischt, und das ist für ihre Marke verheerend, worauf's ja auch ankam. Aber jetzt wird das Ganze zu einem Problem für mich, so im Hinblick auf meine weitere Karriereplanung. Meine ganze kleine feine Edelkoksdealerei für die Finanzaristokratie, die niemand schadet, ist im Eimer. Sie war im Eimer, als ich Johnny Cubano in seinem Kenzo-Hemd kartoffelkannoniert habe, und das wurde seither immer schlimmer. Schließlich hab ich eine Anthrax-Attacke gegen mein Heimatland gestartet und bin einer stadtweiten Menschenjagd entkommen ... Da kann ich doch schlecht einfach zu dem zurückkehren, was ich vorher getan habe.

Das Problem ist die Heldengeschichte, wenn der Held selbst zur Marke wird. Die Heldengeschichte muss befriedigen. Insbesondere muss sie am Ende wieder zu einem stabilen Zustand führen. Da gibt es diese Konsumenten von Polizeinachrichten und Schreckenstaten in dieser riesigen Ökonomie des Bösen. Da gibt es Banditen und Piraten, Sklaventreiber und Drogenkuriere, es gibt traditionelle Gangster und neureiche Gangster, aristokratische Briganten und Großkonzernschurken, private Militärunternehmen, Terroristen, Geheimdienste und Auftragskiller so gut wie jeder Couleur und Schattierung, und in dem, was ich getan habe, liegt für jedes aufstrebende professionelle Arschloch der Welt eine kranke Ersatzbefriedigung – aber das Ende muss wirklich ein Knaller sein. Meine nächste Handlung muss einfach noch mal viel irrer und fürchterlicher sein als mein Ausgangspunkt, sonst habe ich trotz allem Schwäche gezeigt, und dann bin ich so gut wie tot. Total tot. Es sei denn, ich schaffe es, einen neuen Standard zu etablieren, bei dem jeder seinen Platz kennt und niemand glaubt, diese dröhnenden Umordnungen könnten weitergehen, es gäbe Pluspunkte zu holen für denjenigen, der mir in den Arsch tritt. Auch hab ich nicht vor, mich das nächste Jahrzehnt über in Guam zu verstecken. Nichts gegen Guam, bitte nicht falsch verste-

hen, ich liebe Guam, aber letztlich bin ich doch nicht der
Guam-Typ.

Das heißt: Der Sieg ist nicht genug. Es muss schon ein
epischer Sieg sein. Breitwandmäßig. Und das heißt, ein
gewisses Risiko ist dabei.

SMS-Eingang.

Price?

Ja.

Sie haben deine Anwältin.

Hab ich mir schon gedacht.

Sie haben auch das Computergirl, das Karenina so auf
die Palme gebracht hat.

Was, sie haben Charlie?

Ja, Fred hat sich deine Scharnierstellen vorgeknöpft,
Price.

Price?

Price?

Price, hat er sie alle gefunden?

Die Antwort erfordert mehr Fingerspitzengefühl,
als bei SMS möglich ist.

VoIP-Anruf. Ich sage: Ich hab dem Kerl eine Melone geschenkt, Doc, aus reiner Herzensgüte.

Das war nur eine bescheuerte Melone, Price.

Ja, aber ich hab sie ihm geschenkt und ihm ehrlich einen Ausweg aus der Sache aufgezeigt.

Und warum, verdammt noch mal, sollte ihn das interessieren?

Ist doch egal, ob's ihn interessiert, Doc, mich interessiert's. Ich hab dem Mann was geschenkt, und das ist seine Reaktion? Ich scheiß auf ihn, Doc. Herrgott, dank Ihrer elektrisierenden Gesellschaft und Ihrer Weiblichkeit hab ich glatt vergessen, wie sehr ich dieses Granatenarschloch hasse. Aber, Doc, Sie wissen, was unter diesen Umständen angebracht ist, oder? Weil ich es weiß, verdammt, und dabei sollten Sie mir besser nicht in die Quere kommen. Bisher war unsere Beziehung auf ziemlich hübsche Weise offen, und ich habe, was Sie ja bestimmt wissen und auch beabsichtigt haben, eine gewisse Sucht nach Ihrer Gegenwart entwickelt, und deswegen ist es mir auch egal, dass Sie mich irgendwann mit irgendeinem abgefahrenen Mottengift umbringen werden. Oder vielleicht merk ich's vorher und schieße Sie mit einer dieser komplett unzuverlässigen Privatraketen ins All, weil ich dann jede Nacht zu den Sternen hinaufschauen und an Ihren perfekten tiefgefrorenen Körper denken kann, der auf alle Ewigkeit um mich kreist. Aber Sie müssen verstehen, dass ich die Sache jetzt zu Ende bringen muss, und wenn Sie mir in die Quere kommen, töte ich Sie und werde keine Zeit haben, das poetisch zu arrangieren. Sie müssen sich entscheiden, Doc, wir haben's bislang geschafft, dem ganzen Bockmist ein paar angenehme Seiten abzugewinnen, aber jetzt dürfte das Ende der Fahnenstange erreicht sein. Ich werde ein weiteres Treffen mit Fred arrangieren, und diesmal wird's Ergebnisse geben. High noon, Doc,

Stunde des Cowboys. Überall Ballermänner, Bomben und fliegende Fetzen, und am Ende gewinnt der, der nicht in Einzelteile zerlegt daliegt. Mir völlig egal, aber ich zieh das durch, und ich werd ihn fertigmachen.

Doc, sind Sie noch da?

Doc, bitte, sagen Sie nicht, dass Sie das heiß macht, weil auf die Weise will ich meine Energie jetzt nicht abbauen. Sie müssen sich entscheiden.

Okay, Doc, jetzt mal ernst. Wenn Sie in meine Manteltasche fassen – er hängt neben der Tür –, finden Sie einen Zettel, auf dem steht, wo Sie mich finden und was ich tun werde. Und dann sind Sie entweder dabei oder draußen, aber –

Price, ich habe meine Entscheidung bereits getroffen.

Kalt. Eis-, eiskalt.

Sie hat schöne Augen, die Frau Doktor, klar und scharf wie ein knappes Tschüss. Mund minimal zusammengepresst, so als hätte sie was zu Hause vergessen, während sie die Kapuze aus ihrer Tasche zieht. Zeitlupe, Feuerwerk und Glockenspiel, eisige Eiseskälte und Glühweingeschmack, und ich erinnere mich, wie sie mich angeschaut und gesagt hat, es wird wehtun, daran erinnere ich mich genau.

Ich fang das Runterzählen an. Beginne bei: Ich bin tot.

Ich wache auf, mein Kopf steckt unter einer Kapuze. Alles irgendwie seltsam. Okay. Beginne zu reden. Immerhin bin ich Jack Price. Also rede ich.

He, Fred, was läuft? Ich schätz mal, Sie springen hier irgendwo rum.

Tu ich, Mr Price. Im Gegensatz zu Ihnen.

Also, dezent ist was anderes. Nehmen Sie mir jetzt die Kapuze ab?

Nein, Mr Price. Eher nicht. Sie können sich zwar sowieso nicht bewegen, weil meine Kollegin Ihnen vorhin Drogen verabreicht hat. Aber diese Extraportion Erbärmlichkeit steht Ihnen. Wenn Sie mit dem Sack überm Kopf auf dem Stuhl sitzen, hören Sie, was passiert, und spüren werden Sie es auch, aber sehen können Sie es nur in der Vorstellung – jedenfalls so lange, wie's dauert. Die Situation dürfte Ihnen aber bekannt vorkommen. Und ich glaube, wenn ich die Sache korrekt angehe, werden Sie nach mir schreien. Sie werden sich in den Echos der Vergangenheit verlieren, und am Ende werde ich Sie vor echtem Schmerz schreien hören.

Ich hab Ihnen eine Melone geschenkt, Mann, das Ganze hier ist total unangebracht. Eine echte Melone, selbst gekauft.

Ich hoffe, Sie behalten Ihre gute Laune. Lassen Sie mich erklären, wie es um Sie herum aussieht. Ich möchte nämlich, dass Ihnen alles absolut klar ist. Zu Ihrer Linken sitzt Sarah Kessler, und rechts von Ihnen Ihre flippige Freundin mit dem Grafikdesigndiplom und dem etwas fragwürdigen Humor, der Karenina so aufgebracht hat.

Flippig? Mann, Fred, wie alt sind Sie denn?

Ich selbst bin nicht bei Ihnen auf dem Dach, ich bin auf einem anderen mit exzellentem Blick. Sie hören mich durch einen kleinen Zaubertrick, der sich Funk nennt. Ach, und Tuukka hat auch ein Dach. Das ist etwas niedriger als meins, weil ich der Boss bin und die teuren Plätze liebe. Aber Sie sind in jedem Fall im Visier, nur damit keine Unklarheiten aufkommen. Selbst wenn Sie sich befreien, würden Sie sterben, ehe Sie etwas unternehmen können. Sie sind hilflos, Mr Price. Ich muss sagen, ich finde das ganz erbaulich. Sag hallo, Tuukka.

Price? Du bist tot.

Hey, wow. Aber klar, das alles ist nicht gerade hochkomplex, und ihr Typen habt auch keinen Funken Poesie.

Fahr zur Hölle.

Noch mal wow. Hör mal, Tuukka, du weißt, was dein Bruder vorhatte? Er hat echt geglaubt, dass er dich eines Tages ausstechen würde, Mann, und du am Ende zugeben müsstest, dass du der Idiot in der Familie bist und er der Schlaue. Er war sein ganzes Leben lang das kleine Würstchen, und weißt du warum? Weil du ihn wegen seines Namens gehänselt hast, als er noch ein kleines Arierlandei war. Das war auch der Hauptgrund, warum Volodya ihn töten konnte. Er hatte sich nichts mehr gewünscht, als dass er als eigenständiger Mensch ernst genommen würde und man in ihm nicht nur deinen Müllbeutelbesorger sieht, weil, fuck noch eins, Tuukka, seien wir ehrlich, du hast das nie getan. Klar, letztlich hab ich's veranlasst, aber eigentlich geht er auf dein Konto. Das dürfte jetzt schon ein bisschen an dir knabbern.

Fick dich, Price! FFF-FICK DICH!

Herrgott, Fred, heult der jetzt etwa? Hast du bei der Suche nach deinen Dämonen Anzeigen in der *Heulsusenwoche* geschaltet?

ICH LIEBE MEINEN BRUDER, PRICE!

Kann schon sein, Mann. Ich sag ja nur, wärst du ein

bisschen netter zu ihm gewesen, als er noch am Leben war, dann wäre er höchstwahrscheinlich nicht tot, und wir alle wären jetzt nicht in dieser unglückseligen Lage.

GNNNNNAAAAAARRRRRHHHHHH!

Gut gemacht, Mr Price, ich werde Sie weiterempfehlen. Aber jetzt, Miss Sarah und Miss Charlie, hören Sie mich?

Sarah sagt: Ja.

Charlie sagt: Es heißt Mx, Arschloch, nicht Miss und nicht Ms, verdammter erbsenhirniger Dinosaurier! Mx Charlie ist die geschlechtsneutrale posthierarchische höfliche Anredeform für alle, die mehr sind als ein überreifer menschlicher Abszess.

Ich interpretiere das mal als Ja von beiden. Sehr gut. Sie werden nun sehen, dass meine Kollegin, die Frau Doktor, zwei Pistolen vor Sie auf den Boden legt: Wenn eine von Ihnen nicht innerhalb einer Minute, nachdem ich das Zeichen gegeben habe, die andere erschossen hat, werde ich Sie beide erschießen. Mr Price: Wenn Sie auch nur ein Sterbenswörtchen sagen, werde ich ebenfalls beide töten. Also dann, ich zähle bis drei. Eins. Zwei. Drei.

Ich weiß ziemlich genau, was passiert. Ziemlich sehr genau. Ich weiß, dass Sarah Charlie ansieht und Charlie Sarah ansieht, und danach wissen beide, wie die andere tickt. Charlie sieht Sarah an und sieht, was ich immer gesehen habe. Sie sieht eine gute Frau, die es verdient weiterzuleben. Sie sieht eine gute Anwältin, die in einem heruntergekommenen Viertel arbeitet, weil sie zu gut für die Viertel ist, wo die Mandanten Geld haben und Ergebnisse erwarten. Charlie sieht Sarah an und sieht die ganze scheißtraurige Geschichte, wie Sarah das Richtige tut und dafür gefickt wird. Sie durchschaut sie bis auf den Grund, in diesem eigenartig luziden Moment zwischen Leben und Tod, diesem spirituellen Moment zwischen –

Als Sarah Charlie ansieht, kann sie ihr nicht richtig in die Augen schauen. Sie sieht nur dieses Emo-Gothic-Designer-Chick mit allen möglichen komischen Angewohnheiten, spürt diesen Internatsschlafsaalcharme, die Liebe zu Büchern mit Elfen und Monstern, zu schwarz-weißen Mike-Hammer-Comics, und entdeckt in ihr etwas Kleineschwestermäßiges, den jugendlich plätschernden Ursprung der Lebendigkeit unter all der weißen Schminke. Und trotzdem weiß sie, was passieren wird. Im selben schrecklichen Augenblick weiß sie, dass sie sich getäuscht hat. Letzten Endes ist sie doch nicht anders als ich. Sie will nichts anderes als überleben und kennt den Preis für diese Entscheidung. Sie kann es sehen, und als sie sich nach der Waffe bückt, kann sie endlich Charlie in die Augen sehen, um ihr zu sagen, mein Gott, es tut mir so leid, mein Gott, es tut mir so leid, Charlie, ich kann nicht, ich will nicht, ich kann nicht –

Was sie sieht, ist Charlie, die ihren Blick erwidert, und in diesem Blick ist nichts, aber schon rein gar nichts, das sich auch nur den klitzekleinsten Scheißdreck um sie schert.

Meine Managerin für Kokainbranding schießt Sarah in den Kopf.

Sorry, Boss, tut mir echt leid. Ich weiß, sie war Ihre

Lieblingsanwältin und so, aber Sie sehen ja, das war eine knifflige Situation.

Das ist okay, Charlie, ich versteh das gut.

Echt?

Ja, Charlie, tu ich. Ich hätte dasselbe gemacht.

Ja, Boss, das hab ich mir auch gedacht, vorhin. Da hab ich mir überlegt, was täte Mr. Price jetzt an meiner Stelle, und das war eben die Antwort.

Mr Price …

Ja, Fred.

Fred auf seinem Scheißhochsitz. Fred mit der großen bösen Scharfschützenknarre. Fred, Fred, Fred – ich würde dieses Arschloch wirklich zu gern umbringen. Fred überblickt sein Revier, und er blickt auf die Kapuze, die Frau Doktor eingesteckt hatte, und ich kann sogar seinen verdammten Atem hören, als er den Finger auf den Abzug legt.

Aus über tausend Meter Entfernung jagt Fred eine Kugel durch diese dämliche Kapuze.

Glatt.

Durch.

Die Mitte.

Ich sag euch, das war scheißverdammt unglaublich. Der Typ – was für ein Schuss.

Wenn ich diese Kapuze aufgehabt hätte, wär mein Tag echt gelaufen gewesen.

Aber stattdessen spritzt Melone überallhin.

Fred, du undankbares Sackgesicht hast meine schöne Melone kaputt gemacht.

Price?

Das ist wirklich unerhört! Da kriegen Sie Obst als eine Art Friedensangebot, und was machen Sie? Mit einem Barrett M82 Scharfschützengewehr draufballern. Sie sollten sich echt was schämen.

Tuukka, töte die Frau Doktor. Auf der Stelle.

Tja, Fred, daraus wird wohl nichts.

Daraus wird sicher nichts. Die Frau Doktor ist hier bei mir und schaut total promoviert und fraudoktormäßig, und weil sie so nett war, mir vorhin die Kapuze abzunehmen, kann ich auch diesen wunderbaren Anblick genießen. Und diese Aussicht, einfach großartig – hach, da drüben, auf dem zweithöchsten Turm, ist zum Beispiel Tuukka, aber er ist nicht allein. Er hat eine Art Beinstütze, mit der er sich hinstellen und rumlaufen kann, und eine seiner Hände ist bandagiert. Allerdings sind diese Details nicht leicht zu erkennen, weil er sich in der Horizontalen befindet. Er zappelt und windet sich, aber das ist eher schlecht für ihn. Volodya hat ihn komplett mit Klebeband umwickelt, so dass er wie so ein Teil aus der Ägyptischen Sammlung aussieht, und bei jeder zu heftigen Bewegung schneidet er sich an Lucille und brüllt. Nach einer Weile rollen sie ihn einfach zur Seite, und er purzelt vom Hochhaus. Drei oder vier Stockwerke tiefer, wo sich früher mal die teuersten Hotelzimmer befunden haben, ist eine Schräge, und von der prallt er ab, kollert kurz weiter, und weiter geht's die restlichen vierzig Stockwerke runter.

Volodya winkt Fred zu.

Lucille sagt: LUCILLE!

Tja, Fred, es scheint, Sie haben die Situation nicht ganz richtig eingeschätzt.

Schweigen.

Fred, wenn Sie auch nur die geringsten Anstalten machen, noch mal das Gewehr anzulegen, wird unser Gespräch ziemlich abrupt enden. Und das meine ich ernst. Ich würde gern noch ein paar Sachen bereden, Fred, aber wenn Sie auch nur mit dem kleinen Finger zucken, sind Sie tot, und dann muss eben der Epilog für sich stehen. Genau so lang haben Sie Zeit, sich eine Antwort auszudenken oder einen Ausweg zu finden, aber ich muss sagen, es sollte echt richtig gut sein. Sie haben sich massiv verkalkuliert, Fred, und es ist höchste Zeit, dass Sie eine Vorstellung davon bekommen, was los ist. Also abgesehen davon, dass Sie geliefert sind, wobei logischerweise die werte Frau Doktor ihre Finger im Spiel hat. Ehe ich hier auf der Brüstung aufgewacht bin, wusste ich zwar nicht genau, ob Sie am Arsch sind oder ich, aber vermutlich ist das immer so bei der Lady. Allerdings werde ich später mit ihr darüber noch ein ernstes Wörtchen reden, versprochen. Aber egal, Fred, jetzt erst mal zum Statusbericht. Als Sie in die Stadt kamen, waren Sie der große starke Krieger, mit Mordseinfluss, viel Geld und tollen Gimmicks, hach, Sie waren ein verdammter Götterwind, der die ganze Welt durchpustet, so war's doch? Alles und jeder hatte das zu respektieren und Ihnen Platz zu machen. Aber dann haben Sie etwas getan, das unter Ihrer Würde war, nämlich Geld von Sean nehmen, und bis zum heutigen Tag begreif ich nicht, warum Sie so was Komplettbehämmertes gemacht haben. Ich meine, Sie haben die Seven Demons – das ist doch nicht die richtige Organisation für so was! Die sind dazu da, um Staaten zu destabilisieren oder Präsidenten zu töten. Aber nein, Sie stellen einen Businessplan auf und knöpfen sich einen etwas gewalttätigen, aber eigentlich ganz normalen Kerl vor. Mann, warum haben Sie sich bloß darauf eingelassen, das ist doch Kreisklasse. Doch dann ist die Sache eskaliert, ist komplett aus dem Ruder gelaufen, und das war wohl der Anfang vom Ende, Fred. Ich war einfach schneller als Sie und hab Johnny Cubano getötet, und ab da haben Sie schwach ausgesehen. Hätte nicht ich Sie erledigt, dann hätte es wohl jemand anderes versucht. Auch Ihre Leute wussten das, und das hat sie zweifeln lassen oder Knoten in ihre Hirnwindungen gemacht. Und in einem Fall auch endgeil werden lassen, was allerdings eine eigenartige Reaktion ist, aber auch nicht viel eigenartiger als die der anderen. Danach habe ich noch einen aus dem Spiel genommen und einen weiteren, und das war's. Ich kann gar nicht sagen, wann es so weit war, aber irgendwann gab's einfach keine Seven Demons mehr. Sie waren einfach der Fred und sein Übeltrupp, und davor hat wirklich keiner Angst. Das ist kein mächtiger altehrwürdiger internationaler Orden, sondern bloß ein PR-Typ mit Billardqueuekoffer und ein paar Hampelmännern.

Aber auf eins kommt es an, Fred: Die Seven Demons verlieren nicht. Nie. Das ist die eigentliche Bedeutung, der verdammte Markenkern. Die Leute hier – Volodya und Lucille, die gerade dieses finnische Brüllburrito fünfundneunzig Meter tief auf Betonstahl haben klatschen lassen, und Rex, dessen Bruder Sie total sinnloserweise getötet haben, reine Verschwendung von Hardware, und Charlie, die eben ohne groß nachzudenken eine Frau erschossen hat, die sie gar nicht kannte, und die Karenina dermaßen auf die Palme gebracht hat, dass sie loszog und ihre eigene Hinrichtung geplant hat, sowie die Frau Doktor und ich – wir alle bauen hier und jetzt die neuen Seven Demons auf. Das sind nicht mehr Sie, Fred, das sind wir.

Aber aus Respekt frage ich Sie jetzt genau ein Mal, ob Sie sich den neuen Dämonen anschließen wollen, als eine Art Elder Statesman, und exakt das tun, was wir verlangen, und uns all ihren wertvollen Regierungskontakten und so weiter vorstellen? Oder ob Sie sich lieber einfach in Nichts auflösen wollen? Na, wie schaut's aus?

Ja.

Was?

Ja, ich schließe mich an. Selbstverständlich schließe ich mich an.

Tja-ha, Fred, das kommt jetzt aber echt überraschend. Ich hatte erwartet, Sie würden mich anbrüllen und toben und alles, und wir hätten einen ordentlichen Showdown.

Nein, ich bin ein vernünftiger Mensch.

Hmmja, das ist jetzt aber schon ein bisschen peinlich. Bei all dem bösen Blut zwischen uns, Fred.

Horchen Sie in sich hinein, Price, in Ihr tiefstes Innerstes, und sagen Sie mir, dass Sie Sarah wirklich gemocht haben. Sagen Sie mir ehrlich, dass Sie jeder, der gestorben ist, einen Dreck interessiert. Dass Sie eigentlich jeder Mensch auf der Welt einen Dreck interessiert.

Ach, Fred, ich weiß, was Sie damit bezwecken. Sie möchten, dass ich sage, dass mir nichts an der Frau Doktor liegt, und sie die Seiten wechselt. Vielleicht möchten Sie auch, dass ich sage, dass mir was an ihr liegt, und sie deswegen die Seiten wechselt. In dem Punkt bin ich mir nicht ganz sicher.

Ich auch nicht.

Also gut, Fred, das war ein ehrenwerter Versuch, aber – da beißt die Maus keinen Faden ab – es wurde viel Blut vergossen, es gab Schweiß, Tränen und Düsternis. Vermutlich könnten wir das sogar ausdiskutieren, aber Fred, wissen Sie, was die absolut unüberwindbare Kluft zwischen uns ist?

Eigentlich glaube ich nicht, dass es da eine gibt.

Doch, Mann.

Und das wäre?

Sie haben die Melone erschossen.

Was?

Die war ein Geschenk.

Price –

Nein, Mann, die Melone war ein Geschenk, und Sie haben sie erschossen.

Price!

Sie haben die Melone erschossen, Fred! Das lässt sich nicht wiedergutmachen.

Price –

Klick.

Und dann wird es laut.

Man kann über Rex und seine Jungs sagen, was man will, aber wenn sie was abbruchreif machen, dann ist das Teil abbruchreif. Sind echte Profis, Mann, kümmern sich sogar um den Papierkram und die korrekte Gebäudesicherung, damit die Öffentlichkeit da nicht in die Nähe kommt. Unfälle können ja immer passieren, heißt es, aber nicht hier, nicht mit diesem Scheiß. Jedenfalls so lange nicht, bis jemand wie Mr Friday und seine Poltergeister daherkommen und die Abrissgenehmigung verschwinden lassen, während ausgerechnet ein Fred nach dem schicksten Ausblick sucht. Zugegeben, so was ist total unwahrscheinlich. Ich glaub, sogar absolut unwahrscheinlich, jedenfalls wenn man einen Systemadministrator hat, der einigermaßen auf Zack ist. Aber zu dem Zeitpunkt hatte Karenina, wie wir ja wissen, nur noch die Maximallänge eines Oberschenkelknochens. Tja, oben an der Spitze ist die Luft eben dünn.

Vor allem, wenn man Fred heißt.

Vom Gebäudesockel des Triangle ging ein Vibrieren aus, dunkel grollend wie in einem alten Videospiel, wenn die Welt kurz mal auseinanderbricht, und dann gab es ein Geräusch, das gar nicht zu hören war, weil es im eigenen Innern war, und ich konnte spüren, wie es durch mich durchfuhr und weiter in den Himmel emporstieg, und dann jeweils ein Stockwerk nach dem anderen, Schlag auf Schlag. WUMM. WUMM. WUMM. Eins nach dem anderen, bis es nur noch ein einziges Geräusch und eine einzige Luftwelle gab, und sie rollte bis aufs Dach hinauf, wo Fred stand. Dann ein kurzer Lichtblitz und Rauch. KAWUMMS!

Das Gebäude hörte ganz einfach auf, eine Einheit zu

sein, und wurde sein eigenes Inventar an stürzenden Teilen.

Eine Sekunde lang sah ich noch etwas oben auf dem Dach: einen Mann, der seltsam taumelnd rannte, als könnte er dem, was geschah, entkommen, als könnte er doch überleben, denn letztlich möchte sogar ein Fred weiterleben. Und dann ergriff ihn das, was geschah, und nahm ihn mit, fast so, als hätte es ihn wirklich gepackt und risse ihn nach unten ins Zentrum des Zerfalls, in einer einzigen Säule aus Feuer und Staub, die in sich zusammensackte, sich selbst einsaugte und nach unten in die Tiefe rauschte.

Und dann war es vorbei.

Ein Haufen Schutt, wo einmal ein Turm stand.

Ja.

Ich heiße Jack.

Das ist der Preis. Fuck you very much.

Ich mein doch nur, Frau Doktor, dass Sie auch einfach was zu mir hätten sagen können, so was wie: Hey, Jack, dein Plan ist fürchterlich. Ich hab einen viel besseren, und dabei setz ich dich unter Drogen und ersetze dich durch eine Wassermelone und –

Fuck noch mal, Price –

Freut mich, dass es Ihnen Spaß gemacht hat, ich meine, wie ich das Gebäude hab explodieren lassen, Frau Doktor, aber –

Price –

Ach nö, Doc, jetzt kommen Sie schon, ich hatte Todes-
angst. Außerdem – und das ist eine spannende Frage – wo
zum Teufel haben Sie in der kurzen Zeit eine enthaupte-
te Leiche hergekriegt? Ich meine, hatten Sie zufällig eine
rumliegen, oder wie soll das gehen?

Schatz, so lange kennen wir uns auch noch nicht. Da
finde ich, dass du nicht alles wissen musst.

Na gut, stimmt auch wieder. Aber dann würde ich gern
was anderes fragen: Werden Sie ab jetzt meine Anweisungen befolgen, weil: Inzwischen bin ich doch irgendwie
der Oberdämon? Ich meine, müssen wir die Jobhierarchie
klären?

Nein, Price, weil ganz offenkundig ich der Boss sein
werde. Das liegt doch auf der Hand.

Und warum sollten Sie der Boss sein, wenn ich derjenige bin, der das ganze –

Jetzt mal im Ernst, Price. Was interessiert dich, wer
der Boss ist, solange du abartiges Zeug machen, Leute
totquasseln und dich vögeln lassen kannst?

Ja, berechtigte Frage, die trifft's ziemlich genau. Aber
was interessiert Sie denn der Bosstitel, wenn Sie sowieso
das Sagen haben?

… Auch wahr.

Aber natürlich.

Na gut, du bist der Boss, Price.

Und Sie auch.

Wenn du mich ärgerst, bring ich dich um.

Aber nur wenn wir vorher Sex haben.

Versteht sich von selbst.

Wissen Sie, eigentlich kenn ich noch immer nicht Ihren Namen.

Stimmt.

Okay, ich hätte da eine Idee. Ich rufe jedes Mal, wenn wir ins Bett gehen, irgendeinen Namen, bis ich den richtigen habe.

Von mir aus. Aber du solltest dir darüber im Klaren sein, dass ich dann jedes Mal sofort losziehe und eine Person mit diesem Namen töte.

Hiermit heißen Sie offiziell und auf alle Zeit Frau Doktor. Bitte das zu berücksichtigen.

Ich werde dir in allem dienen.

Okay, dann sieht's so aus, als hätte ich offiziell die Fäden in der Hand.

Ja.

Also, das gilt auch für die elektrischen Kabel, oder?

Ja, Price.

Haben Sie die von letztens –

Ja, aber da fällt mir noch was ein. Ich hab ja was für dich, man könnte es ein Geschenk nennen.

Oh, aber das wär doch nicht nötig –

Ich hab's hier.

Ist es das, was ich vermute?

Na ja, wenn nicht zufällig jemand anderes im Gebäude war.

Sie haben Freds Kopf für mich gefunden!

Hm, weißt du, eigentlich hat ihn jemand anderes gefunden, aber der geriet darüber nicht gerade aus dem Häuschen, also –

Moment, Moment – denken Sie dabei an Sex?

Zu früh für dich?

Ich könnte nicht mal – ach, egal. Wissen Sie, eigentlich bringt mich das auf eine Idee.

Willst du eine Festanstellung, Charlie?

Aber hallo, ja.

Alles klar, super, ich – super. Von der Frau Doktor weiß ich es schon. Volodya, kommst du wieder zur Arbeit?

Natürlich, Price.

Rex, ich muss gestehen, dass es bei dieser Arbeit womöglich nicht immer direkt ums Vaterland geht, sondern mehr darum, einen Riesenscheißhaufen Kohle zu machen. Sie ist illegal und eigentlich total falsch. Machst du mit?

Jawohl, Colonel. Versteh schon, absolute Geheimhaltung. Ich, Sir, folge Ihnen überallhin, Sir.

Äh, okay –

Für Freiheit und Vaterland!

Ja, gut, und –

LUCILLE!

Okay, damit hätten wir's wohl.

Wir heißen nicht Seven Demons, weil sich das nach großem Killergrusel anhört. Wir sind, was wir sind. Wir übernehmen keine dämlichen, unauffälligen oder leichten Jobs. Unsere Auftraggeber gehören zur gleichen Kategorie Leute wie unsere Zielpersonen. Es kommt bloß drauf an, wer mehr bezahlt.

Ich.

Frau Doktor.

Rex.

Charlie.

Volodya.

Lucille.

Und Freds abgetrennter Kopf auf einem Fischhaken.

Sie haben schon mal gehört, was man übers Golfen in Florida sagt? Um den Alligatoren zu entkommen, muss man kein besonders schneller Läufer sein. Man muss nur schneller sein als der langsamste Mitgolfer.

Das Gleiche gilt für uns, falls Sie mitmachen wollen. Niemand muss verrückter sein als ich oder eigenartiger als die Frau Doktor.

Man muss nur schrecklicher sein als Fred.